じっぴコンパクト文庫

1テーマ5分で原因と結末がわかる
日本史

山田 勝
監修

実業之日本社

CONTENTS ●1テーマ5分で原因と結果がわかる日本史

第1章 日本文化のあけぼの

岩宿遺跡の発見……16
縄文時代の生活……19
弥生時代の成立……22
「漢委奴国王」の金印……25
女王・卑弥呼の出現……28
倭の五王とヤマト政権……31

——列島化がもたらしたもの　美しい花綵列島に生まれた文化……34

第2章 律令国家の成立とその変貌

冠位十二階の制定……36
大化改新……39
白村江の戦い……42
壬申の乱……45
大宝律令……48
平城京への遷都……51
長屋王の変……54
藤原広嗣の乱……57
墾田永年私財法……60

東大寺大仏の開眼供養 …… 63
藤原仲麻呂の乱 …… 66
平安京への遷都 …… 69
征夷大将軍に指揮権 …… 72
承和の変 …… 75
応天門の変 …… 78
菅原道真の左遷 …… 81
承平・天慶の乱 …… 84
安和の変 …… 87
藤原道長の栄華 …… 90
前九年合戦 …… 93
後三条天皇の登場 …… 96
院政の開始 …… 99
保元の乱 …… 102

平治の乱 105
平清盛が太政大臣に 108
治承・寿永の乱 111
時代観で読む日本史 ——「日本」国の誕生 一国の名称をめぐる歴史 114

第3章 武士の台頭

源頼朝が征夷大将軍に 116
和田合戦 119
承久の乱 122
御成敗式目の制定 125
宝治合戦 128
元寇(文永・弘安の役) 131

霜月騒動……134
永仁の徳政令……137
元弘の変……140
建武の新政……143
建武式目の発表……146
観応の擾乱……149
南北朝の合体……152
勘合貿易……155
応永の外寇……158
嘉吉の徳政一揆……161
永享の乱・嘉吉の変……164
コシャマインの蜂起……167
応仁の乱……170
山城の国一揆……173

加賀の一向一揆……176
戦国大名の台頭……179
時代観で読む日本史──「分権の時代」の中世　貴族による一元支配の終わり……182

第4章　戦国の世から「徳川の平和」へ

鉄砲伝来……184
キリスト教の伝来……187
織田信長の「天下布武」……190
豊臣秀吉の「天下統一」……193
文禄・慶長の役……196
関ヶ原の戦い……199
大坂の役……202

武家諸法度の公布 205
紫衣事件 208
島原の乱 211
「鎖国」令の完成 214
慶安の変 217
シャクシャインの蜂起 220
生類憐みの令 223
赤穂浪士、吉良を討つ 226
正徳の治 229
享保の改革 232
田沼政治 235
寛政の改革 238
ラクスマンの来航 241
大塩平八郎の乱 244

蛮社の獄……247
天保の改革……250

第5章 近代国家への歩み

ペリー艦隊の来航……254
日米修好通商条約……257
安政の大獄……260
公武合体運動……263
八月十八日の政変……266
四国艦隊下関砲撃事件……269
長州征討……272
薩長同盟……275

大政奉還……278
戊辰戦争……281
五箇条の誓文……284
廃藩置県……287
文明開化……290
民撰議院設立の建白書……293
西南戦争……296
明治十四年の政変……299
第一次伊藤内閣の成立……302
不平等条約、改正へ……305
大日本帝国憲法の発布……308
日英通商航海条約……311
日清戦争と三国干渉……314
足尾鉱毒事件……317

日露戦争 320
韓国併合 323
大逆事件 326
第一次世界大戦 329
米騒動 332
原敬内閣の誕生 335
三・一独立運動 338
ワシントン会議 341
関東大震災 344
第二次護憲運動 347
治安維持法の成立 350
金融恐慌発生 353
山東出兵 356
金解禁と昭和恐慌 359

ロンドン海軍軍縮条約 362
満州事変の勃発 365
五・一五事件 368
天皇機関説の問題化 371
二・二六事件 374
盧溝橋事件 377
日中戦争 380
国家総動員法の公布 383
第二次世界大戦 386
日独伊三国同盟 389
アジア・太平洋戦争 392
ポツダム宣言の受諾 395
時代観で読む日本史 ──「明治」という国家 侍のもっていた美意識が表わすもの 398

第6章

戦後日本の発展

日本国憲法公布……400
朝鮮戦争と特需……403
講和条約の締結……406
日ソ共同宣言の調印……409
激化する安保闘争……412
高度経済成長……415
公害対策基本法……418
日中国交回復……421
沖縄返還……424
ロッキード事件……427

第一次石油危機……430
第一回サミット開催……433
湾岸戦争……436
平成不況……439
五五年体制の終わり……442
地下鉄サリン事件……445

第1章

日本文化のあけぼの

岩宿遺跡の発見

青年の大胆な仮説と情熱が発見させた遺跡

◎舞台
群馬県笠懸《かさかけ》町
◎主な登場人物
相沢忠洋《あいざわただひろ》（一九二六～八九）
モース（一八三八～一九二五）

土器を使用せず、打製石器の使用を中心とする旧石器時代は、日本には存在しないと考えられていた。学界では、更新世の地層（ローム層）があらわれると発掘をやめるというのが常識だった。

何が どうなった

関東ローム層から石器を発見 証明された旧石器時代の存在

考古学の一ファンだった相沢忠洋氏は、日本にも旧石器時代があったという仮説を立て、桐生で行商を行ないながら、赤城山麓の関東ローム層を精力的に調査していた。その成果が一九四六（昭和二十一）年、群馬県笠懸町にある岩宿《いわじゅく》遺跡の発見だった。打製石器を手にした二十歳の相沢青年は、明治大学考古学教室を訪問し、再調査を依頼。四九年の調査で別の石器も発見され、旧石器時代の遺跡として公認された。

なぜ起こったか

アマチュアの仮説が考古学の「常識」を一新

日本の考古学は、アメリカ人動物学者モースによる、一八七七（明治十）年の大森貝塚の発見・調査に始まる。

その後、縄文時代・弥生時代・古墳時代という時代区分がつくられた。

つまり、日本では打製石器のみを使用する旧石器時代は存在しないとされていた。この常識を打ち破ったのが、相沢青年であった。専門家がためらう大胆な仮説の設定と情熱の成果であった。

それでどうなった

幻と化した「原人」の存在反省迫られる考古学界

その後、旧石器時代の遺跡の発見があいつぎ、宮城県上高森遺跡の五十～六十万年前とみられる地層から石器が発見され、日本にも原人が存在した可能性が浮かび上がった。

ところが、二〇〇〇年、この石器を発見した発掘者が、古い地層に石器を埋め込んでいた事実が発覚。彼が関与した遺跡すべてにねつ造の疑いが出てきた。その結果、日本には前期および中期旧石器時代は存在しなかったとの説が有力となり、考古学の体系の見直しが迫られる事態となった。

歴史ミニ知識

人類の進化 猿人は約六百五十万年前、原人は約二百四十〜五十万年前、いずれもアフリカで誕生したと考えられている。その後、七十〜五十万年前に原人がアジア・ヨーロッパに広がった。五十万年前に旧人も出現。現代人につながる新人は約二十万年前からとされる。日本列島で確実なのは沖縄・港川人であり、新人に該当する。

縄文時代の生活

自然環境の変化から生まれた新しい文化

◎舞台 日本列島

縄文時代は約一万三千年前ごろから始まり、草創期・早期（約九千年前）・前期（約六千五百年前）・中期（約五千年前）・後期（約四千年前）・晩期（約三千年前）にわけるのが有力。

何がどうなった

狩猟・漁労・採集の始まり 狩猟民から採集民に変化

約一万年前から気温が六～七度上昇し、温暖化が進んだ。こうして、日本列島が大陸から切りはなされて、現在の姿が形成される。

生活環境は激変し、ナウマンゾウ・オオツノジカなどを追いかける狩猟民としての生活から、狩猟（弓矢の使用）・採集（貝塚の形成も）・漁労（銛《もり》・網・丸木船の使用）を組み合わせた定住生活が本格化することになった。なお、前期以降、植物の栽培も行なわれた可能性が高い。

なぜ起こったか

気候の温暖化で縄文的生活スタイルが成立

また、温暖化は温暖湿潤な日本列島をつくり上げ、列島付近を流れる暖・寒流の交差と、それに伴うプランクトンの増殖が魚介類を豊富にした。

こうした変化は、臨海部を中心にして、秋から冬にかけて狩猟を、春には木の芽や貝の採集を、夏にはマグロやサンマなどの漁労を、秋には木の実の採集やサケなどの漁労を行なう、四季の恵みを活用した「縄文的生活」と呼ばれるスタイルを成立させるに至った。

それでどうなった

「列島社会」の形成 東西に分かれる縄文文化圏

縄文文化は沖縄から北海道まで及ぶが、おもに東日本が中心であった。その典型は、一九九二年に発見された青森県三内丸山《さんないまるやま》遺跡である。縄文時代前～中期の千五百年にわたって作られた巨大集落で、直径一メートルの掘立柱《ほったてばしら》の柱列、約五百棟の竪穴住居群などが発見された。

また、縄文時代晩期の末、紀元前五～四世紀に朝鮮半島南部から農耕文化をもった新しい人々が北九州に渡来したことがわかった。わずか百年足らずで西日本に稲作文化が普及したのである。

歴史ミニ知識

縄文土器　縄文土器は煮炊き用に使う深鉢を基本としている。千島列島の一部・北海道から沖縄まで分布するが、縄文をつけないものもある（石垣島など先島《さきしま》諸島の南方系のもの）。縄文時代の晩期、東北地方から北海道南西部でつくられた亀ヶ岡式土器は、製作技術と文様装飾の技巧に優れ、縄文土器の頂点に位置する。

弥生時代の成立

水稲耕作《すいとうこうさく》・金属器などの生産経済へ

◎舞台
北九州〜東日本

紀元前五世紀以後、朝鮮半島南部の人々が北九州沿岸部に渡来した。彼らは縄文人と混じり合い、紀元前四世紀ごろには、西日本を中心として、列島社会は生産経済の段階へと入った。

何が
どうなった

水稲耕作がもたらした共同体間の対立

弥生時代に盛んになった農業労働は、首長など指導者を生みだし、集団内部の階層分化をもたらした。また、他の共同体との農地や用水をめぐる対立を激化させていった。これまで発見された弥生人の人骨約四千体のうち、百五十体は武器によって殺されたと思われるものであり、縄文人骨約五千体のうち、殺害されたとみられるものは十五体にすぎないこととくらべると断然多い。

深い濠《ほり》を巡らせた環濠《かんごう》集落やとりでとしての高地性集落の形成は、武器の製作を含め、弥生時代が〈戦争の時代〉と呼ばれる所以《ゆえん》となっている。

なぜ起こったか

人口の増加と土地をめぐる争い 戦争を知る人々が渡来

福岡市の板付《いたづけ》遺跡では、縄文晩期の水田が確認された。防御用に二重の濠を巡らせた環濠集落につくられており、朝鮮からやってきた人が、戦争を知る人々だったことを物語っている。

人口が増加すると、水田に適する土地は不足しはじめ、北九州沿岸部から伊勢湾沿岸部にかけての西日本は、〈戦争の時代〉に入ったと考えられる。

それでどうなった

東へ伝わっていく弥生文化 水稲耕作を中心に

北九州沿岸地域で定着した水稲耕作は、約百年のうちには西日本のおもだった平野部に広がり、東北北部（弘前市砂沢遺跡、紀元前二世紀ごろ）まで到達した。しかし、東北地方ではそのまま定着せず、元の生活に戻ってしまった。冷涼な気候が、元来、亜熱帯系の植物であるイネの生育を妨げたからである。東北地方に稲作が定着するのは、平安時代以降のことである。

また、伊勢湾沿岸部から東海・関東地方への普及にも停滞が見られる。

歴史ミニ知識

環濠集落　とりでの機能をもつ高地性集落とともに弥生時代の軍事的緊張を示し、板付遺跡のほかに佐賀県の吉野ケ里遺跡、奈良県の唐古《からこ》・鍵《かぎ》遺跡などが有名である。弥生時代＝戦争の時代という評価が強まるにつれて、〈平和〉のシンボル・登呂遺跡に代わって上記の遺跡に注目が高まっている。

「漢委奴国王」の金印

後漢、光武帝《こうぶてい》が奴国王に印綬を授ける

◎舞台　福岡・魏（洛陽《らくよう》）
◎主な登場人物　奴国王《なこくおう》（？）
光武帝（前六～後五七）

中国では、秦（前二二一～前二〇六年）に続き、前漢（前二〇二～後八年）が成立。七代皇帝・武帝は、前一〇八年、朝鮮に楽浪郡など四郡を置いた。その後、倭（日本）の朝貢が本格化した。

何がどうなった

後ろ盾と先進文物を求めて後漢へ貢ぎ物を贈る

中国の歴史書『漢書』地理志には、紀元前一世紀ごろ、「倭人《わじん》」は百余国に分かれ、楽浪郡《らくろうぐん》に定期的に使者を送ってきたとある。これが中国の記録に初めてあらわれた倭（＝日本）に関する記述である。

ついで『後漢書』東夷伝《とういでん》には、紀元五七年、倭の奴国王が後漢の都・洛陽に使者を派遣し、初代皇帝・光武帝より「印綬《いんじゅ》」（印とそれを身につける組みひも）を与えられた

とある。これにより、奴国は、正式に後漢の属国となったことになる。

なぜ起こったか

有利な立場を築きたい首長たちの戦略

中国では漢代以降、奉貢・朝賀する周辺地域の首長に爵位・官号を与え、皇帝の臣下として遇した（これを冊封《さくほう》という）。

いっぽう、日本列島では、紀元前四世紀ごろから農耕社会が本格化しており、戦争を通して政治的統合が強まり、首長（＝王）の支配が強化されていった。こうしたなか、首長たちは、倭国内での有利な立場を築くために中国王朝から冊封をうけるとともに、先進的な文物を手に入れようとしたわけである。

それでどうなった

「小国連合」は成立したが混乱は収まらず

その後も、日本の王たちは中国に使者を送っている。『後漢書』には紀元一〇七年に生口《せいこう》（戦闘で捕虜となり、奴隷身分にされた人々か）を献上したという。つまり、二世紀初頭には小国連合が成立していたが、長続きせず、二世紀後半には「倭国大乱」の状態に入ったとする。
　こうした『後漢書』の記述は、環濠集落や高地性集落の増大、武具・武器の発達といった考古学的発見とも一致している。邪馬台国連合はこうした状況のなかで生まれたわけである。

歴史ミニ知識

埋もれていた金印　江戸・田沼時代の一七八四年、博多湾に浮かぶ志賀島《しかのしま》で、農夫が大きな石の下から「漢委奴国王」と刻まれた金印を発掘した。
　出土地は、「奴国」と「伊都国」の境と思われる所だが、「委奴」は「倭《わの》奴《な》」と読むのが有力。埋蔵の理由は不明だが、奴国と伊都国が連合を結んだ証と考える学者もいる。

女王・卑弥呼の出現

「邪馬台国」連合が成立した

◎舞台
大和・九州・魏（洛陽）

◎主な登場人物
卑弥呼《ひみこ》（？〜二四八）
壱与《いよ》（？）

二世紀後半、日本国内は乱れたという（『後漢書』）。こうしたなかで、新しい国家連合が模索されはじめた。三世紀に入るころ女王・卑弥呼を盟主とする「邪馬台国」連合が成立した。

何がどうなった

宗教的権威の下に女王は乱れた国を治めた

三世紀の初めごろ、約三十カ国が集まって、「邪馬台国」連合がつくられた。王には女性の卑弥呼がたてられた。

卑弥呼は神の意思を聞くことに優れた巫女《みこ》（シャーマン）であり、弟が彼女を補佐していた。彼女は二三九年、魏に使者を送り、「親魏倭王《しんぎわおう》」の称号と多数の銅鏡などを与えられた。歴史書『三国志』の『魏志』倭人伝には、「鬼道を事とし、能《よ》く衆を惑

■邪馬台国は近畿か北九州か

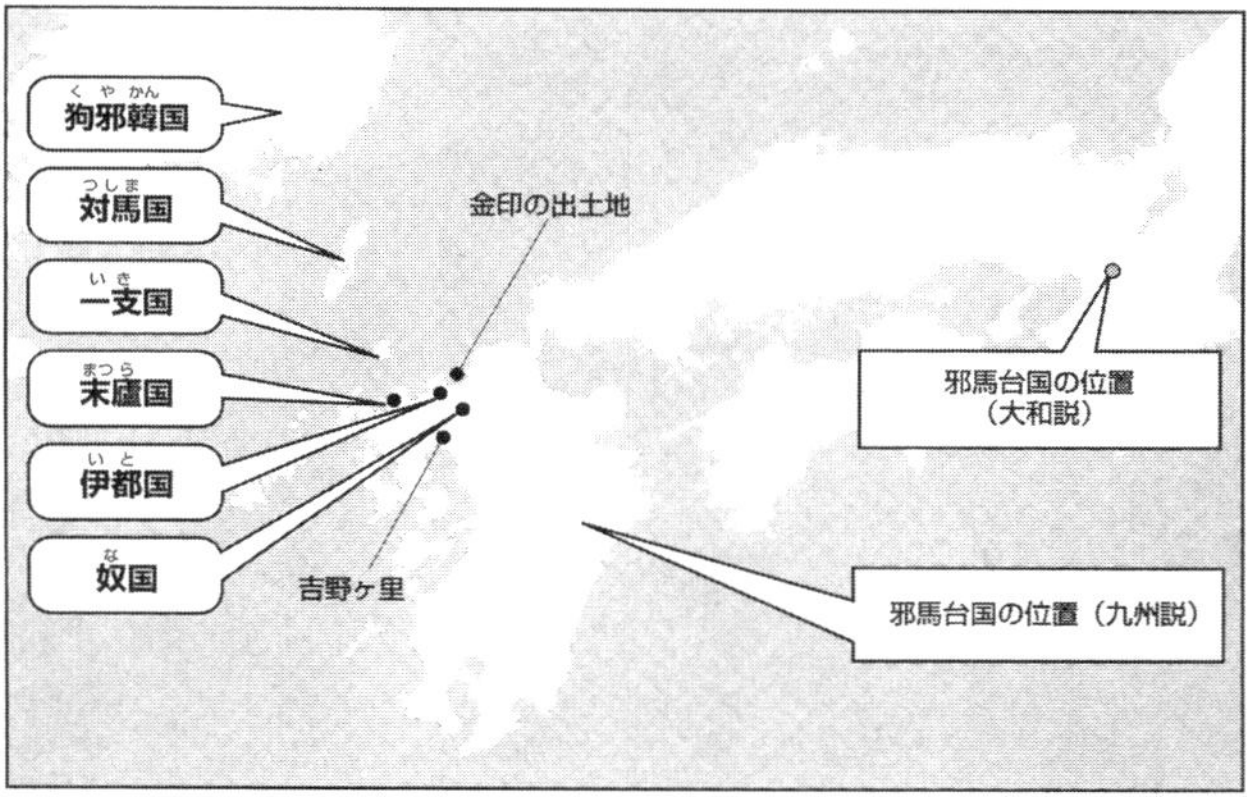

所在地をめぐり、江戸時代以来さまざまな説がだされてきた。

わす。」とある。

卑弥呼は二四八年ごろに没した。前述の史書によれば、径百余歩の冢《つか》がつくられ、奴婢《ぬひ》百余人が殉葬されたという。

なぜ起こったか

整備すすむ統治システムと女王の宗教的能力

邪馬台国は、伊都《いと》国に一大率《いちだいそつ》を置き、諸国を検察させたほか、大人《たいじん》・下戸《げこ》・奴婢の身分制や租税・刑罰制度なども整えはじめていた。

しかし、その政治は祭政一致的性格が強く、男王では対立が激化するばかりだった。宗教的能力に優れた卑弥呼が、王として擁立された理由はこのへんにありそうである。

それでどうなった

北九州か畿内か邪馬台国論争の行方

卑弥呼の没後、男王がたてられるが、再び争いが起こり、卑弥呼の一族で十三歳の少女・壱与がたてられて、ようやく争いはおさまった。

その後、二六六年に晋に朝貢したのを最後に、五世紀まで中国の史書から日本に関する記述はなくなっている。

古来、邪馬台国の所在地が北九州か、畿内かをめぐる議論がなされてきた。しかし、最近では少なくとも考古学の分野では近畿説（奈良県纏向《まきむく》遺跡）をとる研究者が多くなりつつある。

歴史ミニ知識

「鬼道」とは? シャーマンと呼ばれる宗教的霊能者は、神がかりして心霊・死霊など超自然的存在と交感し、予言・治病などを行なう。その例としては卑弥呼が最も有名だが、平安時代の占い師である陰陽師（男性）や東北地方のイタコ、奄美・沖縄のユタ、あるいは新興宗教の創始者にもその影響が見られる。

倭の五王とヤマト政権

高句麗《こうくり》に対抗し、宋（南朝）に遣使

◎舞台
畿内・朝鮮・宋
◎主な登場人物
倭の五王

四世紀に入ると、中国は南北朝に分裂。朝鮮では高句麗に続き、四世紀半ばには百済、新羅が建国（伽耶は小国連合のまま）。日本列島でもヤマト政権が支配権を拡げていた。

何がどうなった

近畿地方に成立したヤマト政権影響力は東日本・朝鮮半島へ

五世紀に入ると、日本では世襲の大王《おおきみ》制が成立していた。四二一年、倭王・讃《さん》が、建国して間もない南朝・宋（四二〇～七九年）に使いを送ったのを最初にして、以後四七八年まで一族である珍《ちん》・済《せい》・興《こう》・武《ぶ》が朝貢した（『宋書』倭国伝）。

倭の五王が大陸に使者を送った目的はふたつある。ひとつは、中国王朝と結ぶことで国内基盤を強化すること。もうひとつは、北魏に朝貢していた高句麗に対抗し、朝鮮半島南部での外交・軍事上の立場を有利にすることだった。

なぜ
起こったか
勢力争いの高じるなか倭王は宋へ朝貢

朝鮮半島では四世紀半ば以降、高句麗・新羅《しらぎ》・百済《くだら》が領土をめぐる争いを激化させるなかで、倭国は百済と同盟を結び、高句麗と交戦することもあった（高句麗好太王碑文より）。一方、五世紀の中国では、北で北魏、南で宋などが建国する南北朝時代に入っている。

こうしたなか、倭国は百済と同様、南朝の宋に朝貢をしたのである。

それで
どうなった
百済・新羅の強大化で朝鮮半島での拠点を失う

六世紀に入ると、ヤマト政権では、「武烈」から「継体」王朝への交代、大連《おおむらじ》大伴《おおとも》金村《かなむら》の失脚、仏教受容などをめぐる蘇我氏と物部氏の抗争などがおこり、地方では、筑紫国造《つくしのくにのみやつこ》磐井《いわい》が反乱を起こすということもあった。

また、密接な関係にあった伽耶《かや》（加羅）諸国が強大化した新羅に併合され、五八九年、隋が中国を統一するということも起こった。

こうした内外の激動に直面したヤマト政権は、初の女帝・推古《すいこ》の下に、国政改革に取り組むことになった。

歴史ミニ知識

倭の五王　五人の王（天皇）のうち、済＝「允恭《いんぎょう》」・興＝「安康」・武＝「雄略」とすることは定説となっている。しかし、讃・珍については諸説あり、特定されていない。なお、允恭等の天皇としての諡号《しごう》は、七二〇年の『日本書紀』編纂とあわせてつくられたものである。この時期には「大王」号が使われていた。

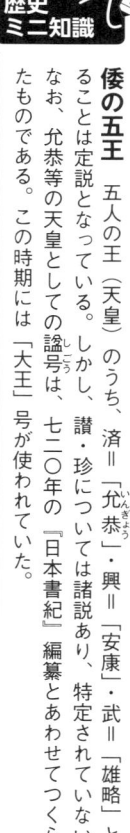

時代観で読む日本史 ――列島化がもたらしたもの

美しい花綵列島に生まれた文化

日本列島は、その形状が大陸から吊り下げた花飾りに似た美しさから「花綵《かさい》列島」とも呼ばれる。ほぼ現在の姿になったのは、約一万二千年から約一万年前のこと。

温暖化と列島化は、狩猟・漁労・採集民の文化としては最も成熟度が高いといわれる縄文文化を生みだした。

最盛期の人口は約二十六万人、落葉広葉樹林が成長した列島東部を中心に多くの人口が集中し、列島西部では、約二万人が生活していたにすぎないと推定される。

こうした状況を大きく変えたのは、紀元前五世紀以降に朝鮮半島から九州北部に移り住んだ人々の影響である。彼らの持ちこんだ稲作などの文化（弥生文化）は、前四世紀には列島西部へと広がった。

そして、人口はさらに増大し、六世紀ごろには約五百万人になったが、およそ千年間で百万から百五十万人もの人々が朝鮮から渡来したと考えられている。

こうしたなかで、縄文人との混融も進み、「日本人」が形成される。

ただ、日本列島にはいつの時代にも「日本国」があり、そこに住んでいた人々はつねに「日本人」であったと考えるのは、正確ではない。

七世紀中期までは、列島中央部に住む人々のことは、中国王朝の呼称に従い、「倭国」「倭人」と称していたからである。

第2章

律令国家の成立とその変貌

冠位十二階の制定

初の女帝・推古《すいこ》天皇を補佐

◎舞台
飛鳥《あすか》
◎主な登場人物
厩戸王《うまやと》（五七四～六二二）
推古天皇（五五四～六二八）
蘇我馬子《そがのうまこ》（？～六二六）

豪族の権力が強かった当時、国内は争いが絶えなかった。そこで登場するのが、日本で初めての女帝・推古天皇である。その下で、厩戸王と蘇我馬子は国制改革に着手した。

何がどうなった

日本では改革が進み集権的な国家体制が整う

六〇三年、冠位十二階が定められた。徳・仁・礼・信・義・智を大小に分ける位階を設け、氏姓《しせい》制度による世襲制の打破をめざした。さらに翌年には儒教、仏教、法家思想に基づいて、官人としての心がまえを説く憲法十七条を制定した。

六二〇年には初の国史『天皇記』なども編纂《へんさん》したという。

対外的には五八九年、久しぶりに中国を統一した隋に対し、小野妹子《おののいもこ》らの派遣も行なわれた。

なぜ起こったか

王位継承争い収束後に誕生した初の女帝を補佐

五八七年、対立を深めていた大臣《おおおみ》蘇我馬子と大連《おおむらじ》物部守屋《もののべもりや》が衝突し、馬子が勝利した。その後馬子は崇峻《すしゅん》天皇をたてるが不仲になり、馬子が天皇を暗殺（五九二年）。そこで擁立されたのが推古天皇である。

翌年、厩戸王（聖徳太子は後の呼称）が推古天皇の補佐役に就任。厩戸王は推古天皇の甥《おい》だが、馬子の娘と結婚するなど蘇我氏系の王族だった。そのため、王位につくことが避けられ、初の女帝を補佐する形をとったものとも考えられる。

それでどうなった

国家体制を整えた後の外交は〝日出づる国〟として強気に

日本と中国の国交は、倭の五王以来、とだえていた。再開されたのは、六〇〇年の遣隋使の派遣によってである。一回目の遣使で礼儀を失すると酷評されたが、冠位十二階などを整えた七年後に再び使いを送った。そのときの遣隋使が小野妹子である。「日出づる処の天子……」と書かれた国書に、煬帝《ようだい》は不快感を示したが、高句麗《こうくり》と倭国が結ぶことを警戒して、翌年、国使・裴世清《はいせいせい》を遣わした。

歴史ミニ知識

煬帝（五六九～六一八） 六〇四年、父の文帝を殺し即位したともいわれる。六一二～一四年の高句麗遠征に失敗。民衆の反抗にあい、六一八年、近衛軍の兵士によって殺され、隋は滅亡。なお、煬帝というのは「礼を避け衆を遠ざけ、天に逆らい民を虐《しいた》げる」との最大級の悪意を込めた、きわめて異例な諡号《しごう》である。

大化改新

天皇を中心にした律令体制へ

◎舞台
難波宮《なにわのみや》

◎主な登場人物
中大兄皇子《なかのおおえのみこ》（六二六～七一）
蘇我入鹿《そがのいるか》（?～六四五）
中臣鎌足《なかとみのかまたり》（六一四～六六九）

蘇我氏の強盛化に危惧を感じた中大兄皇子は、中臣鎌足と謀って蘇我蝦夷・入鹿を滅ぼした。いわゆる「大化改新」だが、以後、天皇を中心に据えた律令国家体制づくりが始まった。

何が どうなった

中大兄皇子らのクーデタ 蘇我蝦夷・入鹿父子を討つ

六四五年六月、中大兄皇子は中臣鎌足と討略を練り、朝鮮使節を迎えた儀式の席上で蘇我入鹿を斬殺した。そのとき私邸にいた蘇我蝦夷《えみし》をも自害に追い込み、権力をほしいままにしていた蘇我氏の本家は滅ぼされた（乙巳《いっし》の変ともいう）。

その二日後、中大兄皇子は叔父・孝徳天皇を擁立して自らを皇太子とし、中臣鎌足を内臣《うちつおみ》とする新政府を樹立した。年末には難波宮《なにわのみや》に移り、六四六年一月「改新の

■大化の改新前後のできごと

年代	できごと
629年	舒明天皇が即位する
630年	第一回**遣唐使**が送られる（犬上御田鍬《いぬかみのみたすき》）
640年	**南淵請安《みなぶちのしょうあん》・高向玄理《たかむこのくろまろ》**が唐から帰国する
642年	皇極天皇が即位する（舒明天皇の皇后）
643年	山背大兄王が蘇我入鹿らに攻められ、一族と自殺
645年	中大兄皇子らが**蘇我蝦夷・入鹿父子を滅ぼす**（乙巳の変）
	孝徳天皇が即位し、初の**元号を「大化」とする**
	吉野に引退した古人大兄皇子が殺害される
	難波宮に遷都する
646年	**改新の詔**が出される
649年	右大臣・蘇我倉山田石川麻呂が謀反の疑いかけられ、山田寺で自殺する
654年	孝徳天皇が死去する
655年	**皇極天皇が重祚《ちょうそ》**して斉明天皇となる
658年	**有間皇子《ありまのおうじ》の変**が起こり、絞首刑になる

詔《みことのり》」を発して、律令制導入を宣言した。

なぜ起こったか

王位継承をめぐる争い だれが主導権を握る？

推古天皇の没後、次期天皇の有力候補だったのは聖徳太子の子・山背大兄王《やましろのおおえのおう》だった。しかし、蘇我氏が推す舒明《じょめい》天皇が即位。在位十二年で死去すると、再び王位継承問題が起こった。混乱を抑えるため舒明天皇の皇后・皇極《こうぎょく》天皇が即位した。

皇位に就くことを阻止され、不満をつのらせていた山背大兄王は、蘇我入鹿に攻撃され、自害した。

蘇我氏のこうした動きを注意深く見て

いたのが舒明・皇極天皇の皇子である中大兄皇子。蘇我氏が力をもつ限り、自らの展望はないと考えたのだった。

それでどうなった

律令体制国家を目指して「改新の詔」を出す

六四六年一月、「改新の詔」が出された（『日本書紀』所収）。骨子は、①公地公民制とする ②都と地方の行政組織を整備し、国・郡などを置く ③戸籍・計帳をつくり、班田収授の法を行なう ④新しい税を定める——などの四カ条であるが、大宝令《たいほうりょう》などによる訂正がなされているというのが有力。

これは、唐にならった律令国家体制を目指す改革だが、実現には多くの時間を要するものだった。

歴史ミニ知識

蘇我入鹿の政権構想　当時、日本と親しかった高句麗は宰相に全権力を集中し、唐の侵攻を防いでいた。入鹿はこれをモデルとして、権力の集中を謀ろうとしたと思われる。いっぽう、中大兄皇子は権威・権力とも天皇家への集中を意図。「両雄並び立たず」が乙巳の変が起こった理由と思われる。

白村江の戦い

唐・新羅《しらぎ》連合軍に敗北

日本と友好関係を保っていた百済に、唐と新羅が攻め込んだ。不意をつかれた百済はあっけなく滅亡に追い込まれた。援軍を要請された日本は、急きょ軍隊を送ったが、後の祭りだった。

何が
どうなった

不慣れな海戦で敗北
百済復興の夢がついえる

六六〇年、百済《くだら》は唐と新羅の連合軍に攻められ、滅亡。この危機に、百済の遺臣たちは日本に援軍を要請、これに応えて斉明《さいめい》天皇は飛鳥を発つ。筑紫まで出陣したが、その地で病没する。そのため中大兄皇子が、即位しないまま政務をとり（称制《しょうせい》）、六六一年から三度にわたり、朝鮮半島に三万を超える軍を送った。

しかし、戦線は整わず、六六三年八月、白村江《はくそんこう》の戦いに敗北。百済復興の夢はもろくもついえた。

なぜ起こったか
唐はアジアの支配をもくろんだ変わる大陸支配の構図

唐の三代皇帝・高宗《こうそう》は、父・太宗《たいそう》の高句麗《こうくり》遠征の失敗を挽回すべく、朝鮮半島の征服に全力を傾けていた。まず百済を攻め、滅亡させた。日本にとって友好関係にあった百済の滅亡は、朝鮮における足がかりを失う大きな痛手だった。

ついで、唐と新羅の両方から攻められた高句麗が六六八年に滅亡し、大陸における唐の版図《はんと》は最大となった。その後、新羅が唐に抵抗して、唐の勢力を朝鮮半島から追い出し、六七六年に朝鮮半島の統一を実現した。

それでどうなった
防衛体制・律令改革の強化近江大津宮に遷都

白村江の敗戦後、日本では防衛のため大宰府に水城《みずき》（一キロ以上の濠）や軍事的要地に朝鮮式山城を設けたり、防人《さきもり》を置いたりした。また、都は初めて畿内を離れ、近江《おうみ》大津宮《おおつのみや》（滋賀県）に遷都。

朝鮮半島とのかかわりを断念させられた結果でもあるが、近江令《おうみりょう》を制定、最初の全国的戸籍である庚午年籍《こうごねんじゃく》をつくるなど、国内に目を向けた律令国家建設のための改革に専念することになった。

歴史ミニ知識

近江大津宮への遷都 大津は琵琶湖の南西岸に位置する。唐や新羅の侵攻があった場合、東国に逃れることも予測して、この地に都を移したものと考えられる。

壬申の乱後、荒廃したが、平安時代に入ると京都への東の入口として、また延暦寺や園城寺の門前町として繁栄を取り戻した。

672年

壬申の乱

皇位継承をめぐる叔父と甥の戦い

◎舞台
畿内

◎主な登場人物
大海人皇子《おおあまのみこ》（六三一？～八六）
鸕野皇女《うのの》（六四五～七〇二）
大友皇子（六四八～七二）

天智天皇は、息子・大友皇子を後継者に指名した。死の直前、弟の大海人皇子に対し大友皇子への忠誠を求めたが、天皇が亡くなると、大海人皇子は吉野に退去し、反旗を翻した。

何が どうなった

地方豪族を巻き込む内乱へ 大友皇子らが敗北する

六七二年、大海人皇子が吉野で挙兵した。妃の鸕野皇女（天智《てんじ》天皇の娘、のちの持統《じとう》天皇）を含む総勢二十余人と少なかった。皇女は気丈な人で夫を終始激励し、『日本書紀』は、〝ともに謀《はかりごと》を定む〟と記している。約一カ月後、追いつめられた大友皇子は山背国山前《やましろこくやまさき》（京都府山崎あたりか）で自害し、大海人皇子が勝利した。

大海人皇子は都を飛鳥浄御原宮《あすかきよみはらのみや》に戻し、翌六七三年に天皇に即位。ここに天武《てんむ》天

■古代史最大の乱「壬申の乱」

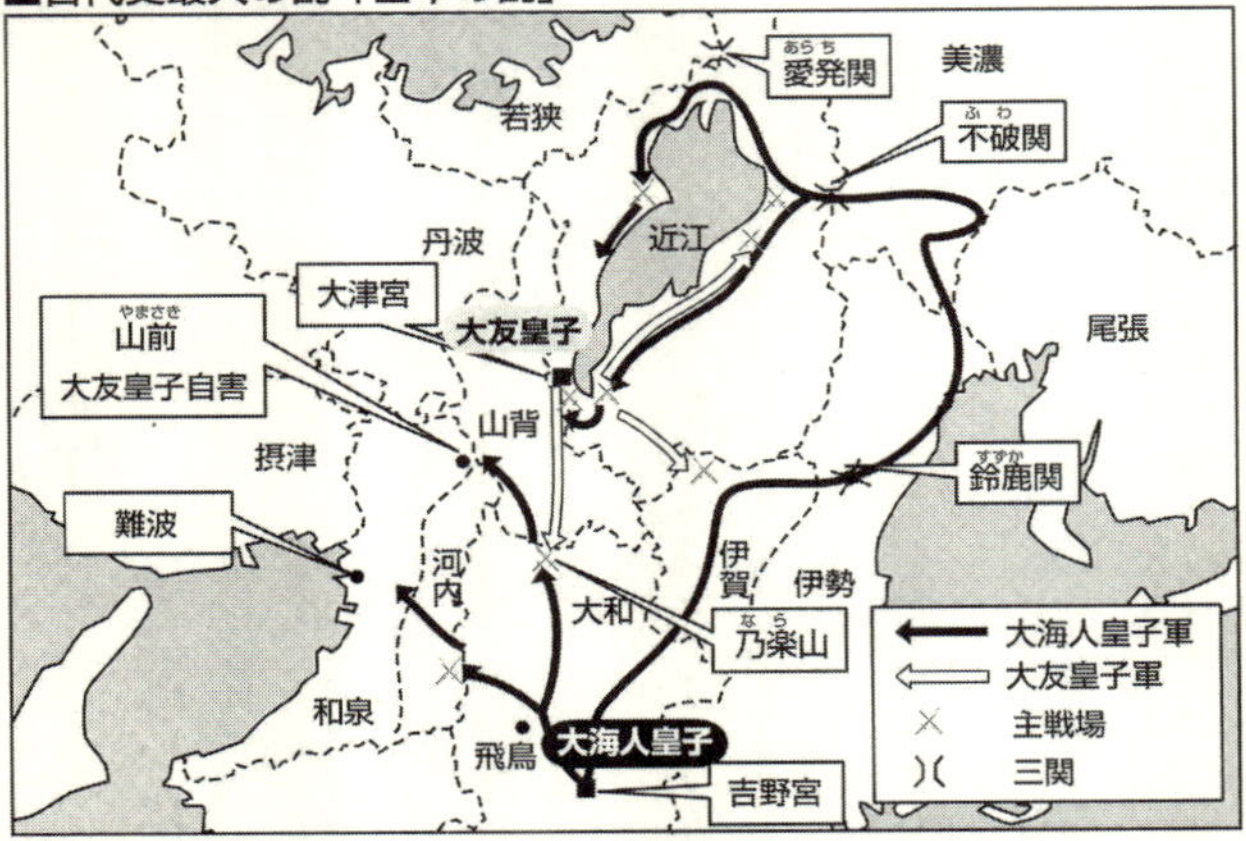

吉野で旗揚げした大海人皇子は、進軍するにつれて地方豪族を味方につけて勝利した。

皇の治世が始まった。

なぜ 起こったか

皇位継承めぐる対立 不満の地方豪族も蜂起

この乱は、大友皇子と大海人皇子の皇位継承をめぐる対立だが、地方豪族をも巻き込む古代史上最大の内乱となった。

その原因は、地方豪族の間に中央集権化に対する強い不満が存在したことにある。とくに大和や伊勢、美濃、尾張などの地方豪族が、反乱者である大海人皇子を支持したことが勝敗を決するものとなった。

しかし、天武天皇は律令改革を一層推進したため、地方豪族の期待は裏切られることになってしまった。

それでどうなった

天皇専制の実現 律令国家への歩み

近江朝廷方の有力豪族を処罰するとともに、天皇中心の新しい身分秩序である、八《や》色《くさ》の姓《かばね》（真人《まひと》・朝臣《あそみ》など）を設けて中央豪族の再編成を図った。大臣を置かず、政治は天皇、皇后のほか、高市皇子《たけちのみこ》ら少数の皇親のみに関与させた。また、飛鳥《あすか》浄御原《きよみはら》令《りょう》の編纂《へんさん》も開始した。なお、「天皇」「皇后」号や「日本」という国号も、このころ定められたとする学説が最近では有力になっている。

歴史ミニ知識

中臣氏のその後　天智天皇に重用された中臣鎌足は、死の直前、天智天皇より藤原の姓を賜った。藤原不比等《ふひと》（六五九〜七二〇）は鎌足の第二子。兄が出家したため、家督を継いだ。壬申の乱のときにはまだ十四歳だった。近江朝廷方として、右大臣・中臣金は斬殺されたが、藤原氏として独立していたために連座を免れた。

701年

大宝律令

のちの政治にまで影響を及ぼした律令の完成

◎舞台
藤原京
◎主な登場人物
文武《もんむ》天皇（六八三〜七〇七）
刑部《おさかべ》親王（?〜七〇五）
藤原不比等《ふひと》（六五九〜七二〇）

律令国家をめざす日本では、律令の制定が大化の改新以来の宿願だった。初めて完成した大宝律令は、中国・唐の制度を継承しながらも、日本独自の制度を加えたものであった。

何が どうなった

不法と機構と官人による支配 現代まで続く元号を定める

文武天皇が、刑部親王・藤原不比等ら十九人に選定を命じた大宝律令が、七〇一年八月、ほぼ完成した。実務には百済《くだら》からの亡命者らがあたったが、その特徴は、唐をモデルとしながら、①律《りつ》（刑法）よりも、令《りょう》（行政法）を重視したこと ②太政官《だいじょうかん》に権限を集中し、事実上の執政機関としたこと ③私有地を認めず、すべてを公地（口《く》分田《ぶんでん》）としたことなどにある。

また、七〇一年を「大宝」元年としたが、元号の制度は、現在の「平成」まで続くことになった。

なぜ起こったか

唐をモデルとしつつ独自の律令国家体制を実現

天武《てんむ》・持統《じとう》天皇のころから、日本では律令体制の整備が求められていた。当時、唐の冊封《さくほう》（服属して朝貢する）を受けた国は元号、律令とも唐のものを使うのが原則だったが、日本の場合、国号、王号とも独自の「日本」、「天皇」と称し、加えて独自の「元号」、独自の律令「大宝律令」を制定し、唐をモデルとしたミニ「中華帝国」をめざすことになった。

なお、遣唐使も独自の使節と位置づけられたが、唐は朝貢使として待遇した。

それでどうなった

貴族政治の成立「天皇」は権力より権威へ

日本の律令制の特徴に、唐に比べ蔭位《おんい》の制（五位以上の官人の子孫は二十一歳になると自動的に位階を授受）の強化があげられる。逆に試験制度は軽視。これが貴族の再生産をもたらした。七〇二年には、五位以上の官人は百二十五人。この少数の人々が五～六百万人の人々を支配したことになる。

いっぽう、天皇は中国の皇帝とは異なり、権力者というよりは権威的存在となった。太政官に権限を集中させたためであるが、今日まで天皇制を存続させる要因ともなった。

歴史ミニ知識

「元号」と日本　元号は、皇帝が時間を支配することを意味し、漢の武帝が「建元」としたのが最初。日本では、「大化」などを除くと、七〇一年の「大宝」から「平成」まで連続（一八六八年に一世一元制とし、一九七九年の元号法で制定権者は内閣にあると変更）。現在では本家の中国も廃止し、使用が続くのは日本のみ。

710年

平城京への遷都

「青丹よし寧楽《なら》の京師《みやこ》は咲く花の……」

◎舞台
平城京
◎主な登場人物
元明《げんめい》天皇（六六一〜七二一）

七〇七年、文武天皇が亡くなると、その母・元明天皇が即位した。彼女は藤原京を離れ、平城の地に唐の都・長安をモデルにした、新しい都をつくることを宣言した。

何がどうなった

唐の都・長安をモデルに新都造営に国力を動員

七〇八年に造営事業を始めた平城京が、七一〇年に完成した。〈君子、南面す〉という考えに基づき、大内裏を最北端に置いて、朱雀大路を中心に、左京・右京からなる条坊制の都市だった。しかし、長安に比べると約四分の一の規模であり、城壁（羅《ら》城《じょう》）もなかった。

新都造営には、仕丁《してい》（五十戸に二人ずつ、三年交代で上京させて労役に就かせる）と雇役民《こえきみん》

■平城京

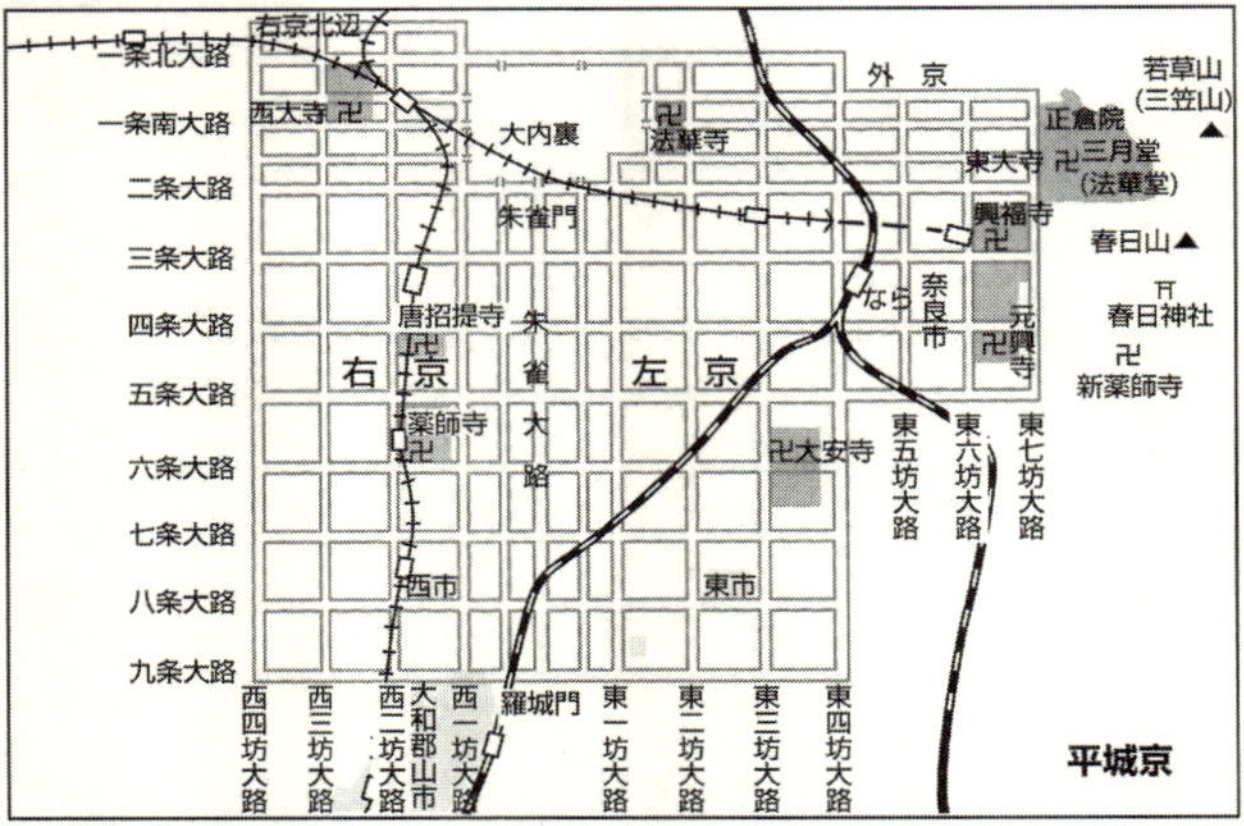

唐の長安をモデルに奈良盆地につくられ、東西約4.3km、南北4.8kmの規模で造営された。

（畿内近辺から雇用、給料を支給）が動員された。

なぜ起こったか

謎を含む遷都の理由 長安に倣うため？

持統《じとう》天皇が造営した藤原京（六九四年造営）は、日本最初の条坊制の都城である。その造営から十四年足らずで、なぜ元明天皇が藤原京を捨て、平城京に遷都したのか、詳細は不明。しかし、七〇二年に派遣された遣唐使が長安城を実際に見て、帰国後、粟田《あわたの》真《ま》人《ひと》らが藤原京との構造の違いを報告したことも、遷都の理由の一つと考えられている。

最近の調査によれば、藤原京では大内

裏が中央に置かれ、長安の都とは異なる構造だったことがわかってきている。

それでどうなった 平城京の生活を脅かした環境破壊

見落とされがちだが、平城京の住環境は必ずしもよくなかったらしい。平城京内を流れる河川は佐保川・秋篠川などで、飲料水のほか、排泄物の処理にも利用された。これが天然痘などを大流行させ、七三七年には藤原四子《ふじわらしし》らの死をもたらした。

また造都・造寺事業には大量の瓦の焼成が必要で、若草山など、付近の山は切り崩され、大気汚染が進行した。のちの長岡京遷都の理由のひとつに、環境破壊をあげる人もいる。

歴史ミニ知識

平城京　平城宮の正門・朱雀《すざく》門から羅城門まで幅約七十四メートル（七十二メートルという説もある）の朱雀大路が南北に貫通。左京・右京ともに市《いち》が置かれた。中央の財源は布などの調庸物であり、宮人の給与も現物。米など生活物資と交換するためには市の存在が不可欠だった。なお、平城京の人口は約十万人と推定されている。

長屋王の変

藤原氏の四兄弟に攻められて果てる

◎舞台
平城京・長屋王邸
◎主な登場人物
長屋王（六七六?～七二九）
聖武天皇（七〇一～五六）
光明子《こうみょうし》（七〇一～六〇）

律令制度の確立に貢献した藤原不比等は、皇室にも接近して勢いを伸ばした。不比等の死後、藤原氏は宮廷内で勢力をほしいままにし、ついに皇族である左大臣の長屋王と衝突した。

何がどうなった

聖武天皇と藤原氏に追いつめられた長屋王

聖武天皇の妃で、藤原不比等《ふひと》の娘・光明子の産んだ男子が、生後三十三日で皇太子となったが、四年後に死亡。これにより、藤原氏の期待は挫折するかにみえた。そこで次に出された方針が、光明子を皇后にたてようというものであった。

これまで皇后は皇族に限られていたので、この方針は藤原氏と対立していた左大臣・長屋王に対する挑発でもあった。長屋王は七二九年二月、謀反の疑いがもたれ、兵で囲まれた邸で一族とともに自害に追い込まれた。

なぜ起こったか

周到な謀略に対してあまりにも無防備

藤原不比等は娘・宮子《みやこ》を文武《もんむ》天皇の夫人に、光明子を聖武天皇の夫人にするとともに、二男・房前《ふささき》を参議に就けて、藤原氏の政治的な地歩を固めていた。即位直後の聖武天皇は、生母藤原宮子に「大夫人」の称号を贈る勅《ちょく》を出したが、大宝令に反するという左大臣・長屋王の意見で撤回。光明子を皇后にたてることは、聖武天皇と藤原四子側の再挑戦であり、長屋王の粛清《しゅくせい》をおりこんでの謀略でもあった。

なお、聖武天皇は、藤原四子の亡くなった翌年、故長屋王には謀反の疑いはなかったとした。

それでどうなった

光明子が皇族以外で初の皇后に権力を握った藤原四子は死亡

光明子の立后《りっこう》後、武智麻呂《むちまろ》（南家）は大納言に、さらに宇合《うまかい》（式家）、麻呂《まろ》（京家）も参議となり、すでに参議となっていた房前（北家）を含め、兄弟四人が公卿になった（当時の公卿は九人）。

しかし、七三七年、天然痘で四人とも死亡、藤原四子政権はあっけなく瓦解した。

歴史ミニ知識

皇后 大宝令では天皇の夫人の定員が決められている。皇后（一人）、妃（二人）、夫人（三人）、嬪《ひん》（四人）の十人である。光明皇后以前は、皇后は内親王（天皇の姉妹および娘）がなるのが慣例であり、持統天皇のように皇后から天皇になる例も珍しくなかった。光明子は最初の人臣皇后となった。

藤原広嗣の乱

復権をめざしたが広嗣《ひろつぐ》はあっけなく敗北

◎舞台
筑前

◎主な登場人物
藤原広嗣（？～七四〇）
聖武天皇（七〇一～五六）

藤原四子が天然痘で没した後、聖武天皇は皇族出身の橘諸兄に政権を担当させるとともに、僧・玄昉や地方豪族の吉備真備を重用した。これに反発したのが、藤原宇合の子、広嗣である。

何がどうなった

玄昉・真備の排除を求めて藤原広嗣が挙兵

大宰府に左遷されていた藤原広嗣が、七四〇年八月、玄昉《げんぼう》・吉備真備《きびのまきび》の排除を求める上表文を提出した。ところが、聖武天皇は広嗣を国家転覆の罪とし、大野東人《あずまひと》を大将軍とする兵士一万七千を九州に派遣することを決定した。

戦いは十月初旬に始まるが、広嗣が敗北。新羅に逃れようとしたともいわれるが、広嗣は逃げきれず、斬刑になった。処罰は厳しく、死罪二十六人、流罪四十七人、徒《ず》

■大宰府で挙兵した藤原広嗣の進路

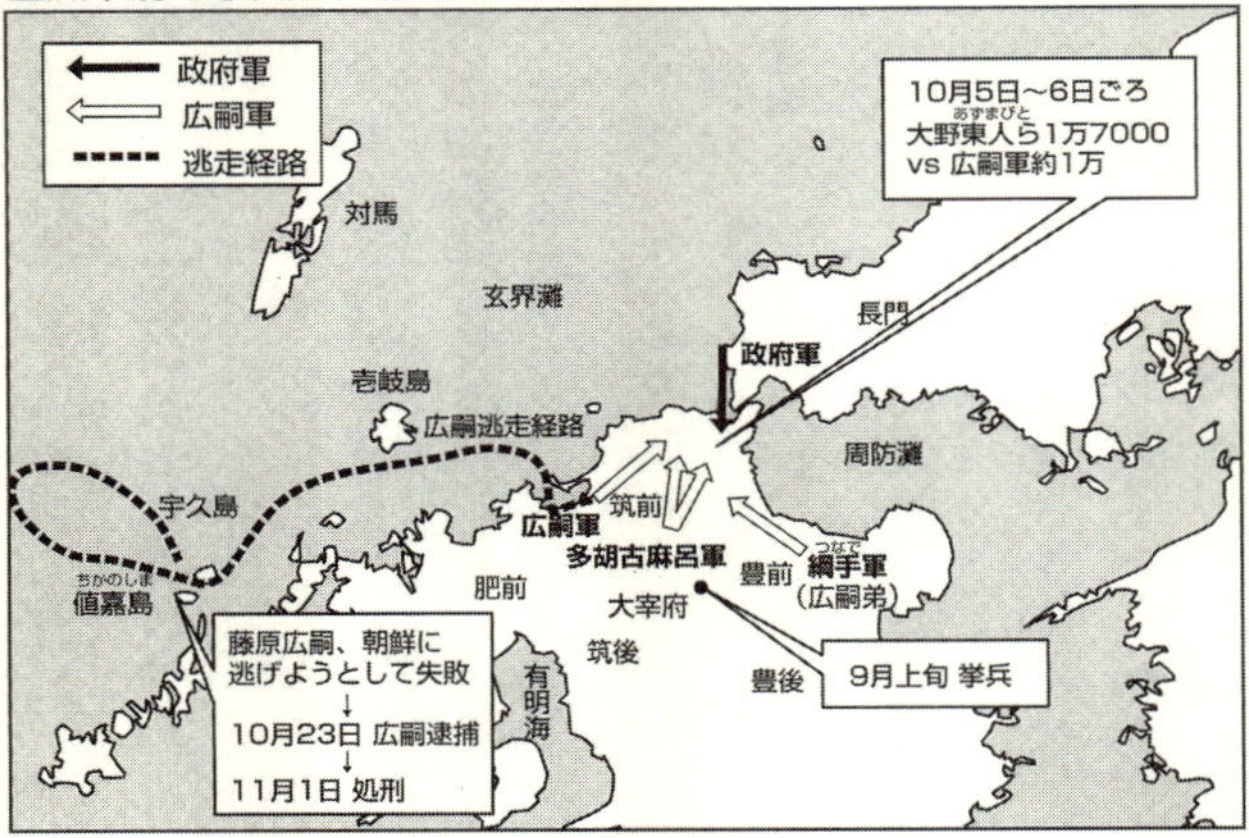

罪《ざい》（懲役刑）三十二人にのぼった。

なぜ起こったか

地方に左遷されて中央に対する不満が爆発

広嗣左遷のはっきりした理由は不明だが、藤原氏で唯一の参議・豊成《とよなり》（南家）を誹謗《ひぼう》したためともいわれる。藤原氏をも敵にし、孤立してしまったわけである。

広嗣はいっとき、大宰少弐《だざいしょうに》としての権威で一万の軍勢を集めた。中央対地方の戦いという形は大海人皇子の壬申の乱を思わせるが、広嗣の私怨だけでは、地方豪族をまとめきれるものではなく、広嗣軍の多くは戦わずして四散することになった。

それでどうなった

動揺した聖武天皇は遷都につぐ遷都を重ねる

広嗣の乱の決着がついていない七四〇年十月、聖武天皇は伊勢に行幸し、十二月には恭仁《くに》京への遷都を決定した。その後、国分寺建立の詔《みことのり》、墾田永年私財法、大仏造立の詔を出すとともに、難波宮《なにわのみや》、紫香楽宮《しがらきのみや》への遷都をくり返した。

聖武天皇がなぜこうした遷都政策を取ったのかわからないが、政治・社会不安に加え、七二九年に無実の長屋王を死に至らしめたことへの寝覚めの悪さもあったのかもしれない。ともあれ、平城京へ遷都したのは、七四五年五月のことである。

歴史ミニ知識

吉備真備　備中《びっちゅう》の下道氏（七四六年に吉備氏と改姓）。七一七年に遣唐留学生となり、七三四年に帰国。七三七年から聖武天皇に重用され従五位下に昇進。その後、藤原仲麻呂政権下では冷遇されたものの、称徳天皇の代に復権、右大臣となる。蔭位《おんい》に頼らず、公卿（最後は正二位）まで昇りつめた稀有の経歴の持ち主。

墾田永年私財法

開墾した土地の永久私有を認める

◎舞台
平城京
◎主な登場人物
聖武天皇（七〇一～五六）

三世一身法にかわって、墾田の永久的な使用を認めた墾田永年私財法が発布された。これにより、貴族や寺院、地方豪族などが争うように田地の開墾に力を注いでいく。

何がどうなった

開墾促進政策への転換
公地制の矛盾の修正へ

七四三年五月、大仏造立の詔《みことのり》が出される五カ月前に、墾田の私有を認める墾田永年私財法が発布された。直接的には大仏造立に協力させるという側面もあった。

この政策は、これまで、公地制や律令制を崩壊させた元凶と考えられてきた。しかし最近では、唐の均田制の考え方に合わせ、国家として田地の増大を考えた上での政策と見る説も有力となってきている。

■土地の開墾と法令の歴史

722年　百万町歩開墾計画　長屋王政権

口分田（6歳以上の男女に与えられる田）の不足を補うためとされる。しかし、当時の田地は60万町歩であり、現実性はとぼしい。

723年　三世一身法　長屋王政権

開墾を奨励する政策で、新しく溝池を切り開いた場合は開墾した子・孫・曾孫までの三世にわたって所有を認めた。旧来からの土地などを利用した場合は、一代に限り私有を認めた。

743年　墾田永年私財法　橘諸兄政権

三世一身法で子孫三代に認めた土地の私有を永久に認めた。ただし、位階によって私有できる土地の面積に制限が設けられた。

765年　加墾禁止令　道鏡政権

寺院と庶人を除いて、墾田の開発を禁止した。

772年　加墾禁止令を解除　藤原百川《ももかわ》ら

位による開墾の制限をなくした。

国家が配分する口分田の不足が、のちに私的な荘園を増やす糸口となっていく。

なぜ起こったか

貴族・寺社・地方豪族の欲求にこたえて

唐の均田制は政府が与える口分田《くぶんでん》と、一定の私有地（永業田）も認め、自営農を育成することを目的とするものであった。しかし、日本では口分田しか定めなかった。これでは田地は拡大せず、人口増加にも対応できない。

そこで、七二三年には三世一身法《さんぜいっしんほう》を出した。新しく開墾した者には三世（子・孫・曽孫か）、再開発した者には一代限りの田地の私有を認めるというものである。

だが、一定の期間が過ぎると公地とされるものであり、貴族・寺社・地方豪族の欲求を満たすものとはならなかった。

それでどうなった

開発ブームが加熱化 初期荘園の成立

道鏡政権の下で、寺院や公民を除き、墾田を禁止する加墾禁止令が出されたものの、光仁天皇の治世になると、位階による制限もなくした墾田永年私財法が復活。国司、郡司が協力して、付近の公民に耕作させる初期荘園が成立した。

たとえば東大寺の荘園は、最盛時には四千町歩もあったといわれる。

歴史ミニ知識

寄進地系荘園　初期荘園に対して本格的な荘園をいう。開発領主が、国司の徴税攻勢を逃れるため中央の権門勢家《けんもんせいか》に寄進することで成立。寄進者は下級荘官となり、在地支配を確保。税を払うより、年貢のほうが負担は少なく、収益をあげられたからだ。寄進を受けた者を領家・本家と呼ぶ。十一世紀以降本格化した。

752年

東大寺大仏の開眼供養

聖武太上天皇の悲願がようやく実現

◎舞台
紫香楽宮《しがらきのみや》・平城京

◎主な登場人物
聖武太上天皇（七〇一〜五六）
孝謙天皇（七一八〜七〇）
行基《ぎょうき》（六六八〜七四九）

大仏の造立は、アフガニスタンのバーミヤンの大仏に始まるが、中国でも流行していた。とくに唐の高宗が造立した竜門の盧舎那仏は有名で、日本でも造立の動きが高まっていった。

何がどうなった

七四三年、大仏造立の詔の発布
曲折をへて、九年後に完成

聖武天皇は七四三年、紫香楽宮で盧舎那仏《るしゃなぶつ》の造営を宣言。平城宮遷都で中断したが、金鐘寺《こんしゅじ》（のち東大寺）で再開した。鋳造責任者は百済からの亡命者の子孫・国中公麻呂《くになかのきみまろ》。また、一時弾圧した行基を大僧正に任命し、事業に協力させることとした。

そして七五二年、大仏開眼供養会《かいげんくようえ》は一万人の僧侶が読経するなか、インドからきた菩提僊那《ぼだいせんな》を導師として開眼。筆には二百メートルの綱がつけられ、聖武太上天皇、光明皇太后、孝謙天皇もその綱を握って参加した。

なぜ起こったか
鎮護国家思想がピークへ背後には唐への対抗意識も

大仏建立のきっかけは、聖武太上天皇が河内にある智識寺の盧舎那仏に感銘を受けたからとされている。しかし、相次ぐ遷都からもうかがえるように、不安定な社会情勢に対する国家鎮護の意識も強かった。

また、その背後には唐への対抗意識があったことも否定できない。唐の高宗が造らせた竜門の大仏は高さ十四メートルの石仏（十七メートルという説もある）。東大寺は台座を含め高さ十六メートルの金銅仏で、その限りでは唐を上回ることになったが、国費を使いつくす結果ともなった。

それでどうなった
盧舎那仏（大日如来）への帰依《きえ》大仏信仰が広まる

東大寺の大仏は一一八〇年、平重衡《たいらのしげひら》の南都焼打ちで焼損。八五年、再建供養会が行なわれたが、一五六七年、松永久秀と三好三人衆の合戦で再び焼け落ちた。二度目の再建は一六九二年、徳川五代将軍・綱吉時代。今見ることができるのはこの時再建されたもので、台座の一部のみが元のままだが大仏・大仏殿とも創建時より小さい。
二度にわたる再建や、鎌倉大仏（高徳院）をはじめ、各地で大仏がつくられたということは、広く信仰を集めていた証拠ともいえる。

歴史ミニ知識

東大寺　金鐘寺は七二八年、数え年二歳で亡くなった光明子の皇子を供養するために建立された。七四八年、寺号を東大寺と改め、総国分寺とした。大仏開眼後も造築が行なわれた。華厳宗《けごんしゅう》の中心的な寺院であり、現在は華厳宗総本山となっている。なお、法華堂は金鐘寺《こんしゅじ》の主要堂宇《どうう》の系譜を受け継ぐ。

藤原仲麻呂の乱

道鏡《どうきょう》の専横阻止に動いたが力及ばず

◎舞台
平城京・近江

◎主な登場人物
恵美押勝《えみのおしかつ》（七〇六～六四）
孝謙（称徳）天皇（七一八～七〇）
道鏡（?～七七二）

藤原仲麻呂は、七五七年の橘奈良麻呂の変後は専制を確立、翌年には淳仁天皇を擁立した。しかし、光明皇太后が亡くなると孝謙太上天皇との対立が表面化し、太上天皇の寵臣・道鏡を除こうと画策した。

何がどうなった

孝謙太上天皇との対立 恵美押勝の敗北

七六二年六月、孝謙太上天皇は今後「国家の大事」は自ら行なうと宣言。これを機に、淳仁《じゅんにん》天皇と恵美押勝（藤原仲麻呂《なかまろ》）は、太上天皇との対立を深めていった。仲麻呂は自分の子三人を参議として挽回をはかるが、逆にその強引なやり方が反発を買って孤立。

翌年クーデタを起こすが、近江国で敗死。位、人臣を極めたかに見えた恵美押勝だが、最期はあっけない幕切れであった。なお、廃帝とされた淳仁天皇も七六五年、逮捕された翌日に死没。

なぜ起こったか

後ろ盾・光明皇太后が亡くなり、孤立していった恵美押勝

仲麻呂は、南家・武智麻呂《むちまろ》の二男。七五七年、養老律令を施行するとともに、橘奈良麻呂ら反対派を一掃し、翌年、恵美押勝の名を許されるなど、独裁者の道を歩み始めた。

しかし七六〇年、後ろ盾であった叔母の光明皇太后が亡くなると、道鏡を寵愛する孝謙太上天皇との対立が激化していった。こうしたなか、権力の奪回をめざして、七六四年挙兵したが、吉備真備らの政府軍に敗れることになったわけである。

それでどうなった

称徳・道鏡政権の樹立 粛清の嵐に相次ぐ王たちの死

復位した孝謙太上天皇（称徳天皇）は、道鏡への譲位を考え、恵美押勝の乱後、道

鏡を太政大臣禅師をへて法王とした。また、政敵を排除するため、淳仁天皇をはじめ、多くの皇族を粛清した。

しかし、天皇家以外の者が皇位についた例はない。そこで宇佐八幡宮の神託で譲位を正当化しようとするが、派遣した和気清麻呂《わけのきよまろ》は皇族以外は天皇になれないと上奏。天皇と道鏡の野心はあっけなく阻止された。翌年天皇は亡くなり、道鏡は下野《しもつけ》薬師寺別当に左遷された。

歴史ミニ知識

孝謙（称徳）天皇　聖武天皇と光明皇后の唯一の娘。異母弟の安積《あさか》親王（七二八～七四四。藤原仲麻呂らによる暗殺説も）を押しのけて天皇となったが、光明皇太后が亡くなるまでは傀儡的な存在であった。その後自由奔放に行動し、とくに道鏡との関係で非難が集中するが、ひとりの女性として見た場合、同情の余地もある？

平安京への遷都

「新王朝」の樹立をめざす桓武《かんむ》天皇

◎舞台
山背国（京都府）

◎主な登場人物
桓武天皇（七三七〜八〇六）
和気清麻呂《わけのきよまろ》（七三三〜九九）

七八一年、重病に陥った光仁天皇が譲位し、皇太子・山部親王（桓武天皇）が即位。彼は天武系に代わる天智系の「新王朝」樹立を強く意識し、その集大成として、新宮都建設に取り組んだ。

何がどうなった

天智系の天皇の誕生
長岡京から平安京の造営へ

桓武天皇の母・高野新笠《たかののにいがさ》は百済《くだら》からの渡来人系豪族の出身。桓武天皇は、皇太子となる前に大学頭《だいがくのかみ》や中務卿《なかつかさきょう》を経験している。こうした出自、経歴の持ち主が天皇となるのは珍しいことだった。それだけに新しい政治の創出にかける意気ごみは並々ならぬものがあり、それが新都造営の形にあらわれた。

最初に山背《やましろ》国長岡に遷都。その十年後に葛野《かどの》郡に再遷都し、平安京と命名した。進言したのは和気清麻呂だが、その背後には七七九年に亡くなっていた藤原百川《ももかわ》を中心とする勢力があった。

なぜ起こったか 怨霊への恐れ？平安京遷都の謎

七七三年、皇后・井上内親王《いのうえないしんのう》（聖武天皇の皇女）とその子の皇太子・他戸《おさべ》親王が廃され、山部親王（桓武天皇）が皇太子に擁立された。その後、七八五年には長岡京遷都の中心人物・藤原種継《たねつぐ》が大伴家持《おおともやかもち》らにより暗殺され、それに連座したとして皇太子・早良《さわら》親王が廃位、配流の途中に食を断ち、死去するという事件が起こっている。つまり光仁・桓武天皇や故藤原百川《ももかわ》らとそれに反発する勢力との間で、長期間にわたって激しい抗争が行なわれていたのである。

なぜ、桓武天皇がわざわざ長岡京を棄ててまで、平安京に遷都したかは謎だが、非業の死をとげた井上内親王や早良親王の怨霊への恐れもあったのではないかといわれている。

それでどうなった

造宮は未完成のままだが都は約四百年のあいだ繁栄

国政の中心が平安京にあったこの時代を平安時代と呼ぶが、平安京は未完のまま工事が中断されている。それは八〇五年、桓武天皇が藤原緒嗣《おつぐ》の意見を入れ、「軍事（蝦夷《えみし》征討）と造作（平安京造営）」の中止を決断したためだ。

その後、湿地帯の多い右京は衰退し、左京から鴨川の東が繁栄し、御所などが造営された。

歴史ミニ知識

大伴家持（七一八?〜七八五）の最期　『万葉集』に載る大伴家持の最後の歌は七五九年の作。以後の彼は〝歌わぬ人〟とされるが、衰勢に向かう大伴氏の勢力挽回に傾注していたらしい。七八五年に没したが、藤原種継暗殺の首謀者とされ、埋葬も許されなかった。彼もまた、桓武天皇とそれを支持する藤原氏に敗北させられたひとりである。

征夷大将軍に指揮権

「蝦夷」征討の光と影

◎舞台
陸奥国

◎主な登場人物
坂上《さかのうえの》田村麻呂《たむらまろ》（七五八～八一一）
桓武《かんむ》天皇（七三七～八〇六）
阿弖流為《あてるい》（?～八〇二）

桓武天皇にとって、蝦夷を征討し東北地方に勢力を伸ばすことは、長岡・平安京遷都と並ぶ二大事業だった。しかし、なかなかの難事業であり、失敗をくり返していた。

何がどうなった

坂上田村麻呂と阿弖流為 両雄、並び立たず

桓武天皇は七九七年、渡来人系氏族・坂上田村麻呂を二人目の征夷大将軍とし、指揮の全権を任せた。八〇二年、坂上田村麻呂は、阿弖流為らを降伏させるとともに、胆沢《いさわ》城（岩手県奥州市）を築き、鎮守府《ちんじゅふ》を多賀城から移した。翌年、志波《しわ》城（岩手県盛岡市）を築いて版図《はんと》を現在の岩手県中部まで拡大した。

田村麻呂はその後昇進し、渡来人系としては珍しく正三位・大納言となったが、都

に護送された阿弖流為は、田村麻呂の助命嘆願も実らず処刑された。

なぜ起こったか

「蝦夷征討」か「三十八年戦争」か「同化」か「抵抗」か

蝦夷経営の拠点を大きく前進させた坂上田村麻呂は、中央貴族にとっての英雄であったが、東北の住民からすれば、侵略者にほかならなかった。

七七四年の伊治呰麻呂《これはりのあざまろ》の蜂起以後、八一一年の文室綿麻呂《ふんやのわたまろ》の派遣までを「三十八年戦争」ともいう。統一国家に組み込まれることを拒み、「まつろわぬ（服従しない）民」とされてきた東北の住民・蝦夷《えみし》（アイヌ民族との関係は不明）による抵抗戦争でもあったからである。

それでどうなった

東北の抵抗は続く 前九年・後三年の役へ

東北の住民である蝦夷にとって、多賀城を陥落させた伊治呰麻呂や坂上田村麻呂と戦った阿弖流為（「悪路王」と同一人物か）は英雄であり、こうした朝廷への反発は、十一世紀に入ると、さらに活発化する。

前九年合戦（一〇五一～六二年）の安倍頼時・貞任《さだとう》ら、後三年合戦（一〇八三～八七年）の清原真衡《さねひら》・家衡らの動きをへて、藤原清衡は、源義家の助けもあり、東北を領有した。平泉を本拠とし、「東北王国」ともいうべき地歩を固めることになった（一一八九年まで持続）。

歴史ミニ知識

征夷大将軍　桓武朝期に大伴弟麻呂・坂上田村麻呂が任じられた令外官《りょうげのかん》だが、一一八四年、源義仲の要求により復活した。源頼朝も望んだが後白河法皇に渋られ、法皇没後の一一九二年に就任。他の官職と異なり、単独で命令権を行使できるということが、頼朝が要求し、後白河法皇が拒んだ理由である。

承和の変

策士・藤原良房《よしふさ》らの無血クーデタ

娘を皇族に嫁がせ、外戚として権力を握ろうとしていた藤原良房は、皇太子・恒貞親王派の伴健岑、橘逸勢が陰謀を企てたと仁明天皇に上奏。果たして陰謀の意思があったのか？

◎舞台
平安京
◎主な登場人物
藤原良房（八〇四〜七二）
伴健岑《とものこわみね》（生没年不詳）
橘逸勢《たちばなのはやなり》（？〜八四二）

何がどうなった

嵯峨上皇の死で勢力争いが表面化

八四二年、阿保《あぼ》親王（平城上皇の子で在原業平《ありわらのなりひら》の父。薬子《くすこ》の変で左遷）が、伴健岑らから恒貞《つねさだ》親王の擁立計画への加担を求められたと、太皇太后・橘嘉智子《たちばなのかちこ》に密告。嘉智子は、これを藤原良房に告げた。

嵯峨上皇が亡くなった二日後、藤原良房は皇太子・恒貞親王擁立の陰謀があると仁《にん》明《みょう》天皇に報告したため、伴健岑、橘逸勢が流罪。皇太子は恒貞親王から仁明天皇の

■藤原良房の一生と官職の上下関係

年代	できごと
804年	藤原冬嗣（北家）の二男として誕生する
834年	参議に就任する
835年	上席者7人を越えて権中納言に就任する
842年	**承和の変**（大納言藤原愛発ら排除）が起こる
848年	大納言を経て、右大臣に就任する
857年	左大臣を経ずに太政大臣に就任する
858年	九歳の清和天皇即位し、**事実上の摂政**になる
866年	**正式の摂政**に就任する。**応天門の変**が起こる
872年	死去する。養子・基経が摂政に就任する
884年	基経、光孝天皇（55歳）を擁立、事実上の関白へ

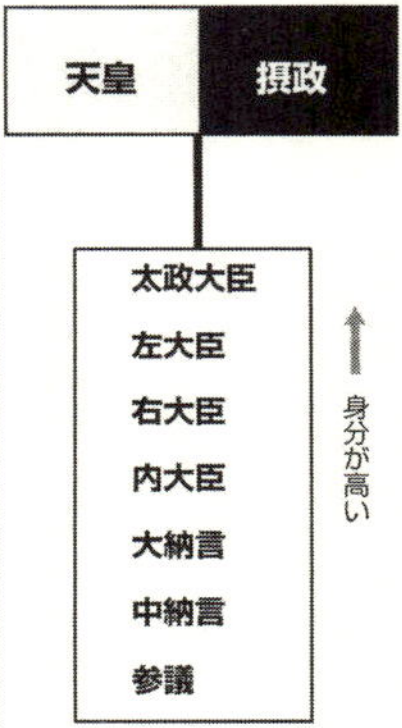

藤原良房は、臣下で初めて摂政の地位に就き、政治の実権を握った。

子・道康《みちやす》親王（のちの文徳天皇）に交代させられた。

なぜ起こったか 紛糾する皇位継承に乗じる良房

嵯峨天皇は弟・淳和《じゅんな》天皇に譲位し、その皇太子を自分の子・正良《まさら》親王（仁明天皇）とした。

仁明天皇が即位すると、淳和の子・恒貞親王が皇太子となる。兄・平城上皇との対立に苦しんだ嵯峨上皇の配慮だった。

しかし、兄と弟の皇統から交互に天皇を出すというのは危険な方法であり、嵯峨上皇の死を契機に、それぞれの暗闘が表面化したともいえる。

また、道康親王は橘嘉智子の嫡孫であり、藤原良房の娘・明子を妃としていた。彼が皇太子となるのは、二人にとって共通の目標であり、阿保親王の密告は絶好のチャンスになった。

この恒貞親王を擁立する計画は、いまだに真偽すら不明である。

それでどうなった

藤原良房の覇権擁立 外戚による摂関政治が始まる

八四八年、右大臣となった藤原良房は八五〇年、道康親王（文徳天皇）の即位に伴い、娘・明子が産んだ生後八カ月の惟仁《これひと》親王の立太子に成功。ついで八五七年、恵美押勝・道鏡以降、途絶えていた太政大臣に就任した。翌年、わずか九歳で即位した清和天皇の身内（外戚《がいせき》）として、事実上の「摂政」となった。

歴史ミニ知識

賜姓源氏の興り　五十人の子がいた嵯峨天皇は、身分の低い女性から産まれた皇子女三十二人に源姓を与え、臣籍に下した。これが賜姓源氏の始まりである。応天門の変のときの左大臣・源信《みなもとのまこと》もその一人であり、清和天皇もこの例にならった。なお、平氏は桓武天皇の孫・曾孫に与えられたものだが、その地位は低かった。

応天門の変

真犯人は伴善男《とものよしお》か？　事件の真相は不明

◎舞台
平安京・応天門
◎主な登場人物
伴善男（八一一〜六八）
源信《みなもとのまこと》（八一〇〜六八）
藤原良房《よしふさ》（八〇四〜七二）

伴善男は仁明、清和天皇の信任を得て昇進を重ね、八六四年には大納言になった。同年代の左大臣・源信（嵯峨源氏）と対立を深めていたなかで、応天門が炎上した。

何がどうなった

平安京の正門炎上　犯人はいったい誰か？

八六六年閏《うるう》三月十日夜、平安宮の正門・応天門が炎上、貴族たちに衝撃を与えた。事件の顛末《てんまつ》は、院政期の絵巻物『伴大納言絵巻』や鎌倉初期の説話集『宇治拾遺物語』によると、大納言・伴善男が左大臣・源信の放火と訴えたが、炎上の五カ月後、大宅鷹取《おおやけのたかとり》が善男らの行為だと訴えたことで、一件落着したとされる。

その後、伴善男・中庸《なかつね》親子（最後まで自白せず）ら六人が遠流、紀豊城《きのとよき》、紀夏井《きのなつい》ら七人が流刑になった。

なぜ起こったか

伴氏は、古来からの名族謎に満ちた応天門の変

伴善男は、大伴氏の後裔《こうえい》（大伴親王＝淳和《じゅんな》天皇即位後、伴氏と改姓）。父は藤原種継《たねつぐ》暗殺事件で佐渡に流罪された。そうした逆境をはねのけてきただけに、その性格は「節操を守って妥協しない」と評され、公卿会議でも孤立することが多かったらしい。源信が失脚すれば、善男も出世の道が開かれる可能性はある。

しかし、藤原良房の応天門炎上にかこつけた権力拡大、という可能性もある。事実、善男らの流罪を決定する一カ月前、摂政に就任している。

それでどうなった

権力の中心は藤原良房から基経へ摂関政治の定着

良房の甥・藤原基経《もとつね》は、娘・明子以外子どものいなかった良房の養子となった。基経は応天門の変後、上席者七人を飛びこえて中納言になり、良房没後には右大臣とな

るなど、名実ともに良房の後を継いだ。そして、清和天皇の子の陽成天皇を廃して光孝天皇を即位させ、実質上の関白となった。

また、基経は外戚関係になく、対立した宇多天皇に「阿衡《あこう》」に任じられるが、実権はないとして出仕を拒否し、詔勅を撤回させるなど、その専横ぶりは良房を上回った。

歴史ミニ知識

『伴大納言絵巻』 院政期に描かれた絵巻物の代表作の一つ。炎上する応天門や殺到する群衆を生き生きと描いている。なお、子どものけんかの場面は、自分の子どもがいじめられたことに怒った大宅鷹取が、伴善男を訴えるきっかけになったともいう。作者は宮廷絵師・常盤光長ともされるが定かではない。

菅原道真の左遷

反発する醍醐《だいご》天皇、藤原時平らの策謀？

◎舞台
平安京・太宰府
◎主な登場人物
菅原道真《すがわらのみちざね》（八四五～九〇三）
醍醐天皇（八八五～九三〇）
藤原時平（八七一～九〇九）

藤原基経と対立している宇多天皇は、基経の没後、摂政・関白を置かず、菅原道真を重用して、藤原時平とのバランスを取った。しかし、この人事が事件を引き起こした。

何が どうなった

孤立していた菅原道真 太宰府へ配流

醍醐天皇が即位した八九七年、藤原時平が左大臣に、菅原道真が右大臣に就任した。これは、宇多上皇の命令だった。しかし四年後、道真は右大臣を突然、解任され、太《だ》宰権帥《ざいごんのそち》に左遷。二年後、復職のないまま配流先で没した。

この左遷の理由は娘婿・斉世《ときよ》親王（宇多第三皇子）の擁立計画にあるとされたが、それ以上に「寒門より俄《にわか》に大臣に上りて止足《しそく》の分（分際）を知らず、専権の心あり」という理由からだった。

なぜ起こったか

異例の出世を遂げたために周囲の公卿の不興を買った?

菅原氏は文章博士《もんじょうはかせ》を出す学者の家柄で、せいぜい参議どまりの中級貴族だった。ところが、道真は宇多天皇から重用されて中納言となり、その後も右大臣になるなど異例の出世を遂げた。

しかし、宇多上皇と道真の接近ぶりには醍醐天皇や藤原時平ら公卿にはおもしろいはずもない。この政変は藤原時平の讒言《ざんげん》によるとされるが、十七歳となり、父・宇多上皇からの自立を図る醍醐天皇と時平ら公卿の共同行動とも見られる。

それでどうなった

道真の怨霊? に悩まされた人々律令体制の放棄へ

実権を握った左大臣・藤原時平は九〇二年、初の荘園整理令を出したり、九〇七年には延喜格《えんぎきゃく》を制定したりするなど、律令体制の維持策を取ったが、九〇九年、彼が亡くなると、こうした政策は急速に放棄された。これは、律令体制の維持がもはや、困難になっていたことを端的に示している。

また、時平の死が道真の怨霊《おんりょう》のためだとされていたことにも関係している。醍醐天皇自身も道真の怨霊に苦しみ、最期は食物を受けつけなくなって衰弱死のような形で亡くなったという。

歴史ミニ知識

菅原道真　漢詩文は貴族にとって必須の教養だったが、日本の現実を直視し、自らの生きざまを語るものではなかった。その点、道真は異質で、公民の窮状や権力闘争のむなしさ、あるいは誣告《ぶこく》に対する怨念を率直に語っている。このことが、残された公卿たちを恐れさせ、道真を最高の怨霊にしたのかもしれない。

939～941年

承平・天慶の乱

平《たいらのまさかど》将門と藤原純友《すみとも》、東国と西国で蜂起

◎舞台
下総国・伊予国
◎主な登場人物
平将門（?～九四〇）
藤原純友（?～九四一）

十世紀以降、国司に任国の統治を一任する国司請負制が増えていた。国司を兼ね、軍事指揮官としても活躍する桓武平氏、清和源氏、秀郷流藤原氏など「軍事貴族」の活躍が目立っていた。

何が
どうなった

地方豪族の私闘から国家への反乱へ

九三五年（承平《じょうへい》五）年、叔父・平国香《たいらのくにか》を殺した平将門は、国司らと対立し、九三九（天慶《てんぎょう》二）年には坂東八カ国の独立を宣言、自ら「新皇《しんのう》」と称した。しかし、翌年二月には平国香の息子・貞盛や藤原秀郷《ひでさと》に敗れた。

そのころ、伊予掾《いよのじょう》（国司の三等官）として「海賊」鎮圧にあたっていた藤原純友は、九三九年「海賊」側に寝返り、国家に反逆する行為に出た。二年後、小野好古《おののよしふる》、源《みなもとの》

経基《つねもと》軍に攻められ、敗死した。地方武士が新しい動きを示す事件だった。

なぜ起こったか

武士の成長と私的な主従関係の成立

武士団の「惣領《そうりょう》」は家子《いえのこ》、郎党《ろうとう》（郎従）などとよばれる一族や配下の有力農民（田堵《たと》、のちの名主《みょうしゅ》）を率いていた。清和源氏、桓武平氏、奥州藤原氏などの「棟梁」との間で私的な主従関係を結ぶようになった。

十世紀前半は、まだその関係は緩やかなものだった。平将門の戦いがあっけなく終わってしまったのは、武士を動員できなかったためである。

東国独立の構想は「早すぎた」わけだが、源頼朝の「関東草創」の第一歩となる動きだった。

それでどうなった

承平・天慶の乱後に武士が選んだ生き方

その後、武士の棟梁は国司を歴任しながら、押領使《おうりょうし》、追捕使《ついぶし》、鎮守府将軍になることで、国衙《こくが》軍の中心を担う、もしくは京侍《きょうざむらい》になる生き方を選んだ。京侍とは宮中を警備する滝口《たきぐち》の武士や、摂関家の侍になること。つまり、中央との対立を回避し、貴族政治の下で自らの地位向上をはかる道である。

一〇二八年の平忠常《ただつね》の乱で、忠常が都から派遣された源頼信に、戦わずして屈服したのも、中央に抵抗する気持ちが弱まったことのあらわれである。

歴史ミニ知識

桓武平氏　桓武平氏には、葛原親王《かずらわらしんのう》（桓武天皇の子）の子で、臣籍降下した平高棟の門流と、葛原親王の孫で八八九年ころ平高望《たかもち》を名乗るようになった門流の二つの流れがある。前者は中央貴族の道を歩んだが、後者は平高望が関東に土着したように、軍事貴族としての道を選ぶことになった。

安和の変

藤原氏の他氏排斥、ここに完了

◎舞台
平安京

◎主な登場人物
源高明《たかあきら》（九一四～八二）
源満仲《みつなか》（九一三?～九七）
藤原師尹《もろただ》（九二〇～六九）

村上天皇は藤原忠平の死後、摂政・関白を置かず、「天暦の治」とよばれる一時代をつくった。しかし、彼が亡くなり、冷泉天皇が即位すると政治的な緊張が増すことになった。

何がどうなった

左大臣・源高明の突然の解任
次期天皇の擁立をめぐる争い

九六九（安和《あんな》二）年、即位したものの狂気を示した冷泉《れいぜい》天皇が病弱であったため、次期天皇の擁立をめぐって朝廷は騒然となっていた。

そんななか突然、源高明（父は醍醐天皇）が左大臣を解任され、大宰権帥《だざいごんのそち》に左遷される。「高明は娘婿の為平《ためひら》親王を天皇にしようと密議をこらしていた」と、源満仲が密告したためである。真相は不明だが、為平親王の即位を阻止しようと考えていた藤原師尹（当時右大臣）らの陰謀とも考えられている。

なぜ起こったか

摂政・関白を独占 外戚の地位をめぐる暗闘

摂政・関白は、天皇の外戚である外祖父がなるものであった。源高明も為平親王が即位すれば、摂政・関白になれたのかもしれない。この夢を打ち砕いたのが安和の変であり、これによって藤原氏の他氏への排斥は完了することになった。

清和源氏の満仲が密告したのは、政敵であった藤原千晴《ちはる》（秀郷《ひでさと》の子）を蹴《け》落とすとともに、藤原氏に近づくきっかけをつくるためだったらしい。中級貴族らしく、機を見ることに長じた人だといえよう。

それでどうなった

藤原氏内部の権力闘争へ 兄弟による骨肉の争いに

権力闘争はいつの時代にもつきもの。安和の変で他氏排斥を完了した藤原氏は、今度は兄弟などによる骨肉の争いをくり返すことになる。とくに兼通《かねみち》、兼家《かねいえ》の同母兄弟の争いはすさまじいものだった。関白・兼通は重病の身でありながら参内《さんだい》し、従兄・頼忠に関白の地位を譲り、兼家を降格させる人事を行なった後、最期を遂げるという執念をみせた。

また、一大栄華を誇った道長も甥の伊周《これちか》と激しく争う。しかし、伊周は左遷され、一族の争いも終わる。

歴史ミニ知識

平安貴族の夢・公卿　官位五位以上がいわゆる貴族＝殿上人だが、そのうち二十人程度が太政大臣、左・右・内大臣、大納言、中納言、参議となり、公卿とよばれた。参議は奈良時代には四位の者だったが、平安時代には三位以上か四位でも選ばれるとされた。安和の変以後は藤原氏と源氏が独占した。

藤原道長の栄華

「一家に三后をたつるは未曾有《みぞう》なり」

◎舞台
京都・土御門殿（道長の屋敷）
◎主な登場人物
藤原道長（九六六～一〇二七）
藤原実資《さねすけ》（九五七～一〇四六）

藤原道長は兼家の五男。九九五年、甥・伊周との争いに勝利し、「内覧」（天皇に奏上する文書及び天皇が下す文書を事前に内見する任務）に就任して、その地位を不動のものとした。

何がどうなった

天皇の内覧を奪取 〝この世をばわが世とぞ思ふ〟

藤原道長は内覧（摂政、関白に準ずる役職）就任後、長女・彰子《しょうし》が一条天皇の中宮となった。ついで妍子《けんし》が三条天皇の、さらに威子《いし》が後一条天皇の中宮となった。一人の人間が三人の娘を天皇の中宮としたのは前代未聞、道長が自己の栄華を詠んだ「望月《もちづき》の歌」に、その気持ちがあらわれているともいえる。

三条天皇を強引に退位させた道長に怒りを示したのが、右大臣・藤原実資だった。

しかし、日記『小右記《しょうゆうき》』に「大不忠の人」と書きつけただけだった。

なぜ起こったか

藤原一族の争いに勝った「強運」で「冷酷」な人

道長の父・兼家《かねいえ》と兼通《かねみち》以来、摂政・関白をねらう摂関家では、一族のなかでの勢力争いが絶えなかった。そのようななか、道長を強力にバックアップしたのは姉で、円融《えんゆう》天皇の妃（一条天皇の母）だった藤原詮子《せんし》である。道長が内覧となれたのも、詮子が一条天皇の夜御殿まで押しかけ、強く要請した結果だった。道長が「強運の人」といわれるのはそのためである。

また、この内覧就任は甥・伊周《これちか》との争いになった。

それでどうなった

抗争が終わると藤原氏は全盛期を迎える

道長時代の始まりは、藤原一族間の抗争の終わりを示す。道長は娘が産んだ後一条、後朱雀、後冷泉天皇の外祖父として権力をほしいままにし、一〇一六年に摂政、一七年には太政大臣となり、藤原氏の全盛期を確立。約三十年にわたって大きな権力をふるった。道長の子・頼通も約五十年、三天皇の摂政・関白を務めたが、外戚関係のない後三条天皇の即位で引退した。

なお、頼通は宇治に平等院鳳凰堂《びょうどういんほうおうどう》を建てたことから、宇治関白《うじのかんぱく》と呼ばれた。

歴史ミニ知識

藤原定子（九七六〜一〇〇〇） 藤原定子《ていし》は伊周の妹で、一条天皇の中宮。彼女が親王を懐妊し、実家に戻る日、道長は多くの公卿を引き連れて宇治の別荘に向かった。貴族が彼女に伺候《しこう》することを禁止するためだった。親王出産の日、道長は娘・彰子を一条天皇の女御としている。なお、清少納言は彼女の女官。

1051～62年

前九年合戦

安倍一族と源頼義《よりよし》の長期戦へ

東北地方では、国司が土着の豪族＝「俘囚（中央に服属した蝦夷）の長」を介して間接的に統治していたが、国司と「俘囚の長」が、主導権をめぐって、争うことも珍しくなかった。

◎舞台
陸奥国（青森県）

◎主な登場人物
源頼義（九八八～一〇七五）
安倍頼時《よりとき》（？～一〇五七）
安倍貞任《さだとう》（？～一〇六二）

何がどうなった

挑発する源頼義 抵抗する安倍頼時・貞任ら

一〇五一年、「俘囚《ふしゅう》の長」安倍頼時が反乱。これに対し、関白・藤原頼通《よりみち》は前相模守源頼義を陸奥守兼鎮守府将軍に任命し、鎮圧に当たらせた。

安倍頼時はいったんは帰順したものの、再び蜂起。頼時の死後も、子の貞任・宗任《むねとう》が戦いを継続したため、頼義は出羽の「俘囚の長」清原武則《きよはらのたけのり》の支援を受けて、一〇六二年ようやく貞任を戦死させ、宗任を降伏させた（宗任は伊予国のち太宰府に流罪とされた）。頼義の子・義家《よしいえ》も前九年合戦に参戦している。

なぜ起こったか

源頼義・義家は正義の味方？　再評価進む蝦夷の抵抗

これまでは源頼義・義家の奮戦のみがもてはやされてきたが、最近では蝦夷《えみし》とされてきた人々の抵抗という観点から見直すべきだという意見も強い。

そもそも「前九年合戦」という呼称は、東北地方に住む人々のことを異民族視していることになる。

中央の支配に対する抵抗ということでいえば、「三十八年戦争」（七二頁参照）を継承する面もあり、蝦夷にとってはみずからが実現してきた「自治権」を守るための防衛的戦争ともいえるのである。

それでどうなった

後三年合戦　藤原清衡が「東北の王者」へ

安倍氏の後、出羽・陸奥を支配していた清原真衡《さねひら》と清原家衡《いえひら》・藤原清衡《きよひら》の間で内紛が起こったが、これに源義家《よしいえ》が介入したことにより後三年合戦が勃発した（一〇八三〜八七年）。

義家は東北を支配下に置きたかったが、実現したのは藤原清衡で、以後約百年間、奥州藤原氏による「東北王国」が築かれた。

いっぽう、義家は従軍した東国武士団との主従関係は強化できたものの、白河上皇からは「私戦」とされてしまった。また、ある公卿からは「多く罪なき人を殺す」といわれる始末だった。

歴史ミニ知識

藤原清衡（一〇五六〜一一二八） 父が前九年合戦で戦死し、母（安倍頼時の娘）が清原武貞に再嫁したため、清原一族として成長した。後三年合戦では源義家と結ぶが、その後、自立した。平泉に本拠を移し、一一二六年、中尊寺を完成させたが、その供養願文のなかで、みずからを「俘囚之上頭（蝦夷の長）」であると述べている。

1068年

後三条天皇の登場

藤原氏を外戚としない壮年の天皇

後三条天皇は、一〇三四年、後朱雀天皇の第二皇子として誕生。四五年、兄・後冷泉天皇の皇太子となったが、その時期は二十三年というきわめて長期間に及ぶものになった。

◎舞台
京都

◎主な登場人物
後三条天皇（一〇三四〜七三）
藤原頼通《よりみち》（九九二〜一〇七四）

何がどうなった

後三条天皇の親政 摂関家に頼らず国政を改革

一〇六八年に即位した後三条天皇は、公卿・官人人事の一新を進めるとともに、翌年「延久《えんきゅう》の荘園整理令《しょうえんせいりれい》」を発令し、記録荘園券契所《きろくしょうえんけんけいじょ》を設けた。天皇は天皇家の財政基盤であった公領（国衙《こくが》領）を確保するため、荘園公認の基準をより厳しくし、その審査を天皇直属の記録荘園券契所に行なわせることにしたのだった。

その結果、摂関家を含め、かなりの荘園が廃止されることになった。また七二年、

「宣旨枡《せんじます》」を制定し、度量衡《どりょうこう》の統一を進めた。

なぜ
起こったか

長期にわたる摂関政治
娘が皇子を産むことが条件

摂関政治は、藤原氏が娘を入内《じゅだい》させ、その娘が産んだ皇子を天皇に擁立することによって、外戚として摂政や関白などになり、権勢を独占する政治形態である。

しかし藤原氏の娘たちが常に皇子を産むとは限らない。そうしたなかで、四五年に尊仁《たかひと》親王（のちの後三条天皇。母は三条天皇の内親王）の立太子が行なわれた。こればかりは藤原頼通も阻止できず、後三条天皇の即位を容認せざるを得なかった。これで、ようやく天皇家に政権が戻ったのだった。

それで
どうなった

悲願の天皇親政
のちの院政に引き継がれる

後三条天皇は七二年十二月、突然、白河天皇（第一皇子、生母は藤原氏）に譲位し、実仁《さねひと》親王（生母は源氏）を皇太子とした。翌年五月、後三条上皇は亡くなったが、それ以前に後三条天皇は継承者である次期天皇、次々期天皇を決めていた。皇位継承の主導権を摂関家から奪い返すことこそが、後三条天皇の悲願だったのだ。

後を受けた白河天皇も親政を行ない、のちに幼少の堀河天皇に譲位。みずから院政を開始し、天皇を後見しながら政治の実権を握った。

歴史ミニ知識

延久の荘園整理令　荘園整理令は九〇二年を最初とし、何度も出されたが、その効果は一時的なものにとどまっていた。原因は、審査が国司に任ねられていたからである（彼らは任免権をもつ摂関家など権門《けんもん》勢家《せいか》の意向を受けやすい）。これを変えたのが、一〇六九年の記録荘園券契所の設地であり、そこでの審査だった。

1086年

院政の開始

貴族政治の行き着いた先が院政

◎舞台
京都
◎主な登場人物
白河上皇（一〇五三〜一一二九）
堀河天皇（一〇七九〜一一〇七）
鳥羽《とば》天皇（一一〇三〜五六）

白河天皇は皇太弟・実仁親王が亡くなると、わずか八歳だった子・堀河天皇に譲位した。みずからの直系に皇位を継がせるための方針だったが、貴族政治全体を変える転機になった。

何が どうなった

「院政」とは何か？ 「治天の君」の専横化

一一〇七年、親政をめざしていた堀河天皇が亡くなると、孫で五歳の鳥羽天皇を即位させ、白河上皇（法皇）による院政はさらに強化された。

院政とは天皇家の家長である上皇が子・孫を天皇に就け、国政全般を掌握する政治形態であり、院政を行なった上皇は「治天《ちてん》の君《きみ》」とよばれた。上皇の私政機関であった院庁《いんのちょう》は、太政官《だいじょうかん》をこえる権力機関となり、中・下級貴族から登用された院近臣《いんのきんしん》

■摂関政治と院政のちがい

摂関政治
院政
父 摂政・関白
娘 天皇の妻
父 上皇
息子 天皇
孫 皇太子
1 藤原氏などが娘を天皇に嫁がせ、生まれた皇子を、次期天皇に就けて政治の実権を握る
例）藤原道長など
2 天皇位を息子に譲位して上皇となるが、その後も政治の実権を握り続ける
例)白河上皇など

天皇の母方ではなく父方が権力を握るようになったのが、院政である。

は摂政・関白を上回る実権をもつようになった。院政は貴族階級の対立・分裂を促すものでもあった。

なぜ起こったか

白河院政から鳥羽院政へ 二人の対立はさらに激化

白河上皇はそれほどの専制君主ではなかったともいわれるが、血統への執念はすさまじく、待賢門院・藤原璋子《しょうし》（最初白河、のち鳥羽上皇の寵妃《ちょうき》）の産んだ崇徳天皇を即位させる。彼の実際の父親は、鳥羽天皇ではなく、白河上皇であると考えられており、白河上皇の存命中は対立が隠されていたが、一一二九年白河上皇が亡くなり、鳥羽上皇が院政を開始すると、見せかけての親子である二人の対立は激化した。

それでどうなった

荘園公領制の確立
寄進地系荘園と知行国

鳥羽院政期に荘園公領制が確立した。延久の荘園整理令などで認められた荘園は、より完全な私領となり、公領では知行国主《ちぎょうこくしゅ》となった上級貴族などに、国司の任命権や税収入を与える知行国化が進行した。つまり、荘園はもちろんのこととして、公領も基本的には私領化してしまったのである。

後三条天皇による荘園整理令から、六〇〜七〇年しかたっていないのに、土地支配の方法はすっかり変わってしまったのである。なお、荘園公領制は鎌倉時代にも引き継がれていく。

歴史ミニ知識

強訴　強訴《ごうそ》とは、寺社の僧兵らが集団で朝廷などに要求を強要した示威行動である。とくに神木や神輿《しんよ》を奉じた比叡山の僧兵、春日大社の神木を奉じた興福寺の僧兵など、神仏の威光をかさにきて、院・朝廷に自分たちの要求を認めさせた。彼らは一様に裹頭《かとう》とよばれる覆面をしていた。

1156年

保元の乱

これより「ムサ（武者）の世」が始まる

◎舞台
京都

◎主な登場人物
崇徳《すとく》上皇（一一一九～六四）
藤原頼長《よりなが》（一一二〇～五六）
後白河上皇（一一二七～九二）

後白河天皇が即位すると、鳥羽上皇・後白河天皇と、崇徳上皇との対立が顕著になった。これに摂関家の、藤原忠通、弟・頼長の対立もからみ、平安京での初の戦乱となった。

何が どうなった

鳥羽上皇の死後、対立は表面化 武力行使で崇徳側を排除

一一五六（保元元《ほうげんがん》）年七月、鳥羽《とば》上皇が亡くなると、後白河天皇は平清盛・源義朝らを、崇徳上皇は源為義《ためよし》・平忠正《ただまさ》らを動員したが、機先を制したのは後白河天皇方。数時間の戦闘は崇徳上皇方の敗北に終わった。これが保元《ほうげん》の乱である。

藤原頼長は戦死したが、源為義と平忠正は死罪とされた（死刑の復活）。また、崇徳上皇は讃岐《さぬき》（香川県）に流され、八年後の一一六四年、配所の松山（坂出市）で、失意

のうちに没することになった。

なぜ起こったか
保元の乱をもたらしたもの 鳥羽上皇の恣意が戦乱を招く

一一四一年、鳥羽上皇は崇徳天皇に、将来院政を開くことが可能とほのめかしながら、わずか三歳の近衛《このえ》天皇に譲位させた。

しかし、一一五五年近衛天皇が一七歳で亡くなると、鳥羽法皇は約束を破り、近衛天皇の異母弟で、藤原通憲《みちのり》（信西《しんぜい》）から「和漢の間に比類なきの暗王なり」と評された後白河天皇を即位させた。

ここに至り、失意の底に落とされた崇徳上皇はクーデタによる院政の実現を考え始めたのである。

それでどうなった
後白河上皇が院政を開始 院近臣の権力抗争激化

一一五八年、後白河天皇は子・二条天皇に譲位し、院政を開始。「即位の器量にはあらず」とされた後白河天皇であるが、権謀術数に優れた政治家へと変貌していくことになる。

しかし、院政開始直後は院近臣の活躍が目立つ。かつて後白河天皇を酷評したことのある藤原通憲（信西）や藤原信頼、さらには平清盛と源義朝による権力抗争が激化する。保元の乱からわずか三年後に、平治《へいじ》の乱（一一五九年）が勃発することになったのである。

歴史ミニ知識

崇徳上皇の怨霊　崇徳上皇は、ある面で時代に翻弄された悲劇的人物だ。即位そのものは、曽祖父（父？）白河上皇の意思であったが、鳥羽上皇との対立は貴族階級そのものの分裂をもたらすことになった。天皇となった者が配流された最初の例であり、勝者の後白河天皇からも、没後、怨霊とされ、恐れられた。

1159年

平治の乱

院近臣の勢力争いは平清盛の勝利へ

◎舞台
京都

◎主な登場人物
源義朝（一一二三〜六〇）
藤原信頼（一一三三〜五九）
藤原通憲《みちのり》（?〜一一五九）

後白河天皇は子・二条天皇に譲位して院政を開始した。これを機に院近臣らの主導権争いも激しくなり、源義朝・藤原信頼のクーデタ計画も進行。再び戦乱が起こることになった。

何がどうなった

源義朝、藤原信頼のクーデタが失敗

源義朝は保元の乱の時、後白河天皇方につき勝利に貢献したが、その処遇は平清盛に比べると劣っていた。これを挽回しようと、藤原通憲（信西《しんぜい》）と対立していた藤原信頼と組んで権力奪取を企てた。

一一五九年（平治《へいじ》元）年十二月、平清盛が熊野詣に出発した留守をねらって、後白河上皇と二条天皇を幽閉したが、平清盛によって敗北。信頼は処刑され、義朝も東国

に逃れる途中、尾張国で討たれた。また、藤原通憲も殺害。勝ち残ったのは平清盛だけだった。

なぜ起こったか

軍事力に対する歯止めが保元の乱で失われた

保元の乱について、摂関家（九条家）出身で、天台座主を歴任した慈円《じえん》は、承久の乱の直前に著した『愚管抄《ぐかんしょう》』のなかで、この時より「ムサ（武者）の世」になったと回顧しているが、武士の台頭という限りでは当たっている。

武士の軍事力を使わなければ、貴族は内部の抗争さえ解決できなくなってしまったのである。平治の乱も同様で、この結果、平清盛の政権参加を許し、遂には幕府成立の道を開くことになった。

それでどうなった

異例の昇進を遂げた清盛平氏政権の成立へ

後白河上皇は、若い時から「今様《いまよう》（庶民の間で流行していた俗謡）」にこっており、

『梁塵秘抄《りょうじんひしょう》』を編纂《へんさん》したほどである。

しかし、崇徳上皇の「院政」を嫌う鳥羽上皇に擁立されると、次第に政治力を発揮し、動揺を深める貴族政権を束ねる存在となった。

平清盛を重用したのは「武門の棟梁」としての軍事力に期待していたからであるが、清盛の妻・時子の妹である滋子《しげこ》（建春門院、高倉天皇の生母）を寵愛していたということもあった。

歴史ミニ知識

源頼朝の伊豆配流　源頼朝は義朝の三男で、十三歳で平治の乱に参加した。翌年、つかまって、清盛のもとに引き出された。この時、池禅尼《いけのぜんに》（平忠盛の後妻、清盛の継母）の助命嘆願により、伊豆流刑へと減刑された。

頼朝と清盛が実際に出会ったのは、このとき限りである。

1167年

平清盛が太政大臣に

貴族政権の中枢へと進出

◎舞台
京都

◎主な登場人物
平清盛（一一一八～八一）
後白河法皇（一一二七～九二）
安徳天皇（一一七八～八五）

一一六〇年、参議となった平清盛は一一六七年、太政大臣に就任した。そのいっぽうで清盛は後白河法皇の命で、蓮華王院（三十三間堂、七七年完成）をつくるなど院近臣の立場も忘れなかった。

何がどうなった

後白河法皇との対立 孤立を深める平清盛

公卿二十数人のうち、平氏は三分の二を占めた。しかしこうした平氏一門の台頭は、貴族の反感はもちろんのこと、最大の理解者である後白河法皇との関係も悪化させることとなった。

とくに一一七七年の鹿ヶ谷《ししがたに》の陰謀（権大納言・藤原成親・師光《もろみつ》〈西光〉兄弟や、法勝寺《ほっしょうじ》の僧・俊寛《しゅんかん》ら後白河法皇の院近臣グループによる平氏打倒計画）を機に、平清盛と法皇の関係は破綻《はたん》した。七九年に、彼は、院政を停止したうえに、法皇を幽閉するという強行手段にうってでた。

なぜ起こったか

貴族政権か武士政権か二面性の矛盾に苦しむ清盛

平清盛は一一五三年、父・忠盛《ただもり》の死で家督を継ぎ、一一六七年には、「武門の棟梁」としては初めて太政大臣に就任した。

しかし、貴族政権に徹するのか、武士政権として純化するのかという矛盾に苦しむことになる。

家人を地頭に任命したり、大輪田泊《おおわだのとまり》（神戸市）の修築などによる日宋貿易の推進など新しい政策もみられた。

しかし、平氏一門の公卿化、知行国・荘園の集積など、貴族政権化を選び、武士の失望を招いた。

自業自得ともいえなくはないが、貴族・武士双方からの反発を買い、滅亡の道を歩むことになった。

それで
どうなった

「おごれる平家は久しからず」滅亡の道をたどる

一一八〇年二月、平清盛は娘・徳子（建礼門院）が産んだ安徳天皇を、わずか三歳で擁立。これに反発した以仁王《もちひとおう》、源頼政が挙兵、平氏追討の令旨《りょうじ》を全国の源氏や大寺社へと送付した。

清盛は、六月福原遷都を強行することで、挽回を計るも失敗（十一月還都）。さらに十月には富士川の合戦で、源頼朝軍に完敗。こうしたなかで、清盛は翌年、波乱の生涯を終えた。

歴史
ミニ知識

平重衡の南部焼き打ち　一一八〇年十二月、平清盛の子・重衡は、平氏に敵対していた南都を攻め、東大寺、興福寺を焼いた（重衡は八四年につかまり、八五年、奈良に送られ、僧たちに殺された）。消失した東大寺は、重源を勧進上人《かんじんしょうにん》とし、再建され、一一九五年落慶供養が行なわれた（興福寺もほぼ同時期に再建）。

1180～85年

治承・寿永の乱

反平氏から「武士政権」樹立の戦いへ

◎舞台
京都から全国各地へ
◎主な登場人物
源頼朝（一一四七～九九）
源義仲（一一五四～八四）
後白河法皇（一一二七～九二）

一一七九年十一月、平清盛による院政停止と後白河法皇の幽閉策は、反平氏派の動きを刺激した。翌年は、以仁王の挙兵に始まり、各地の源氏など反平氏勢力の一斉蜂起の年となった。

何がどうなった

以仁王の挙兵から源氏の蜂起へ

皇位をねらっていた以仁王《もちひとおう》（後白河の第三皇子）は、一一八〇（治承《じしょう》四）年四月九日、平氏追討の令旨《りょうじ》を発し、源頼政とともに挙兵したが、五月二十六日に敗死。各地の源氏が一斉に蜂起したのはその三カ月後であり、源頼朝もそのとき挙兵した。

以仁王の令旨は各地の源氏に刺激を与えることになり、八月、源頼朝による伊豆・石橋山での挙兵などが始まった。こうした源氏・平氏の争いを「治承・寿永《じゅえい》の乱」ともいう。

なぜ起こったか 朝廷の権威再建に動いた後白河法皇の権謀術数

一一八〇年十二月、平清盛は後白河法皇の幽閉を解き、院政の復活を要請。以後、平家と法皇の関係は修復され、源氏勢力の追討のため、平氏は各地に軍を派遣した。しかし八三（寿永二）年、この関係が破られた。法皇は七月に源義仲・行家が入京すると、平氏追討を命じる一方、十月には頼朝に東海・東山道の支配権を与え、義仲追討軍の上洛を命じたのだ。

武士勢力を戦わせることで、朝廷の地位を維持しようとする後白河法皇の面目躍如《めんもくやくじょ》といったところだ。

それでどうなった 平氏は壇ノ浦で滅亡 代わって源氏の勢力拡大

一一八三年、平宗盛らは京都を捨て、西国を基盤とする武士政権・地方政権をめざすことになる。いわゆる「平氏の都落ち」であるが、それを空しくさせたのが、八一年から八二年にかけて、西日本一帯を襲った飢饉であった。

平家一門の武士勢力を疲弊させ、軍事能力そのものを弱体化させてしまったからである。

一の谷・屋島の合戦を経て、壇の浦の合戦による平家の滅亡を、彼らの能力の無さだけに帰するのは、酷といえるであろう。

歴史ミニ知識

悲劇の天皇・安徳天皇　高倉天皇第一皇子、母は平徳子《とくこ》（建礼門院《けんれいもんいん》）。一一八三年に都落ちした。後白河法皇はこのとき後鳥羽天皇を擁立し、天皇が二人いる状況となった。一一八五年三月、壇ノ浦で平氏一門とともに入水したとき八歳。三種の神器のひとつ「草薙剣」もともに海底に沈んだ。母・建礼門院はのちに、大原の寂光院《じゃこういん》で尼僧となる。

国の名称をめぐる歴史

「日本」および「天皇」の呼称はいつごろから使われるようになったのか。現在では、七世紀末の天武・持統朝とするのが有力である。

当時の日本は、白村江の敗戦、壬申の乱という国家的危機を克服し、律令国家建設を進めつつあった。そこで、唐に対し、独立国家としての地位を示したいとする国家意識の高まりが存在した。

七〇二年、三十三年ぶりに遣唐使が派遣される。これは「日本」国のお披露目ということになる。

以後、「日本」という国号が現在まで使われることになる。なお、明治憲法では「大日本帝国」と呼称することとした（伊藤博文らの原案では「日本帝国」だったが、枢密院の審議で「大」を追加）。

しかし外国との条約では「日本国」とするのがふつうで、「大日本帝国」の名称は、国内向けの呼称ともいえる。

音については「ニホン」「ニッポン」の両方が使われている。「日本一」を「ニホンイチ」と読むのか、「ニッポンイチ」と読むのかは人それぞれということだ。

議会では、長年どちらの読みにするのか、議論されてきた。ついに二〇〇九年、麻生太郎内閣の閣議決定では、「ニホン」も「ニッポン」も、いずれも広く通用しており、どちらかいっぽうに統一する必要はない。となった。

読者の皆さんは、どちらを多用しているだろうか？

第3章

武士の台頭

源頼朝が征夷大将軍に

「関東の草創」から全国的軍事権の掌握へ

◎舞台
鎌倉・京都

◎主な登場人物
源頼朝（一一四七～九九）
後白河法皇（一一二七～九二）
後鳥羽天皇（一一八〇～一二三九）

一一八〇年八月、石橋山の合戦に敗北した頼朝は、十月には、源氏ゆかりの地・鎌倉に入った。その後、富士川の合戦に勝利するが、頼朝は敗走する平氏軍を追撃しようとはしなかった。

何がどうなった

鎌倉政権、全国支配に踏みだす

源頼朝から「日本一の大天狗」と評された後白河法皇であったが、軍事力に裏打ちされない政治には、やはり限界があった。その典型が一一八五年十月、源義経・行家《ゆきいえ》に頼朝追討の院宣《いんぜん》を与えたことである。

それを逆手にとられ、法皇は諸国に守護・地頭を置くことを認めざるを得なくなった。これは全国的な軍事・警察権を頼朝が握ることを意味し、鎌倉政権の「全国政

■鎌倉幕府のしくみ

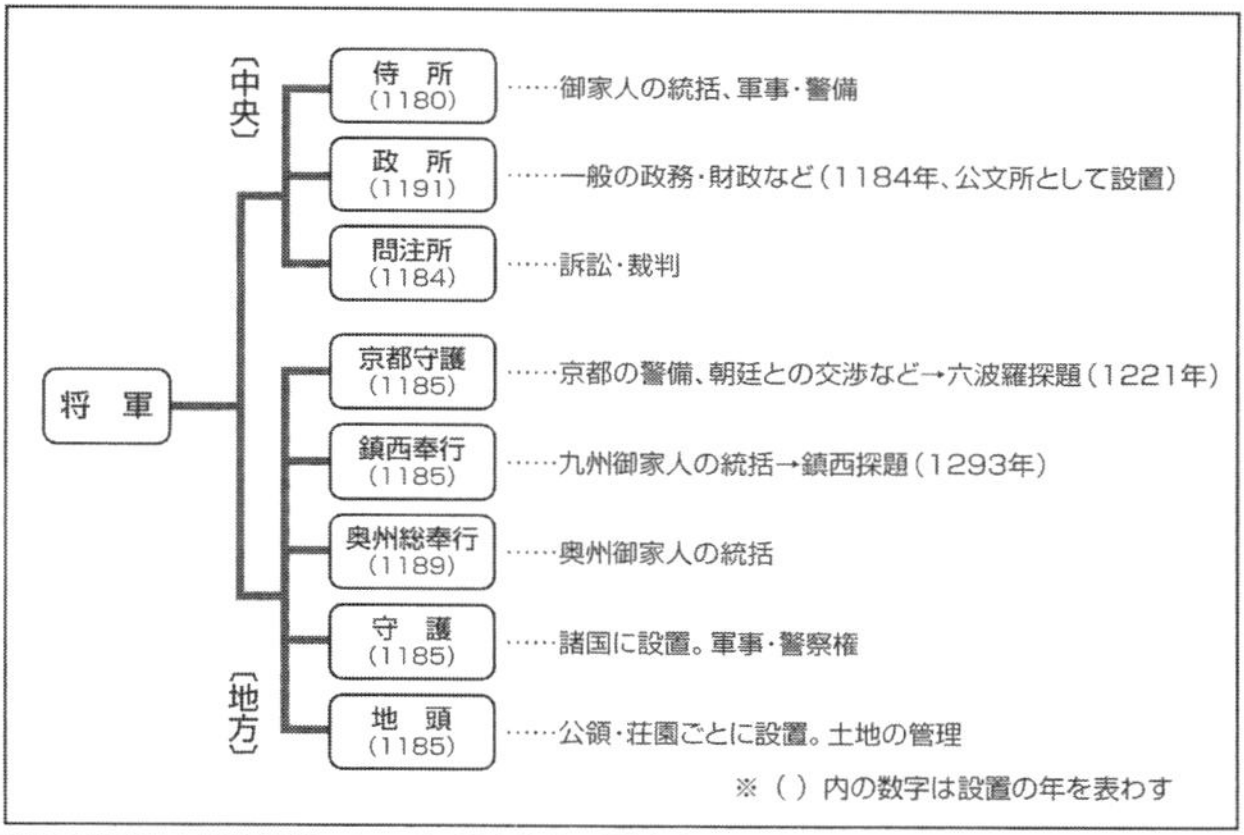

簡素で実務的な幕府体制によって、武士社会の統制がはかられた。

権」化の第一歩となった。

なぜ起こったか

「東国政権」としての自立朝廷にも認めさせる

後白河法皇からすれば、源頼朝は平治の乱以来の「謀反人」であった。頼朝としては、この汚名をそそぐ必要があった。

チャンスは一一八三年に訪れる。後白河法皇が源義仲追討軍の派遣を命じたのを利用し、頼朝は「東国（東海道・東山道）の支配権（指揮権）」を認めさせた。これをもって、頼朝の勢力は「東国政権」として、朝廷から認められたことになる。一一八〇年の侍所、八四年の公文所・問注所がその実態である。

それで
どうなった

京都公家と鎌倉二重政権の始まり

一一八九年、頼朝は東北に遠征。奥州藤原氏を滅ぼし、陸奥、出羽二国を掌握した。翌年、三十年ぶりに上洛し、後白河法皇と初めて対面し、権大納言・右近衛大将に就任するも、すぐ辞任。希望する征夷大将軍になれなかったからである。

しかし、一一九二年、後白河法皇が亡くなると、後鳥羽天皇から征夷大将軍に任命され、名実ともに幕府が確立することになる。

しかし、京都の朝廷を否定したわけではなく、鎌倉時代を通して、公武二重政権という状態が続いた。

歴史
ミニ知識

北条政子（一一五七～一二二五） 一一七七年、父・時政の反対を抑えて、頼朝と結婚。家の中を束ね、頼朝の私的行動も統制した。頼朝没後は「尼将軍」として君臨。承久の乱では、御家人らをはげまして戦わせ、弟・北条義時に攻勢策を取らせるなど、幕府最大の危機を乗りきることに貢献した。

1213年

和田合戦

幕政の実権は北条義時の手へ

◎舞台
鎌倉
◎主な登場人物
北条時政（一一三八～一二一五）
北条義時（一一六三～一二二四）
和田義盛（一一四七～一二一三）

一一九九年、源頼朝が急死すると、幕府は源頼家の親政を制限し、有力御家人による合議制へと移行した。その後、北条時政・義時父子は有力御家人を次々に倒し、事実上幕府の実権を握った。

何がどうなった

北条義時に反旗 幕府を二分する戦い

和田義盛の子や甥が、源頼家の子を将軍にしようとする陰謀が発覚した。上総国（千葉県）に引退していた和田義盛は、一族九十八人とともに鎌倉に参上し、赦免を求めた。

首謀者とされた甥の胤長《たねなが》のみ許されなかったため、これを機に義盛は合戦を決意。戦いには和田一族のほかに、朋友も加わった。

一二一三年五月二日から三日にかけて、幕府を二分する戦いとなるが、和田氏の一族である三浦氏が参加しなかったこともあり、北条義時側の勝利に終わった。

なぜ起こったか

ポスト頼朝をめぐる抗争 北条時政の勝利と挫折

北条時政をはじめ有力御家人たちは、頼朝の死後、将軍の権力を抑える動きに出た。北条時政・義時、大江広元《おおえのひろもと》、三善康信《みよしやすのぶ》、三浦義澄《よしずみ》、和田義盛、比企能員《ひきよしかず》、梶原景時《かじわらかげとき》ら十三人が政治を担当する合議制を取ったのだ。

さらに一二〇三年、北条時政は二代将軍・頼家の妻の父・比企能員を殺し、頼朝の次子・実朝《さねとも》を将軍にした。

さらに、頼家を伊豆修禅寺に幽閉し、翌年殺害（比企能員の乱）、その直後に政所別当《まんどころべっとう》に就任する。

さらに一二〇五年、後妻・牧の方の娘婿・平賀朝雅《ひらがともまさ》を将軍にしようとしたが、北条義時、政子らの反対にあい、伊豆への退隠を余儀なくされた。

それでどうなった

義時が政所・侍所別当を兼任 しかし政局の混乱は続く

義時は一二〇五年、父・時政に代わり、政所別当になっていたが、一二一三年には侍所別当も兼ね、執権としての地歩を固めた。しかし、政局の混乱は続いた。一二一九年、実朝が甥の公暁《くぎょう》に殺されたからである。

歴史ミニ知識

和田義盛（一一四七〜一二一三） 相模の豪族・三浦義明の孫。一一八〇年に侍所別当となり、御家人を管轄していた。北条氏とも協調し、その勢力の維持に努めた。しかし、北条義時の挑発で一二一三年に挙兵。加勢を求めた三浦義村に拒否され、鎌倉由比ヶ浜で戦死した。惣領制による一族としての団結を重視した古い型の東国武士の典型。

承久の乱

幕府打倒の悲願ならず。公武の力関係が逆転

◎舞台
京都と鎌倉
◎主な登場人物
後鳥羽上皇（一一八〇～一二三九）
北条義時（一一六三～一二二四）
北条政子（一一五七～一二二五）

後鳥羽天皇は、一一九八年、土御門天皇に譲位し、院政を開始した。西面の武士を新設するなど朝権回復の政策を強め、ついには幕府そのものの否定も考えるようになった。

何がどうなった

後鳥羽上皇が宣旨を発令「北条義時を追討せよ」

一二二一（承久《じょうきゅう》三）年五月、後鳥羽上皇は京都守護・伊賀光季《みつすえ》を討ち、北条義時追討の宣旨《せんじ》と院宣《いんぜん》を発した。しかし、御家人たちの団結は崩れなかった。

逆に執権・北条義時は、北条政子・大江広元らの意見を入れ、東海・東山・北陸道の三軍編成で京都を攻撃。合戦は幕府側の勝利に終わった。

六月十五日には北条泰時・時房らが京都六波羅に入った。後鳥羽上皇の朝権回復・

幕府の否定という夢は完全に挫折することとなった。

なぜ起こったか

御家人たちも分裂幕府存亡の危機

一一九九年の頼朝の急死後から三代将軍・実朝暗殺までの二十年間、幕府は存亡の危機にあった。

御家人たちは将軍専制か、御家人たちの連合政権か、それとも北条氏を「執権」とする政治体制かをめぐり、生死を賭けて争っていた。

場合によっては、そのいずれもが勝利せず、後鳥羽上皇の期待したような幕府の自壊もあり得ないことではなかった。

しかし、最後になって歯止めをかけたのが、幕府があってこそ、御家人たちの政治目的は達せられるという判断だった。尼将軍・北条政子の演説は、まさにその勘所をおさえたものだった。

それでどうなった

公武の力関係が逆転 武士は西国へも勢力拡大

北条義時は、息子の泰時と弟・時房を六波羅に常駐させ、新しく六波羅探題とした。後鳥羽上皇を隠岐に、順徳《じゅんとく》上皇を佐渡に、討幕計画に消極的だった土御門《つちみかど》上皇はみずから望んで土佐に配流された。また、後鳥羽上皇側の所領は没収され、新補地頭《しんぽじとう》が置かれた。なお、没収された所領は西国に多く、東国御家人の西国進出のきっかけとなった。

歴史ミニ知識

源実朝（一一九二～一二一九） 一二〇三年、兄の頼家の廃嫡後に、北条時政らが将軍に擁立。彼は後鳥羽上皇との協調体制の強化に努めたが、譲歩しすぎという批判も強かった。一二一九年正月、鶴岡八幡宮での右大臣拝賀の式の際、甥の公暁《くぎょう》に刺殺された。公暁をそそのかしたのは北条義時、もしくは三浦義村と考えられている。

1232年

御成敗式目の制定

日本初の体系的な武家法が成立

◎舞台
鎌倉・京都
◎主な登場人物
北条泰時（一一八三〜一二四二）
北条時房（一一七五〜一二四〇）

一二二四年、北条義時が亡くなり、翌年には北条政子、大江広元がこの世を去った。こうしたなかで執権に就任した北条泰時は、合議体制の強化をめざすことになった。

何が
どうなった

武家社会の道理を明文化した初めての法律

一二三二年（貞永《じょうえい》元）八月に、五十一カ条からなる御成敗式目（貞永式目）が制定された。

守護・地頭の職務、年紀《ねんき》法（二十年実効支配を続けた土地は、理由の是非を問わず、この知行を変更しない）など、幕府が裁判の際、その基準となるべきものを定めた。

三代執権・北条泰時は、六波羅探題・北条重時への書簡のなかで、基準とは、頼朝

■御成敗式目の特徴と制定の趣旨

さてこの式目をつくられ候事は、
なにを本説として注し載せらるるの由、
人さだめて謗難を加うる事候か。
ま事にさせる本文にすがりたる事候はねども、
ただどうりのおすところを記され候者也。
貞永元(一二三二)年九月十一日
武蔵守(北条泰時)
駿河守殿(六波羅探題北条重時)
『北条泰時書状』

御成敗式目の特徴

制定　一二三二(貞永元)年　三代執権・北条泰時
基準　道理(頼朝以来の先例と武家社会の慣習)
適用範囲　御家人社会のみに限る
目的　土地の権利義務や所領相続による裁判の基準を示す

北条泰時は六波羅探題にいる弟重時に、御成敗式目制定の意図（右）を手紙に書き送った。

以来の先例と「道理」とよばれる武家社会の慣習であるとした。

なぜ起こったか

専制防止と合議体制の充実をめざす

二五年、北条泰時は叔父・北条時房を連署《れんしょ》とし、評定衆《ひょうじょうしゅう》を設置した。連署は執権の専制防止をはかるものである(連署が副署しない限り、幕府の正式な命令とはならない)。評定衆は執権・連署だけではなく、有力御家人もメンバーとなり、最高議決機関とされた。

御成敗式目の制定もこの延長線上にあり、御家人社会に亀裂を生みだしやすい裁判に関して、あらかじめその基準を示し、判決に関する同意・納得を得ようとしたのだった。

それでどうなった

武家社会の範として後世の武家法制定の基礎に

古代の大宝・養老律令が中国の法をならったのに対し、御成敗式目は、十三世紀前期における武士社会の実態のなかからつくりだされた最初の武家法典であり、公家法（律令）の法理とは異なる規定を意識的に設けているところがある。その適用は御家人社会に限られていた。

その後室町幕府を開いた足利尊氏は、御成敗式目を基本法とした上で、当面の統治方針として建武式目を制定したほど。戦国時代につくられた分国法にも御成敗式目の影響がみられる。

歴史ミニ知識

摂家将軍九条頼経・頼嗣　一二一九年、源実朝が暗殺された直後、九条頼経（一二一八～五六）が鎌倉に下向。二六年、九歳で四代将軍に就任したが、四四年には長男・頼嗣（一二三九～五六）に譲らされた。頼経は一二四六年、頼嗣は五二年に京都に送還されたが、いずれも将軍の影響力拡大を排除するための、北条時頼による政策であった。

宝治合戦

北条時頼の専制政治がスタート

◎舞台
鎌倉
◎主な登場人物
北条時頼（一二二七～六三）
藤原（九条）頼経《よりつね》（一二一八～五六）
三浦泰村《やすむら》（？～一二四七）

一二四二年、北条泰時の孫・経時が家督を継ぎ、四代執権となった。しかし四六年、病にかかり、当時二十歳だった弟・時頼に家督と執権職を譲り、その直後に亡くなった。

何がどうなった

五代執権・北条時頼に対する不満が爆発した

一二四六年、北条時頼が、弱冠二十歳で五代執権となると、前将軍・藤原（九条）頼経や名越《なごえ》（北条）光時、三浦光村（泰村の弟）、千葉秀胤《ひでたね》らは、反発を強め、時頼の討滅を企てていた。それを知った時頼は先制攻撃をかけ、名越光時を配流、九条頼経の京都送還などの処分を行なった（宮騒動）。

さらに翌四七（宝治《ほうじ》元）年には、時頼は外戚の安達景盛《かげもり》らと謀って、三浦泰村ら三

■承久の乱以後の幕府のしくみ

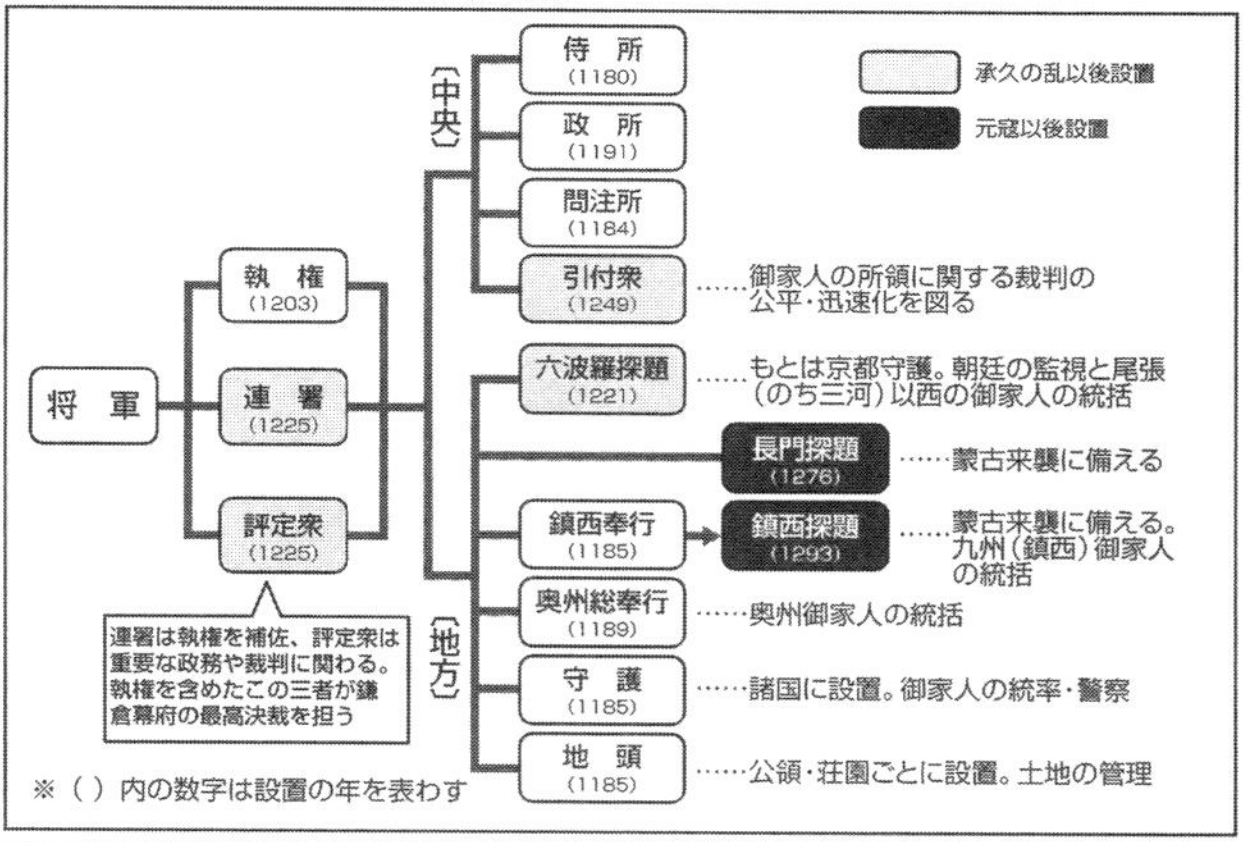

幕府は朝廷を監視するために京都に六波羅探題を置いたほか、地方の統制を強化した。

浦氏一族や千葉秀胤一族を滅ぼした（宝治合戦）。

なぜ起こったか

「将軍」と「執権」二重権力体制の破綻

幕府は、「将軍」が東国武士団の惣領（一族の長）を御家人にするという主従関係をベースにしてつくられた組織。つまり、「将軍」がいなければ幕府も存在しないわけである。

三代将軍・源実朝が暗殺された直後、幕府は後鳥羽上皇に皇子を「将軍」として鎌倉に派遣することを要請する。しかし、これが拒否され、藤原頼経を将軍とした。当時、「将軍」は高貴な家柄の者でなければならないと考えられていたからだ。宮騒動と宝治合戦は、影響力を増し始めた「将軍」と「執権」北条時頼の関係をめぐって起こった政争だった。

それでどうなった

北条氏に権力が集中 独裁色が強まる

二つの事件を通し、北条時頼への権力集中が進んだ。時頼は引付衆《ひきつけしゅう》の設置により訴訟制度の充実をはかるいっぽうで、五二年には五代将軍・九条頼嗣を廃し、宗尊《むねたか》親王を将軍に迎えた（親王将軍）。さらに五六年、執権も辞任。亡くなる六三年まで得宗《とくそう》（北条氏惣領）として権力を行使した。得宗専制の開始である。

歴史ミニ知識

四人の親王将軍　見落としがちだが、鎌倉幕府の滅亡まで将軍は存在した。一二五二年の宗尊《むねたか》親王（後嵯峨天皇・皇子十一歳）から始まって、惟康《これやす》親王（宗尊親王の子三歳）、久明《ひさあき》親王（後深草天皇・皇子十四歳）、守邦《もりくに》親王（久明親王・皇子八歳）の四人。次々に交代させたのは、将軍を名誉職に留めるための措置であった。

1274・1281年

元寇（文永・弘安の役）

蒙古襲来。唯一の防衛戦争の経験

○舞台
対馬《つしま》・壱岐《いき》・博多

○主な登場人物
北条時宗（一二五一～八四）
フビライ（一二一五～九四）

一二六八年、元の皇帝・フビライは高麗の使者を介して、朝貢を求める初の国書を日本に送った。しかし、これを脅迫と捉えた幕府は、回答を拒否。その後も、使者を斬るなど対決姿勢を取った。

何がどうなった

蒙古遠征軍を迎え撃った文永・弘安の役

たびたびの通交要求を拒否された元は、一二七四年十月、高麗軍を合わせた軍勢約三万で、対馬・壱岐を侵し、博多湾岸に上陸。幕府軍と合戦に及んだが、暴風雨のためもあり、翌日には退却（文永の役）。

八一年六～七月、東路軍約四万と江南軍約十万が再来寇。しかし、博多湾岸への上陸もできないまま、台風で大損害を受けて撤退した（弘安の役）。フビライは三度目の日本侵攻も考えていたが、その死により、結局、断念された。

なぜ起こったか

元の初代皇帝・フビライの大帝国建設という野望

高麗を屈服させ、南宋を滅ぼしたフビライは、北はサハリン、南はベトナムまで東アジア世界全体を支配する元帝国の樹立を考えていた。日本の侵攻ももちろん、その一環だった。

しかし、その侵攻計画は極めてずさんだった。侵攻失敗の原因は高麗や南宋、大越（ベトナム）など東アジア各地の人々の抵抗、九州武士の奮戦、元軍の指揮系統の乱れなどが挙げられる。

それでどうなった

幕府体制の支配が全国に及ぶ

八代執権・北条時宗は評定衆を無視し、重要事項は御内人《みうちびと》（得宗家の家人）との私的な会合である「寄合」で決定した。また、防衛体制の強化を口実に、守護職に北条一門を多く登用するいっぽうで、九州の御家人や非御家人には、異国警固番役（幕府滅亡まで存続）や博多湾岸に設けた石築地役《いしついじやく》を課した。こうしたやり方は、幕府とくに北条氏への不満を募らせた。

また、朝廷・幕府は寺社に対し、「異国降伏」の祈祷を命じたが、これは「神国」思想の確立を促進した。

歴史ミニ知識

日蓮（一二二二～八二）と元寇　日蓮は法華経を信仰しない限り、内乱と外寇が起こるとし、一二六〇年『立正安国論』を北条時頼に呈上した。文永・弘安の役は予言の的中ともいえたが、朝廷・幕府が「異国降伏」のために重視したのは、既成の寺社だった。元寇は、日蓮にとって、それまでの攻撃的な教説をとらえ返す機会となった。

霜月騒動

安達泰盛が敗死。平頼綱から北条貞時の専制へ

◎舞台
鎌倉

◎主な登場人物
安達泰盛（一二三一～八五）
平頼綱（?～一二九三）
北条貞時（一二七一～一三一一）

八代執権・北条時宗を支えていたのは、娘を時宗に嫁がせていた御家人・安達泰盛と侍所で勢力を伸ばしていた御内人・平頼綱。この二人が勢力拡大をめぐって対決した。

何がどうなった

御家人と御内人の激しくなる主導権争い

一二八五年、北条時宗が三十四歳の若さで亡くなると、得宗家の外戚・安達泰盛と内管領《うちかんれい》（御内人の筆頭）に就任した平頼綱の主導権争いが激しくなり、十一月に衝突。平頼綱は十五歳の九代執権・北条貞時の命を奉じる形で、安達泰盛らに攻撃を仕掛け、安達一族ら約五百人を討ち滅ぼした（霜月騒動）。

これにより御家人と御内人《みうちびと》（北条氏の家人）の勢力バランスは崩れ、以後、幕府は得

宗家を中心とする北条氏と御内人への政府へと変容していった。

なぜ起こったか

得宗専制体制の矛盾が表面化した

得宗専制体制は、北条氏の嫡流の当主（得宗）個人が権力を掌握し、北条氏一門が幕府の要職を独占する政治システムだった。これを支えたのが、得宗家の家人である御内人であり、平頼綱は侍所の所司（次官）でもあった。

しかし、御家人と御内人の対立などから御家人の弱体化が進んだ。そのなかで、安達泰盛はいかに御家人を保護するか考えていた。結局、霜月騒動で挫折を余儀なくされることになったが、八五年に入ると、泰盛は「弘安の徳政」とよばれる御家人保護などを目的とする政治を推進していた。

それでどうなった

ますます薄れる御家人の幕府に対する忠誠

霜月騒動後、内管領・平頼綱の勢力が強まった。しかし、自分の子を将軍に就けようとの企てがあると密告され、九三年、頼綱は九代執権・北条貞時によって滅ぼされた（平禅門《へいぜんもん》の乱）。

その後、一二九七年に貞時は永仁の徳政令を発し、御家人保護策を取ったが、御家人の幕府に対する忠誠心が薄れるのを止めることはできなかった。

歴史ミニ知識

御内人 御内人とは、非御家人（武士）や御家人の一部からなり、北条氏の嫡流の当主（得宗家）の家人となった者をいう。得宗家の家政機関の職員や得宗領の現地代官として活動したが、得宗専制の強化とともに幕政にも関与するようになった（御内人の筆頭は内管領）。また、北条氏を除く御家人は「外様《とざま》」とよばれた。

永仁の徳政令

御家人の売却地の無償返却などを決める

◎舞台
全国
◎主な登場人物
北条貞時（一二七一～一三一一）

内管領・平頼綱を滅ぼし（平禅門の乱）、権力を握った北条貞時は、一二八四年から八五年にかけて御家人の保護を目的に安達泰盛が主導した「弘安の徳政」路線を復活させた。

何がどうなった

御家人保護の集大成「永仁の徳政令」を発令

九代執権・北条貞時が一二九七年（永仁《えいにん》五）年に発令した永仁の徳政令は、①越訴《おっそ》（再審を求める訴訟）を禁止する　②御家人が二十年未満の間に譲渡・売却した土地は無償返却させること。ただし、売却された土地の持ち主が非御家人・凡下《ぼんげ》（一般庶民）の場合、二十年以上経ったものもその対象とする　③金銭訴訟は受理しない――などの三点をその内容とした。

■鎌倉時代の徳政令

年代	幕府が出した御家人の救済	
1267年	御家人の所領の売買・質入を禁じる	売買済みの所領は御家人に返却を命じる
1273年	諸国御家人の質入地の無償返却を命じる	
1284～85年	弘安の徳政	将軍権力の立直し、御家人の保護、寺社領の回復を図る
1297年	永仁の徳政令	徳政令の集大成

永仁の徳政令

1、越訴（裁判の再審請求）の禁止
2、御家人の所領売買の禁止、売却・質流れした土地は元の領主（御家人）に返却（幕府が領有を認めて20年経過のものは除く。ただし、買主が非御家人の場合にはそのかぎりにあらず）
3、金銭訴訟の不受理

分割相続で土地や財産が減る一方の御家人に、幕府は借金を棒引きにすることで救済にあたった。

とくに②は、御家人以外の人々の間でも旧領回復の行動が活発化する契機となった。

なぜ起こったか

窮乏する御家人を為政者が救った法律

「徳政令」とは、為政者による善政や社会政策のこと。鎌倉時代に入ると、寺社領の旧領回復などと所領に関わる訴訟の迅速化が重視されるようになり、寺社に限らない旧領回復こそが「徳政令」であると考えられるようになった。永仁の徳政令はその集大成というべきものである。

その背景には本主（土地のもとの持ち主）の手を離れ、仮死状態になった土地は、本主に戻すことによって再生するという「地発《じおこし》」の考え方が為政者や被治者の間に定着していたことを意味する。

それでどうなった
効果はいまひとつ 中小所領の売買はやまず

永仁の徳政令は、窮乏化する中・小御家人の救済を目的としたが、効果のほどはいまひとつ。土地の売買は止められなかった。

また、徳政令は室町時代に入ると、「正長の土一揆」などのように土民たちによる借銭破棄要求となり、こうした借銭破棄や旧領回復の主張は近世にも継承された。一七二二年の質流《しちながれ》地《ち》禁止令を機に起こった質地騒動（質流地の無償返還を求める行動）も、その影響を受けている。

歴史ミニ知識

嫡子単独相続　惣領制では、分割相続により一族の団結は維持されていた。しかし、新恩給与の減少などで所領の細分化が進み、単独相続制への移行が進んだ。そのため、長子とは限らず、だれが嫡子（家督相続者）となるかをめぐる一族内の抗争が深刻化し、幕府体制の基盤を揺るがす一因となった。

1331～33年

元弘の変

後醍醐《ごだいご》天皇の討幕行動が幕府を倒壊へ導く

◎舞台
京都～鎌倉
◎主な登場人物
後醍醐天皇（一二八八～一三三九）
楠木正成《くすのきまさしげ》（?～一三三六）
北条高時（一三〇三～一三三三）

後醍醐天皇は、みずからの子に皇統を継がせるため、討幕計画を開始し、一三二四年に正中の変、七年後に元弘の変を起こした。この行動は、反北条氏の動きを活発化させた。

何が どうなった

元弘の変を機に 幕府の倒壊へ

一三三一（元弘元《げんこう》）年、後醍醐天皇は笠置山《かさぎ》（山城国南端）で挙兵したが、失敗した。幕府は後醍醐天皇を隠岐に配流し、光厳天皇《こうごん》（持明院統）を樹立した。

しかし、楠木正成や護良親王《もりよし》らの反幕活動は継続され、幕府軍を苦しめた。これが三三年五月、幕府軍の指揮官だった足利高氏（のちの尊氏）の寝返りや新田義貞《にったよしさだ》の挙兵をもたらし、六波羅探題、及び鎌倉の北条氏一門と御内人は全滅させられることになった。

なぜ起こったか

後醍醐天皇の行動が倒幕への起爆剤に

後醍醐天皇の討幕行動は、反北条氏の傾向を強めていたさまざまな武士勢力を一つにまとめるものとなった。後醍醐天皇の行動は、「悪党《あくとう》」とよばれた畿内近国の中小武士団（河内の楠木正成など）や、西国の新興武士勢力（播磨の赤松則村《あかまつのりむら》など）、そして足利尊氏や新田義貞など御家人をも、倒幕勢力へと変えていった。

最後の得宗・北条高時は「ほとんど亡気《うつけ》（暗愚）の体《てい》」といわれる始末であり、幕府の崩壊を阻止する意思と能力を失っていた。

それでどうなった

幕府体制の崩壊と鎌倉武士の最期

六波羅探題の北条仲時ら四百人余は、近江番場宿で集団自害を遂げた。また、鎌倉・東勝寺でも北条高時、長崎高綱《たかつな》・高資《たかすけ》父子らが自害した。これらの行動は、北条氏一門と御内人が最後まで団結を崩さなかったことを示す。

信濃にいた北条高時の子・時行は、一三三五年、中先代《なかせんだい》の乱を起こし、北条氏の再興をめざすもならず。

しかし、その後、南朝方に加わり、五三年に殺されるまで足利氏と戦い続けた。

歴史ミニ知識

悪党 十三世紀半ば以降、「悪党」とよばれる中小武士団の活躍が目立つようになった。彼らは年貢を横領したり、朝廷・荘園領主の統制を無視して独自の商業活動を進めていた。河内の楠木正成は、悪党のリーダーとされるが、最近では北条氏の御内人の出身だったのではないかとの説もある。

1333～36年

建武の新政

天皇親政の復活と「天下一統」の追求

◎舞台
京都
◎主な登場人物
後醍醐《ごだいご》天皇（一二八八～一三三九）
足利尊氏（一三〇五～五八）

一三三三年六月、京都に戻った後醍醐天皇は、記録所・雑訴決断所などを置くとともに、翌年一月、「建武」と改元。宿願の「天下一統」に取り組むが、それは混乱を増すものでしかなかった。

何がどうなった

「朕《ちん》が新儀は未来の先例たるべし」（『梅松論』）

幕府・院政・知行国制などを旧体制として否定した後醍醐天皇は、すべてのことをみずからが決定することとし、綸旨《りんじ》（天皇の命令文書）が絶対であるとした。また、人事においても公家・武家を問わず、有力者を各機関に分散・配置することによって、相互に牽制《けんせい》させあうシステムをつくることとした。

天皇親政を実現するためであったが、実際には誰かれとなく登用される「モルル人ナキ決断所」（二条河原の落書《らくしょ》）といわれるような事態が生じたことで、政務はかえって遅滞した。

なぜ起こったか 荘園公領制による政治の行きづまり

「すべての土地領有権は綸旨で個別に安堵する」との布告がだされた。

これは御成敗式目の年紀法（二〇年知行を続ければ、理由の是非を問わず、その支配を認める）の規定を否定しており、安堵するか否かは、天皇が個別に裁定するべきだ、というものである。

「一所懸命」は武士の精神である。ところが、父祖以来、営々として築きあげてきた土地支配が否定されてしまうかもしれないのである。

『二条河原の落書』ではないが、「文書入タル細葛《ほそつづら》」を背負って「本領ハナルル訴訟人」が京都に殺到するはずである。

後醍醐天皇ものちにこの考えを撤回するが、武士の離反を阻止することはできなかった。

それでどうなった

武士階級による「幕府再建」への動き強まる

新しい時代の主人公として、勢力を強めていたのは武士階級だが、彼らはさまざまな内部対立をかかえていたものの、大勢は「幕府再建」へと向かっていた。

この動きを捉えたのが足利尊氏・直義《ただよし》兄弟だ。彼らは一三三五年、中先代の乱を機に後醍醐天皇に反旗をひるがえし、「幕府再建」の先頭に立った。

歴史ミニ知識

楠木正成・正行・正儀　楠木正成は足利尊氏挙兵後、新田義貞を排除し、尊氏と結ぶことを建言したが入れられず、一三三六年、摂津の湊川で敗死。その子・正行《まさつら》も奮戦したが、四八年、河内四条畷で戦死。その弟・正儀《まさのり》も南朝方で活躍するも、六九年、幕府に降伏を申し入れたりしたため（交渉は決裂）、尊王論者からは不評である。

1336年

建武式目の発表

建武式目の制定から征夷大将軍就任へ

◎舞台
鎌倉・京都・九州

◎主な登場人物
足利尊氏（一三〇五～五八）
足利直義《ただよし》（一三〇六～五二）
光明《こうみょう》天皇（一三二一～八〇）

中先代の乱を機に、建武政府に反旗をひるがえした足利尊氏・直義兄弟は、追撃してきた北畠顕家軍に敗北。九州まで逃げるが劣勢を立て直して、再び入京し、開幕の準備を整えた。

何がどうなった

光明天皇を擁立し建武式目を制定

鎌倉幕府崩壊のきっかけをつくったのは足利尊氏だった。

しかし、後醍醐天皇の「建武の新政」に反対。中先代の乱を機に蜂起し、翌年の一三三六年、持明院統の光明天皇を擁立。十一月には幕府を開くことを前提に建武式目を制定した。

これは幕府所在地の選定問題のほかに、倹約の励行・遊興の制限・狼藉の禁止・有能な守護の任用など十七項目を規定したものである。

なぜ起こったか

後醍醐天皇の性急な改革に社会は混乱

後醍醐天皇による「天下一統」は、一面では新しい状況に対応しようとするものだった。しかし、そのやり方はあまりに性急すぎて当時の政治・社会状況に合わなかった。この点を見事に指摘したのが「此比《このごろ》都ニハヤル物」で始まる二条河原の落書である（『建武年間記』）。京内で夜討ち・強盗が流行したり、天皇の命令である綸旨《りんじ》が朝令暮改する様子などを軽妙に風刺している。

こうした混乱のなかで、政治・社会秩序の回復を求める声は急速に高まっていた。これに応《こた》えたのが、足利尊氏・直義《ただよし》による「幕府再建」の行動だった。

それでどうなった

室町幕府の成立　尊氏と直義の二頭体制をしく

一三三八年、北畠顕家《あきいえ》、新田義貞を敗死させた足利尊氏は征夷大将軍に任じられ、幕府を開いた。
尊氏は幕府の運営にあたって武士に対する支配権・軍事指揮権を握り、政務・裁判などは直義に委《ゆだ》ねる二頭体制をしいた。これは幕府内の急進派と漸進《ぜんしん》派の協調を図るためだったが、次第に混乱が増幅、南朝方の抵抗もあり、南北朝内乱は長期化・全国化した。

歴史ミニ知識

足利尊氏・直義兄弟　一歳違いの同母兄弟で、尊氏は勇猛、慈悲心、無欲の三徳を備える、まさに「大将としての器」だった。それに対して弟の直義は沈着冷静な人物で、参謀的な人間。元弘の変から建武政権の打倒までは、またとないコンビとなったが、幕府再建後はそれぞれの戦略の違いが次第に大きくなっていった。

1350～52年

観応の擾乱

幕府が分裂。内乱は全国化・長期化へ

◎舞台
京都・鎌倉・吉野など

◎主な登場人物
足利尊氏（一三〇五～五八）
高師直《こうのもろなお》（？～五一）
足利直義《ただよし》（一三〇六～五二）

足利尊氏・直義による二頭政治は、尊氏・高師直党と直義党の主導権争いを激化させ、遂には幕府が分裂。これにより衰勢に向かっていた南朝勢力も延命し、内乱は全国化、長期化した。

何がどうなった

足利尊氏・高師直VS直義・直冬の対立へ

一三五〇年に本格化した足利尊氏の執事・高師直と足利直義の対立は、一三五一（観応《かんのう》二）年二月、直義が勝利したが、地方の有力豪族を支持基盤とする直義も幕府全体を掌握することはできなかった。その後も、直義とその養子・直冬《ただふゆ》（尊氏の長子）と尊氏、義詮《よしあきら》（のち二代将軍）の対立が続いたが、翌年、尊氏は直義を毒殺する。

二元的体制は次第に統一に向かうが、直冬など直義党の武将の反抗は続き、戦乱は

むしろ全国化・長期化の様相をおびていった。

なぜ起こったか

「武士階級の統一」それぞれの思惑は一致せず

荘園公領制の徹底的解体をめざす畿内近国の中小武士と、政治秩序の早期回復を目指す地方の有力豪族、また単独相続の移行にともなう庶子と惣領（嫡子）の対立などが続いていた。また、幕府に結集した武士の間でも利害は一致していなかった。

それに、尊氏の擁立した光明天皇の北朝と、吉野へ移った後醍醐天皇の南朝の対立も、混乱の原因の一つだった。そして、力を伸ばし始めた国人（有力在地領主）も、それぞれの利害に基づき、ある者は尊氏側に、ある者は直義側に、ある者は南朝方になり、事態を複雑にさせていた。

それでどうなった

南北朝の内乱を収めるきっかけに

幕府は一三五二年、「半済令《はんぜい》」を制定し近江・美濃・尾張三国の本所領の年貢の半分を、一年に限って兵糧米として徴収することを認めた（その後恒久化・全国化）。守護は、半済の配分権と守護請《しゅごうけ》などを通して、任国の領国化と国人の被官化（家臣化）を進め、守護領国制を強化した。

　これが南朝の基盤を崩すこととなり、長期化した南北朝の内乱を収束させる最大の要因になった。

歴史ミニ知識

南朝による京都奪回　南朝は一三五一年以後、幕府の内紛に乗じ、四度にわたって京都を奪回したものの、短期間に終わった。北朝の天皇もこれに翻弄された。一三五二年、南朝方に拉致された光厳《こうごん》・光明《こうみょう》・崇光《すこう》上皇らは大和の賀名生《あのう》、河内の金剛寺などで幽囚生活を送った（光明上皇五五年、光厳・崇光上皇らは五七年に帰京）。

1391～99年

南北朝の合体

足利義満による「公武一統」が実現

足利義満は父・義詮の死後、三代将軍に就任した。最初は管領・細川頼之の補佐を受けつつ、室町殿＝花の御所の造営などを行なったが、その後、懸案であった南北朝合体に取り組むことになった。

◎舞台
京都・吉野・堺

◎主な登場人物
足利義満（一三五八～一四〇八）
山名氏清《うじきよ》（一三四四～九一）
大内義弘（一三五六～九九）

何がどうなった

足利義満の介入で南北朝が一つに

足利義満がめざしたのは「公武一統」の実現だった。義満は、一三九二年、南北朝合体を実らせ、南北朝の内乱を収束させた。

和平条約は①南朝の後亀山天皇が北朝の後小松天皇に譲位して神器を渡す　②皇位は両朝交互とする　③国《こく》衙《が》領《りょう》の支配は南朝皇統とする——という内容であったが、②③は実施されなかった。これに反発したのが後《こ》南朝《なんちょう》と呼ばれる南朝皇統の子孫や遺臣たちで、一四一〇年の後亀山上皇の吉野出奔《しゅっぽん》以後、約半世紀間、抵抗を続けた。

なぜ起こったか

守護を幕府体制下に結集させる条件

南北両朝が並立する状況は、幕府に不満をもつ守護にとってはきわめて都合がよく、南朝の存在は反幕挙兵の大義名分を与えるものとなっていた。南北朝合一は、そうした状況を解体し、守護を幕府体制下に結集させる必要条件だったのである。

義満は一三九一年、十一カ国の守護を兼ねていた山名氏の内紛に介入して山名氏清を討ち（明徳の乱）、九九年には南北朝統一で功のあった大内義弘を倒した（応永の乱）。有力守護の勢力削減であるが、守護家そのものをつぶすことができなかったことは、室町幕府の限界を示すものであった。

それでどうなった

義満は「日本国王」と自称 子を皇位につけようと画策

義満は一三九四年、将軍職を足利義持《よしもち》に譲って太政大臣となったが、翌年には辞めて出家。この間、明と国交交渉を重ねて、一四〇二年、明から冊封《さくほう》されて「日本国王」を称した。

義満は子・義嗣《よしつぐ》を皇位につける「王権簒奪《さんだつ》」も考えていたといわれるが、〇八年、五〇歳で没し、その夢は挫折した。

歴史ミニ知識

足利義持　室町四代将軍。一四〇八年、義満に贈られた「太上法皇」の号を辞退し、明との国交も中断した。上杉禅秀《ぜんしゅう》の乱では弟・義嗣を殺害し、鎌倉公方の勢力を抑えた。父・義満とは異なり、最後まで管領など有力守護の意向を尊重する「気配りの人」としての立場を持ち続けたといえそうだ。

1401～04年

勘合貿易

明は義満を「日本国王」に冊封《さくほう》

◎舞台 京都・寧波《ニンポー》・北京
◎主な登場人物 足利義満（一三五八～一四〇八）

一三六八年、明を建国した洪武帝は使者を日本に派遣し、南朝方の懐良親王に倭寇の禁圧を求めた。その後、足利義満も使者を派遣し、熱心に交渉を重ねて貿易を開始した。

何がどうなった

日明国交を実現し勘合貿易が始まる

一三九五年、太政大臣を辞任し、天皇の臣下としての地位を離れた足利義満は、一四〇一年、僧・祖阿《そあ》、博多商人・肥富《こいつみ》らを明に派遣した。

明の第二代皇帝・建文帝は、翌年義満を「日本国王」に冊封した。第三代皇帝・永楽帝も義満を「日本国王」として認めるとともに、勘合《かんごう》を百通与え、一四〇四年より、勘合貿易が開始された。これは日本国王が明の皇帝に朝貢し、従属するという形での

■日本と明の間で行なわれた勘合貿易

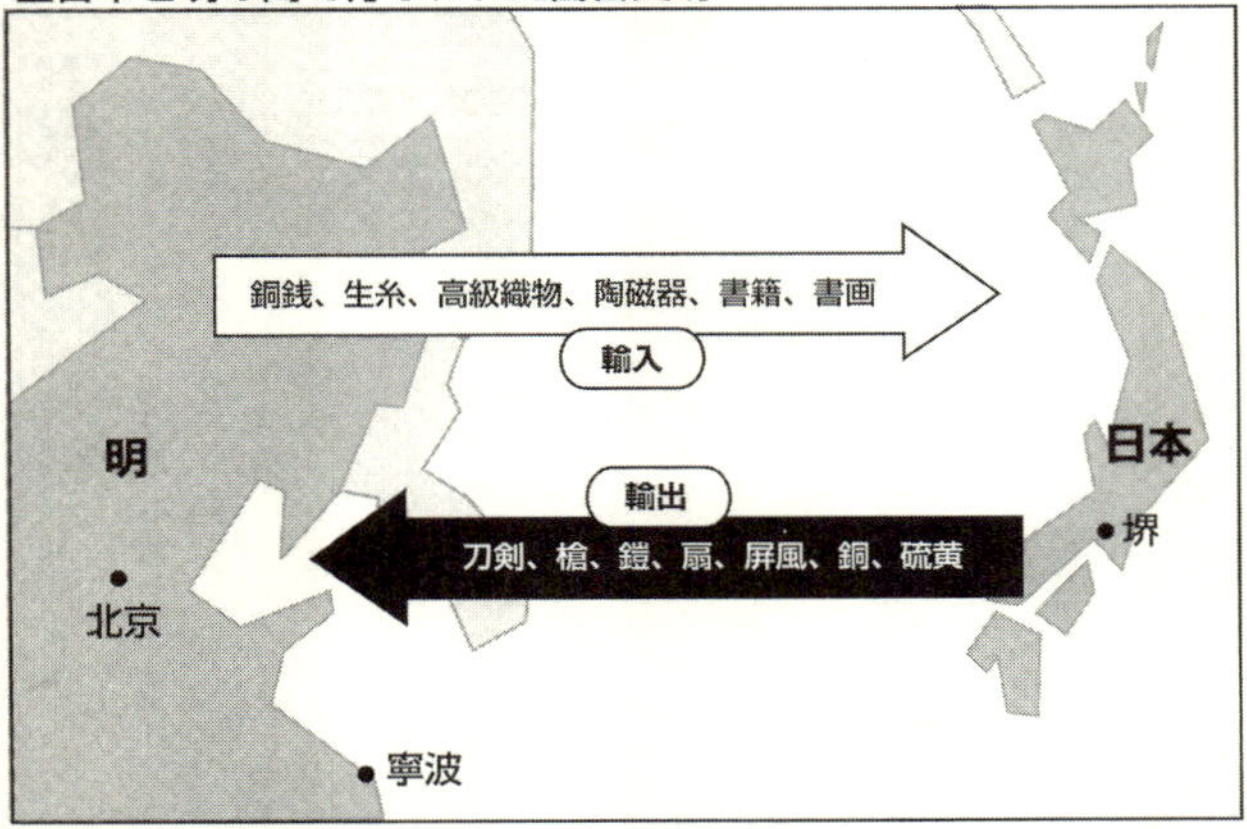

朝貢する形式をとったが、その費用はすべて明が負担したため、日本が得る利益は大きかった。

貿易だった。

なぜ起こったか

中国貿易を独占する主催者の地位をめざす

明は、中国沿岸地域で略奪行為を行なう倭寇《わこう》を禁圧するため、一三八三年に朝貢国に勘合を賜与《しよ》し、勘合を持参する船のみ入港を認めることとしていた。

日本では明銭（永楽通宝）や唐物《からもの》（絹織物、陶磁器、絵画など）に対する需要が高まっており、幕府にとって中国貿易の独占は、経済基盤を強化するものだった。

また、義満は唯一の主導者としての地位をめざしており、「日本国王」として認められることは、その第一歩にもなる。

こうした日明の事情が、国交の開始と勘合貿易を成立させることになった。

それで
どうなった

寧波の乱ののち勘合貿易は断絶

日本と明の国交は、四代将軍・義持《よしもち》が中断するが、六代将軍・義教《よしのり》が再開。主導権は、次第に堺商人と結んだ細川氏、博多商人と結んだ大内氏に移ったが、一五二三年、大内船と細川船が寧波（浙江《せっこう》省の港都）で対立・衝突する事件が起こった（寧波の乱）。以後三八、四七年の二度、大内船が派遣されたが、五一年、大内義隆が陶晴賢《すえはるかた》に倒され、勘合貿易は断絶した。

歴史
ミニ知識

勘合貿易　勘合（渡航証明書）は、寧波と北京で照合検査され、正しければ交易が認められた。朝貢形式が取られたため、滞在費、運搬費などはすべて明が負担し、日本側の利益は莫大なものとなった。日本からの輸出品は刀剣、銅、漆器など、輸入品は生糸、絹織物、砂糖、陶磁器、銅銭などである。

応永の外寇

協調か対立か。揺れ動く日朝関係

◎舞台
対馬・三浦

◎主な登場人物
李成桂《りせいけい》（一三三五～一四〇八）
宗貞盛《そうさだもり》（？～一四五二）

一三九二年、高麗を倒した李成桂（太祖）は翌年、明の洪武帝の許可を得て国号を「朝鮮」とした。足利義満は一四〇一年、朝鮮に使節を派遣し、ここに日朝の国交が樹立することになった。

何がどうなった

対馬は倭寇の根拠地 朝鮮軍の来寇

一四一九（応永二六）年六月、倭寇《わこう》を恐れた朝鮮は軍船約二百三十隻、兵員一万七千人の大軍を対馬に派遣した。これが応永の外寇である。朝鮮には領土拡大の意思はなく、約一週間で撤退した。犠牲者は対馬、朝鮮とも各百数十人といわれる。

この事件について、筑前守護・少弐《しょうに》氏を通して幕府に伝えられたのは、朝鮮軍が撤退した一カ月後のこと。朝鮮はもちろんのこと、日本（幕府）も、両国の外交問題とする意思はなかった。

なぜ起こったか 倭寇の跳梁と朝鮮政府による懐柔策

朝鮮の史料に「倭寇」の語が出てくるのは、高麗末期の一三五〇年以降から。倭寇とは交易品の掠奪も行なう海賊（海民豪団）で、現在では日本人だけではなく、済州島の海民なども含まれていたと考える説が有力である。

こうしたなか、朝鮮政府は、時には応永の外寇のような強硬策も取ったが、基本的には倭寇を懐柔し、平和的な交易者に変えていくことを求めていた。一四四三年、対馬島主・宗貞盛と結んだ癸亥《きがい》約条（歳遣船五十隻、朝鮮から対馬へ米・豆二百石の頒賜《はんし》など）や朝鮮の三つの港に「倭人」が定住することの容認などは、そのあらわれである。

それでどうなった 朝鮮半島の日本人が宗氏の援助で蜂起

朝鮮の三浦《さんぽ》（乃而浦《ないじほ》・富山浦《ふざんほ》・塩浦《えんぽ》）に定住する日本人（恒居倭《こうきょわ》）は、十五世紀末に三千人を超えた。

そこで、朝鮮政府は三浦に住む日本人に対する取り締まりを強化する。これに反発した日本人は宗氏の援助を受けて乱を起こすが、敗北した（三浦《さんぽ》の乱）。

以後、日本と朝鮮の貿易はしだいに衰えていった。

歴史ミニ知識

日朝貿易　明が「日本国王」の朝貢のみを認めたのに対し、朝鮮は国王使（将軍）、巨《きょ》酋《しゅう》使《し》（大内氏など有力守護）、九州探題と宗氏及び、とくに交易を認めた民間人の入国を認めた。朝鮮との交易品では木綿と大蔵経《だいぞうきょう》が重要（日本からは刀剣、銅、硫黄など）。なお、日本国内での綿花の栽培は十六世紀初頭ころから。

嘉吉の徳政一揆

「代始めの徳政」を求めて農民が蜂起

◎舞台 京都

十五世紀に入ると近畿地方では惣村が発展し、名主・小農民は村民としての自治を強めた。そして、荘園領主に年貢減免などを求める一揆を起こし、強訴などの実力行使を活発化させていた。

何がどうなった

数千、数万の「土民」が京都を包囲

一四二八（正長《しょうちょう》元）年八月、運送業者の馬借《ばしゃく》や農民らが、借金破棄の徳政を求めて蜂起。京都の土倉《どそう》や酒屋、寺院などを襲い、物品や賃借証文を奪った。この行動は約三カ月続き、京都以外にも広がった（正長の徳政一揆）。

大和国（奈良県）柳生《やぎゅう》のように、実力で徳政を実効するところもあらわれ、翌年一月には守護方の武士の退散を求める播磨《はりま》の土一揆までも起こった。四一（嘉吉《かきつ》元）年

八月、再び京都で大規模な土一揆が発生し、今度は幕府から徳政令を出させることに成功した。

なぜ起こったか　民衆の成長と貨幣経済の進展

惣《そう》村の強化と一揆を通じて農民たちは、政治性・組織性を強めていた。貨幣経済の進展で、借金に苦しむ者も増えていた。こうした農民たちを結びつけていったのは馬借だった。彼らは「半商半農」ともいうべき存在であり、貨幣経済の影響を受けやすかった。しかも、彼らは京都などの情報をよく知っており、支配者側の政治的な混乱をうまく利用していった。

一四二八年は、足利義教《よしのり》が後継者として決まってまもないころであり、四一年はその義教が殺されてしまい、後継者も決まっていない時であった。こうした政治的空白に乗じ、新しい支配者は善政（徳政）を行なうべきだとし、徳政令の発布を求めたのである。

それでどうなった

徳政令を目的としない新しい一揆に発展

幕府は債務（債権）額の十分の一または五分の一にあたる分一《ぶいち》銭を納入すれば債務の破棄や債権を保障するという分一徳政令を頻発。これにより、徳政令を目的とする一揆は減少した。

しかしその後、加賀の一向一揆などの宗教一揆、あるいは、守護大名の支配の排除をめざす国一揆が展開されるようになる。

歴史ミニ知識

惣　鎮守社の祭礼などを行なう宮座をつくり、精神的なつながりを強化。また寄合（村民会議）で惣掟（村法）を決め、入会地（共同利用地）や用水の使用法、地下検断（村内の警察権）や領主に納める年貢を一括して請け合う地《じ》下《げ》請《うけ》などを規定。なお、日常的な村政は「おとな」などとよばれた長老が運営した。

永享の乱・嘉吉の変

将軍専制の実現に失敗した足利義教《よしのり》

くじびきで六代将軍に選ばれた足利義教は、将軍権威の回復をめざした。「万人恐怖」とよばれた強権的な政治を展開し、守護大名を震撼させたが、みずからの破滅をも招くことになった。

◎舞台
鎌倉・京都

◎主な登場人物
足利義教（一三九四～一四四一）
足利持氏《もちうじ》（一三九八～一四三九）
赤松満祐《あかまつみつすけ》（一三七三～一四四一）

何がどうなった

専制政治への反発が将軍の暗殺を招く

幕府からの自立をめざした四代鎌倉公方・足利持氏は六代将軍・足利義教に反発し、敵対していた。一四三八年（永享《えいきょう》十）年、これを憂えた関東管領・上杉憲実《のりざね》を持氏が討とうとしたところ、義教は持氏征討軍を派遣し、翌年持氏を自害に追い込んだ（永享の乱）。

この乱の三年後、四一（嘉吉《かきつ》元）年、播磨守護・赤松満祐の屋敷に招かれた義教が、酒宴の席上で殺されてしまった（嘉吉の変）。義教に粛清されようとしていた満祐が、逆襲に出たものだった。

なぜ起こったか

「万人恐怖」の政治で義教は我が身を滅ぼす

足利義教の父・義満も山名氏清《やまなうじきよ》・大内義弘を討伐するなど、有力守護の勢力削減に力を注ぎ、成功している。しかし、義教は足利持氏を討伐したものの、彼自身のその最期は「将軍此の如きの犬死。古来その例を聞かざる事なり」と冷評された。

義満も義教も、守護家内部の抗争を利用したのは同じだったが、義教の「万人恐怖」政治は、他の守護が支持するところとならず、彼自身を孤立無縁の立場に追い込んだところが違っていた。

それでどうなった

守護大名連合政権への転換 関東では戦乱の時代へ

一四四二年、義教の長男で九歳の義勝が将軍に就いたが、翌年病死。その後、義勝の弟で十三歳の義政が八代将軍となったが、力はなかった。幕府は細川勝元や山名持豊（宗全）らを中心に、守護大名の連合政権としての性格をよりはっきりさせた。

いっぽう、関東では足利持氏の遺児・成氏《しげうじ》が鎌倉公方になり、関東管領・上杉氏と対立。下総古河に本拠を移した。（古河公方《こがくぼう》）。その後、幕府は義政の弟・政知《まさとも》を下向（堀越公方《ほりごえ》）し、関東は争乱の時代に入った。

歴史ミニ知識

古河公方と堀越公方　足利成氏（一四三四？～九七）に始まる古河公方は、弱体化したが一五九〇年まで存続。豊臣秀吉はその一族を喜連川《きつれがわ》氏と改姓させ、江戸時代には儀礼を司る高家《こうけ》となった。いっぽう、政知（一四三五～一四九一）を祖とする堀越公方は、二代目・茶々丸が駿河から侵入した伊勢宗瑞《そうずい》（北条早雲）に攻められ、九四年に滅亡。

コシャマインの蜂起

しだいに拡がる北方の〝戦国時代〟

◎舞台
奥州・蝦夷地・サハリン
◎主な登場人物
コシャマイン（?～一四五七）
武田信広（一四三一～九四）

十三～十四世紀ごろにアイヌ文化が成立。交易活動を軸に政治的な動きを強め、北のサハリンやシベリア大陸で元と戦った。南は奥州にも進出し、南北の政治構造を変える台風の目になった。

何がどうなった

コシャマイン立つ！アイヌ民族と和人の攻防

北海道・道南地方に進出した和人（日本人）との交易上のトラブルを機に、一四五七年五月、コシャマインらアイヌが蜂起。一時は道南十二館（和人が作った城柵《じょうさく》）のうち、志苔館《しのりたて》（函館）などほとんどの館を陥落させた。

しかし、花沢館主・蠣崎《かきざき》氏の客将・武田信広により、コシャマイン父子が殺され、蜂起は挫折した。しかし、その後、十六世紀前半までアイヌの蜂起は続き、和人に対し、攻勢を維持した。

なぜ起こったか

南下するアイヌと和人が入り乱れる時代に

アイヌの南下などによるエゾ（蝦夷）の蜂起は、十三世紀半ばに始まり、十四世紀には蝦夷管領を称した安東《あんどう》（藤）季長《すえなが》による、北条氏への反乱も誘発、鎌倉幕府を崩壊させる一因ともなった。

その後「日之本将軍《ひのもとしょうぐん》」を自称した安東氏は、津軽・十三湊《とさみなと》に館を設け、蝦夷地との交易を掌握した。しかし、道南地方に進出した和人（アイヌ語ではシャモ）がその地位を奪い、十五世紀後半には、アイヌ、和人が入り乱れる群雄割拠の時代に入った。

それでどうなった

蠣崎＝松前氏の台頭アイヌの従属化進める

和人勢力では、武田信広を養子に迎えた蠣崎氏が強大化した。信広の曾孫・蠣崎季《すえ》広《ひろ》は、十六世紀半ばには、和人勢力の統合とアイヌとの戦争状態に終止符を打つことに成功した。
その子・慶広《よしひろ》は「独立の領主」の地位を捨て、近代大名になる道を選び、松前氏と改姓。一五九三年に豊臣秀吉から和人地の支配と蝦夷地に入る日本人・船の統制権を、一六〇四年に徳川家康からアイヌ交易独占権を認められた。これはアイヌの交易権を否定し、従属を強めるものだった。

歴史ミニ知識

アイヌ民族と元軍の交戦　アイヌは、サハリンからシベリア大陸のアムール川（黒竜江）下流まで進出し、元と衝突した。サハリンで四度（一二六四～八六年）、黒竜江下流域で三度（一二九七～一三〇五年）、戦闘が行なわれている。
日本が受け身であった元寇とは異なり、アイヌ側の攻勢が目立つのが特徴だ。

応仁の乱

幕府の支配力弱まり、下剋上時代の幕開け

◎舞台
京都
◎主な登場人物
山名持豊《もちとよ》（一四〇四～七三）
細川勝元（一四三〇～七三）
日野富子（一四四〇～九六）

八代将軍足利義政は、一四六四年、弟の義視を継嗣とした。しかし、その翌年に義尚が産まれると、生母・日野富子は異議を申し立て、幕府は混乱を深めていく。

何がどうなった

分裂する室町幕府 西軍・東軍に分かれ衝突

一四六七（応仁《おうにん》元）年五月、山名持豊、畠山義就《よしひろ》、斯波義廉《しばよしかど》ら（西軍）が挙兵した。これに細川勝元、畠山政長、斯波義敏（東軍）が応戦。七三年には山名持豊、細川勝元が死去し、足利義尚《よしひさ》が九代将軍になっても戦闘は続き、七七（文明九）年、勝敗も不明確なまま、諸将が領国に引きあげるまで戦乱は続いた。

その間、「汝《なれ》ヤシル　都ハ野辺《のべ》ノ夕雲雀《ゆうひばり》　アガルヲ見テモ　落ツル涙ハ」と詠まれ

たように、花の都（京都）は荒涼とした焼土と化してしまった。

なぜ起こったか

家督相続権の決定をめぐる十一年に及ぶ合戦

将軍の継嗣問題や、細川勝元と山名持豊の主導権争いだけなら、これほどの大規模な戦乱とはならなかったはずだろう。問題は守護家の家督（家長）争いだった。家督になれるのは長子とは限られておらず、幕府の承認も必要だった。そのため、争いの当事者はみずからの立場を有利に導こうとして軍勢を率い、京都に集結、有力者と結んだのである。

しかも持豊、勝元が相ついで亡くなったことは、問題を解決する者がいなくなったことを意味し、これが、乱を十一年に及ぶ長期戦とした理由の一つともいえよう。

それでどうなった

下剋上の全面展開で室町幕府は衰退の一途へ

「足軽」とよばれる歩兵集団が多数登場したのは、応仁の乱が最初。関白・一条兼良《かねら》は一四八〇年、将軍義尚に出した政論書『樵談治要《しょうだんちよう》』で「超過シタル悪党也」と口をきわめて論難した。「下剋上《げこくじょう》」の全面展開である。

こうしたなかで幕府権威は急速に衰退。十代将軍義材《よしき》、のちの義植《よしたね》は将軍職を追われ、十三代将軍・義輝が松永久秀に攻められ自刃《じじん》するといった事件も起こることになる。

歴史ミニ知識

日野富子は〈悪女〉か？ 彼女は、民衆の反対を押し切り、関銭を徴収。これを元手に金融活動や米の販売も行なったという。現代でいうと経済感覚が優れ、さしずめベンチャービジネスの経営者といったところ。政治家だっただけでなく、経営者でもあった。これが「悪女」といわれた大きな理由だった。

山城の国一揆

国人たちが八年間にわたる自治支配を行なう

◎舞台 南山城《みなみやましろ》（京都）
◎主な登場人物 細川政元（一四六六〜一五〇七）

応仁の乱は一応終息したが、守護家の家督争いが解決したわけではなかった。畠山政長と義就は一四八五年十月以来、宇治川を挟む南山城で戦闘をくり返していた。

何がどうなった

両畠山軍の撤退などを要求
地域の平和・自治を実現した

一四八五年、京都・南山城の住民が、有力武士（国人《こくじん》）を中心に一揆を結成した。①両畠山軍の撤退を要求すること　②寺社本所領は元通り認めるが他国の代官は用いないこと　③新しく関所を作ることは禁止することの三カ条を申し合わせた。交渉は成功した。

以後、山城では国人から選ばれた「月行事《がちぎょうじ》」を中心に、独自に執行する体制を九三年まで続けた。山城の守護は八年間、入国もできず国一揆による自治を認めざるを得なかったのである。

なぜ起こったか 住民か守護の家臣か決断を迫られた南山城の国人

住民による一揆は拡がるいっぽうだった。惣《そう》村から郷村（惣村が連携したもの）へ、さらに郡や国を単位とする国一揆がつくられる前提は整い始めていた。問題は国人で、彼らの参加なしには国単位の一揆はできなかった。守護と主従関係を結んでいる者も多く、彼らが住民としての立場に立つか否かが問題だった。

南山城の場合、国人は細川政元（勝元の子）とつながっており、畠山氏は外からの侵略者にすぎなかった。これが住民としての立場を取ることができた理由だった。また、畠山氏の勢力を削減させたい政元が寺社本所領は元通りとの条件を示し、興福寺などを味方につけたことも成功の要因だった。

それでどうなった

一揆の解体と戦国大名の台頭

十五世紀はヨコの連帯を求める動きと、主従関係によるタテ系列の支配を強める動きがせめぎあった時代。両者が武力で戦えば後者が勝つのは明白。それが戦国大名の登場につながった。

しかし、住民自治の伝統が完全に消滅したわけではない。この一揆の伝統は、江戸時代に頻発する百姓一揆へと継承された。

歴史ミニ知識

山城の国一揆の記録者・尋尊

尋尊《じんそん》（一四三〇～一五〇八）は一条兼良の子で、興福寺大乗院門跡となった人物。『大乗院寺社雑事記』にある彼の日記は山城の国一揆を知る最高史料である。南山城に興福寺の荘園があったため詳細に記されている。国一揆の成功を喜びつつ、天下のためにはよくないことだという感想は、彼の本音だろう。

加賀の一向一揆

守護・富樫政親《とがしまさちか》を討ち滅ぼす

◎舞台
加賀

◎主な登場人物
一向宗《いっこうしゅう》門徒
蓮如《れんにょ》（一四一五～九九）
富樫政親（一四五五？～八八）

加賀国（石川県南部）の守護・富樫氏の領内では、足利義教の介入もあり内紛が激化。応仁の乱では兄弟が東西に分かれて交戦した。当初、兄の政親に加担したのが一向宗門徒であった。

何がどうなった

一向宗門徒 加賀国の主権を握る

一四七四年、富樫政親と結んだ一向宗門徒は政親の弟・幸千代《こうちよ》を撃退した。本願寺八世・蓮如は越前（福井県）吉崎御坊（道場）を拠点に北陸地方で布教を始めていた。政親と同盟していたが、門徒は蓮如の思惑を越え、政親とも対立してしまった。困った蓮如は、吉崎を退去する破目となった。

八八年、一向宗門徒は富樫一族の泰高を擁して、政親を滅ぼした。泰高は守護となったものの、実権は一向宗門徒が握るという状況が生まれた。

なぜ起こったか

法敵に対する「聖戦」を掲げて門徒を戦いへ

蓮如の立場は守護による統治を否定するものではなく、法敵に対する「聖戦」であり、将軍の支持も得られる範囲内で、一向一揆を肯定するというものだった。

しかし、一向宗門徒の考え方は異なっていた。聖戦であるということは、何よりもまず、年貢減免を実現し、「懇志《こんし》」とよばれた本願寺への貢納などを宗教活動にまわすことだった。死を恐れない行動へと直進したのはそのためであった。

それでどうなった

政治権力化する本願寺一向一揆の変質

十六世紀に入ると、本願寺は急速に政治権力化し、頻発する一向一揆も本願寺の権力闘争の手段となっていった。

守護の抗争に一向一揆が加わることも珍しくなく、一五三二年には京都の法華《ほっけ》一揆との衝突にみられる宗教戦争さえ勃発した。

本願寺の強さは有力寺院、末寺、道場による教団組織と、破門や死刑を含む門徒への処分体制を核に、教団としての団結を固めたことだが、一向宗を変質させてしまったともいえる。

歴史ミニ知識

蓮如 「弟子一人持たず候」といい、同朋・同行思想を徹底させた一向宗（浄土真宗）始祖・親鸞とは異なり、天才的なオルガナイザー。教義を平易に示した手紙「御文章《ごぶんしょう》（御文《おふみ》）」で、世俗権力の支配を優先させる王法為本を主張。教団強化にはすさまじい力を発揮したが、親鸞の考えからは離れてしまった面が強い。

15～16世紀

戦国大名の台頭

世は乱れ「群雄割拠」の時代へ突入

◎舞台
全国
◎主な登場人物
北条早雲《そううん》（一四三二～一五一九）
武田信玄（一五二一～七三）
上杉謙信（一五三〇～七八）

東北・九州などを除いた多くの守護は、領国の支配を守護代（有力国人を任命）に任せていた。そんななか、実力で一定地域を直接支配し、自立的な権力者となった者を戦国大名という。

何がどうなった

地域に根ざした支配者の出現 めまぐるしく代わる権力者

一四八八年、加賀の一向一揆が守護・富樫政親《とがしまさちか》を倒したころ、世は戦乱の時代へと突入した。九三年には伊勢《いせ》宗瑞《そうずい》（北条早雲《そううん》）が堀越公方《ほりごえくぼう》家を滅ぼし、細川政元は十代将軍・足利義稙《よしたね》を廃した。

十六世紀半ばには領国拡大をめざす大名が登場する。そのうちの一人、一代で美濃国（岐阜県）を領国化した斎藤道三《さいとうどうさん》があらわれた。また、管領・細川氏は家臣の三好《みよし》長慶《ながよし》に追われたが、三好氏もまた、その家臣松永久秀によって没落させられた。権力の転変は激しかった。

なぜ起こったか

「兵農分離」が戦国大名領国制のカギ

戦国大名領国制は、①国人のほかに地侍層も足軽などとして家臣団に編入し、兵農分離を進める　②家臣たちの収入額を銭に換算した貫高で計量。それを統一基準として軍役負担を明確にする　③新田・鉱山開発や商工業振興策などの富国策を強化する――を基本とした。

城下集住策も進められたが、これは家臣団を軍事・行政集団化するものであり、これらの政策の成否こそが下剋上時代のサバイバル戦に勝てるか否かの分かれ目だった。

それでどうなった

「天下統一」への道 畿内を握るのは誰か？

各地に戦国大名が台頭したが、なぜ彼らは地方の王ではなく、上洛し天下統一や全国政権の再建を志したのだろうか。その理由は、経済力において、畿内は他の地域を断然圧倒していたことにある。

　大名のほとんどが京都をめざしたのは、権威である天皇や将軍を掌中に入れることだけにあったのではない。畿内の経済力を掌握できれば、ライバルである他の大名に勝てるということがあったからだ。

　戦国時代もいよいよ最終局面に入ろうとしていた。

歴史ミニ知識

北条早雲（一四三二～一五一九） 出自は不詳。妹が嫁いだ今川氏の内紛を解決して、客将となった。一四九三年、堀越公方家を滅ぼし伊豆の領国化に成功。時に六十二歳。さらに小田原に進出。北条氏は氏綱《うじつな》・氏康《うじやす》・氏政《うじまさ》と力を伸ばし、関東の過半を掌握したが、氏政と五代氏直の一五九〇年、豊臣秀吉に攻められ、滅亡を余儀なくされた。

貴族による一元支配の終わり

天皇に一元化されていた権力は、十世紀以降、次第に崩れはじめる。

学界では、「中世」の始まりを荘園と公領（国衙《こくが》領）に二分化される荘園公領制が明確な姿を取り始めた時点としている。院政が始まるころとする説も有力だが、ここでは源頼朝による鎌倉幕府の樹立から戦国時代までを「中世」としたい。鎌倉幕府が貴族政権による一元的支配をつき崩し、「分権の時代」の幕を開いたからである。

ここで注意したいのは、鎌倉幕府の成立が武士による一元的支配をもたらしたわけではないことである。幕府は東国政権としての枠組みを基本的には維持し、公家政府の存在を認めたからである。

その後、後醍醐天皇による「建武の新政」、足利氏による幕府の再建に見られるように権力一元化の試みがなされたが、結局は失敗する。

原因は、新たな支配勢力になりつつある武士階級が、まだ統一されていなかったこと（兵農未分離）と同時に、民衆が成長し、横の結合を強めて「下剋上《げこくじょう》」が時代の潮流になったことにある。

十五～十六世紀は、ヨーロッパ史でいう「大航海の時代」であるが、列島社会でも地域ごとに独自に列島外との交流を強めていた。しかし、十六世紀後期になると統一権力なのか否かの岐路に立つことになる。

第4章

戦国の世から「徳川の平和」へ

鉄砲伝来

またたく間に全国へ拡がった新兵器の威力

◎舞台
種子島
◎主な登場人物
種子島時堯《たねがしまときたか》（一五二八～七九）

歩兵集団として足軽が活躍するのは、応仁の乱からである。騎馬武者と徒士《かち》武者の戦闘も珍しくなくなった。武器は刀が中心で、飛び道具といえば弓矢がふつうだった。そこに鉄砲が登場した。

何がどうなった

ポルトガル人の漂着がもたらした鉄砲

一五四三（天文一二）年、ポルトガル人二人が大隅国（鹿児島県）種子島に漂着した（一五四二年とする説もある。また、ヨーロッパ側史料では漂着したのは三人。船についても不明だが、後期倭寇の頭目として知られる王直の船と推定する説もある）。

島主・種子島時堯は彼らから二丁の鉄砲を購入し、製法を学んだ。翌年には数十丁の鉄砲をつくることに成功したという。その製法は九州や堺などに伝わり、堺、紀伊

■種子島銃のしくみと射撃

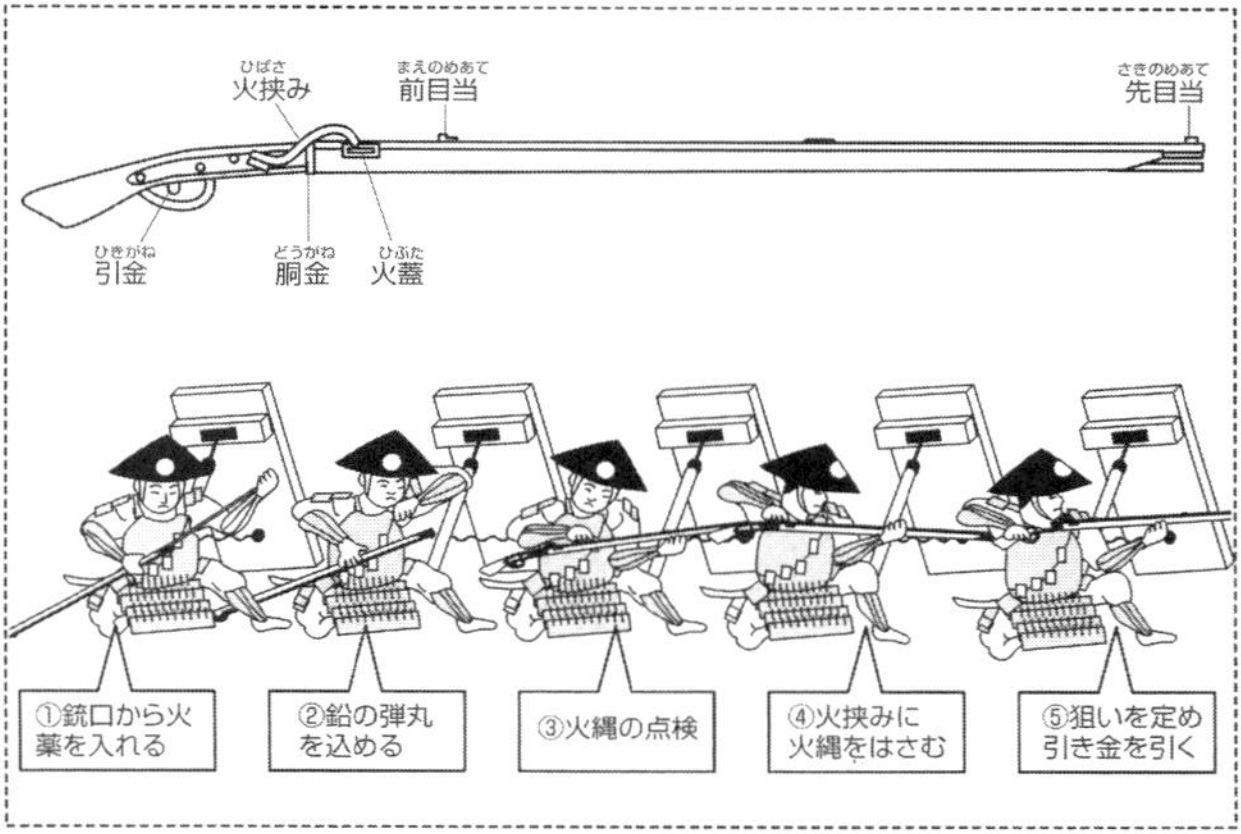

島主の種子島時堯は鉄砲のしくみと操作を家臣に学ばせた。その後、全国的に銃が普及していく。

雑賀《さいか》、近江国友《くにとも》村は鉄砲の三大生産地となった。

なぜ起こったか

ポルトガル人の東アジア進出が活発化

ヴァスコ＝ダ＝ガマ率いるポルトガル船団が、インド・カリカットに到着したのは一四九八年。そしてポルトガルは一五一〇年、ゴアを奪い、そこを拠点に、マラッカや中国マカオなどに進出。東方貿易を開始していた。日本への進出も必至という状況にあった。

日本では、応仁の乱で中国式の火砲も登場したが大砲を小型にしたもので、命中率、射程距離、破壊力ともさほど大きくなく、性能の高いものを待ちこがれる状況にあった。この内外の二つの動きが出会ったのが、四三年の「洋式鉄砲」の伝来だった。

それでどうなった

戦闘法・築城法に革命を起こした織田信長

鉄砲が合戦で使用されるようになったのは、その伝来から十年前後のこと。鉄砲導入にとくに熱心だったのは織田信長である。

実際に鉄砲が使われた合戦では、一五七五（天正《てんしょう》三）年の長篠《ながしの》の戦い（愛知県）が最大。武田勝頼と戦った信長・徳川家康連合軍は三千丁（一千丁とも）の足軽鉄砲隊を前面に出し、鉄砲三百丁を使った武田方を撃破したとされる。

歴史ミニ知識

長篠の戦い（一五七五年） 武田信玄（一五二一～七三）の死後、あとを継いだ勝頼（一五四六～八二）は一万五千の大軍で三河への進出をはかり、三万の家康・信長連合軍と対峙。連合軍は、馬防柵を設けて武田方騎馬隊の突撃を防ぎ、鉄砲の一斉射撃で撃破。この戦い以後、鉄砲主体の集団戦法が拡まり、濠と石垣で囲んだ平城《ひらじろ》がつくられるようになった。

1549年

キリスト教の伝来

宣教師・フランシスコ＝ザビエルが来日

◎舞台
鹿児島
◎主な登場人物
フランシスコ＝ザビエル（一五〇六〜五二）
ヤジロー（生没年不詳）

宣教師・フランシスコ＝ザビエルが来日した一五三四年、ロヨラとイエズス会を創立したザビエル（シャビエル）は、ポルトガル国王の要請もあり、ゴアで布教を開始。ついでマラッカで布教中、ヤジローに会い、渡日を決心した。

何がどうなった

ヤジローが鹿児島に上陸 二年ほど布教に専念

一五四九年（天文《てんぶん》十八）八月、日本人ヤジロー（アンジロー）を含むザビエルら七人は鹿児島に上陸した。約一年半の布教後、上京したが、京都の混乱を見て、布教を断念。大内義隆の山口や大友宗麟《そうりん》の豊前府内《ふない》（大分市）を活動拠点とした。

ザビエルは、五一年十一月に日本を離れ、いったんゴアに戻る。その後中国に向かうが、広東付近で熱病にかかり、病没した。アジア布教が評価され、一六二二年、ザビエルは「聖人」に列せられた。

なぜ
起こったか

日本への布教の背景には物産への魅力もあった

十五世紀まで、外国にとって日本は、魅力のある物産もなく関心は薄かった。しかし、十六世紀になると状況は一変する。博多商人・神屋《かみや》（谷）寿禎《じゅてい》が、朝鮮の精錬法により石見《いわみ》大森銀山（島根県）の開発に成功。以来、日本は世界有数の銀産出国となり、ポルトガル商人にとって垂涎《すいぜん》の的《まと》となっていた。

ザビエルが、ポルトガル国王の要請でゴアに赴いたことからもわかるように、行動力と観察力に優れる宣教師はポルトガルのアジア進出の先兵でもあった。

それで
どうなった

キリシタンの増大権力者は保護から禁圧へ

織田信長やキリシタン大名の保護もあり、日本のキリシタン信者の数は、一五八一年には十五万人まで達したといわれる。権力者の保護もあるが、宣教師の献身的な活動、南蛮寺（教会）、学校（コレジオ・セミナリオ）の設立、医療活動、さらにはキリシタン版とよばれる書籍の発行が民衆にも受け入れられた結果だった。

しかし、豊臣秀吉が八七（天正十五）年に出したバテレン追放令以後、とくに「鎖国」令により、布教の可能性は閉ざされてしまった。

歴史ミニ知識

イエズス会　日本に来た四つのカトリック教団のうち、最後まで活動したのはイエズス会。一六四四年、最後のイエズス会士小西マンショの殉教まで続いた。一七〇九年、屋久島に上陸し、布教の再開を試みたシドッチも、イエズス会所属の宣教師だった。カトリック系大学である上智大学は同会の所属。

1568年

織田信長の「天下布武」

入京を実現し、天下取りに動く！

◎舞台
京都

◎主な登場人物
織田信長（一五三四〜八二）
足利義昭《よしあき》（一五三七〜九七）

織田信長は一五六〇年、桶狭間の戦いで今川義元を倒した。六七年には美濃の斎藤氏を滅ぼし、本拠地を稲葉山（岐阜）城に移した。以後、「天下布武」の印章を使い始めた。

何がどうなった

足利義昭を十五代将軍に擁立 反対勢力との対立激化

一五六八（永禄《えいろく》十一）年、入京を果たした織田信長は足利義昭を第十五代将軍に就けた。信長に実権を握られた義昭は、反信長連合戦線を画策するが、七三年、京都を追放され、室町幕府は約二百三十年間の歴史に幕を閉じた。

その間信長は、朝倉義景《あさくらよしかげ》・浅井《あざい》長政との姉川の合戦や石山合戦、延暦寺焼き討ちなど、対抗勢力に向かって東奔西走の日々だった。幸いしたのは、武田信玄や上杉謙信

■織田信長の天下統一への戦い

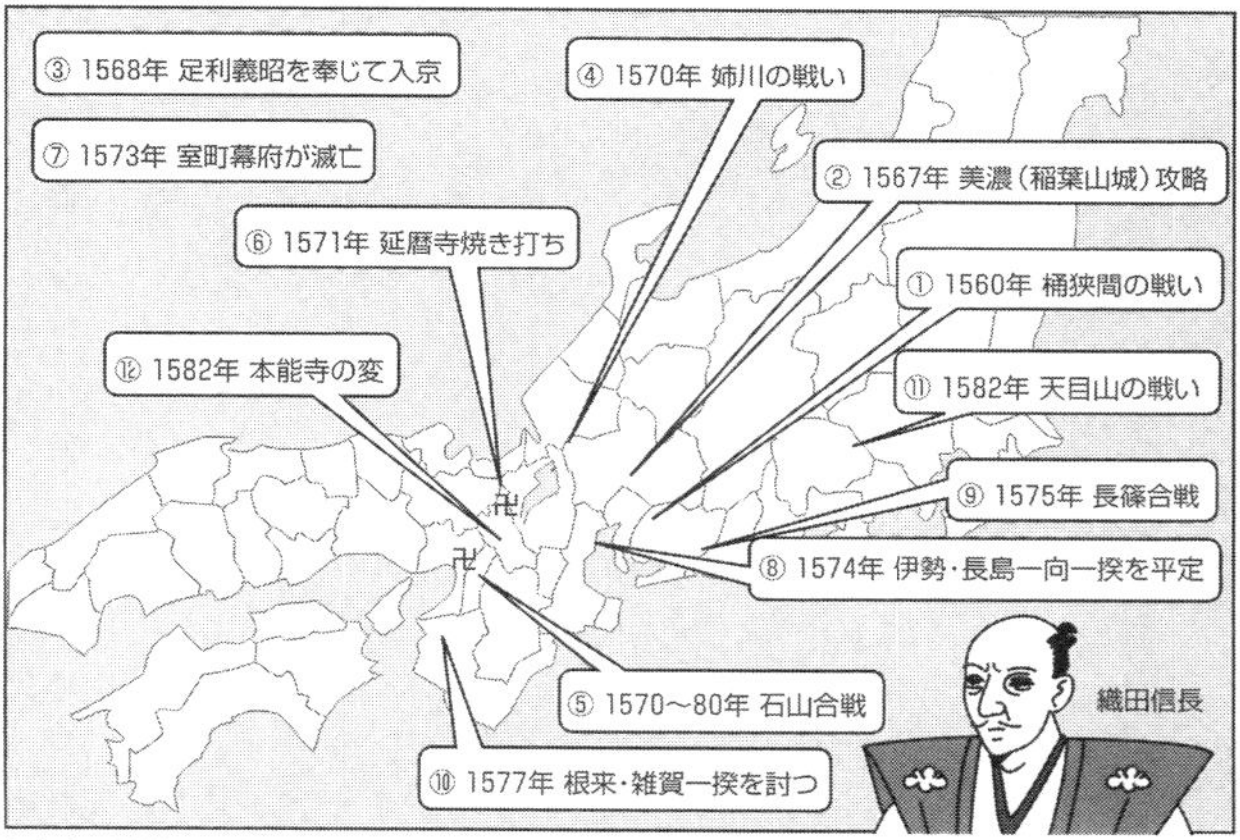

出生地の尾張の足場を固めた信長は、居並ぶ戦国大名や寺社を屈服させ、天下統一へ踏み出す。

が病没したことだった。

なぜ起こったか

信長の勝因は大胆迅速な革新性

信長は、畿内に次いで肥沃な濃尾平野を手中にしていた。ここでは、兵農分離が進行中だった。この有利さを生かし、地侍（上層名主《みょうしゅ》）を足軽として組織した。機動性に富む軍団をつくりあげるとともに、城下集住策を徹底させ、家臣団を行政集団としても強化。

また、延暦寺焼打ちに象徴されるように、宗教的な権威にも拘束されない大胆さをもち合わせていた。こうした革新性こそが、信長をして畿内の政権を樹立させた理由といえよう。

それでどうなった

本能寺の変で全国政権化の途中で挫折

一五七六年、京都に代わる政治・経済都市を興すために、信長は琵琶湖の沿岸に安土城を築城した。いっぽうで、最大の難敵だった一向一揆の解体のため、本願寺十一世・顕如と和睦。さらに武田勝頼を倒すなど、全国政権化の途を着々と歩んでいた。そこに起こったのが八二（天正《てんしょう》十）年の家臣・明智光秀による本能寺の変。信長、四十九歳だった。

英雄待望の風潮で信長の人気は高い。しかし、一向一揆の皆殺し作戦など、民衆にとっては残酷な支配者だったともいえる。

歴史ミニ知識

城郭を変えた安土城　外観五層、内部七階の天守を中心に、本丸などを配し、山麓には家臣と商工業者が住む城下町を建設。白壁と黒漆塗りの柱を基本に黄金や朱、青などで彩られた外観と、狩野永徳や狩野派を総動員しての障壁画に飾られた内部——それまでの城郭の規模・様式を一新させる華麗なものであった。

1590年

豊臣秀吉の「天下統一」

農民出身の「関白」秀吉による平和の実現

◎舞台
小田原・大坂

◎主な登場人物
豊臣秀吉（一五三七～九八）
北条氏政（一五三八～九〇）

豊臣秀吉は本能寺の変の時、備中高松で毛利方と交戦中だったが、停戦して畿内にとって返した。山崎の合戦で明智光秀を破るなど、織田信長の後継者としての地位を固めていく。

何がどうなった

素早く固めた信長後継者の地位

本能寺の変の直後、明智光秀を倒した豊臣秀吉は、賤《しず》ヶ岳《たけ》の合戦で柴田勝家を破り、一五八三年の小牧・長久手の合戦での徳川家康・織田信雄《のぶかつ》との戦いを経て、信長の後継者の地位を固め、八五年には関白に就任した。

その後九州に遠征、九〇年には関東に出征し、北条氏政《うじまさ》・氏直《うじなお》を攻略するとともに、伊達政宗ら東北の大名を服属させた。

■豊臣秀吉の天下統一のプロセス

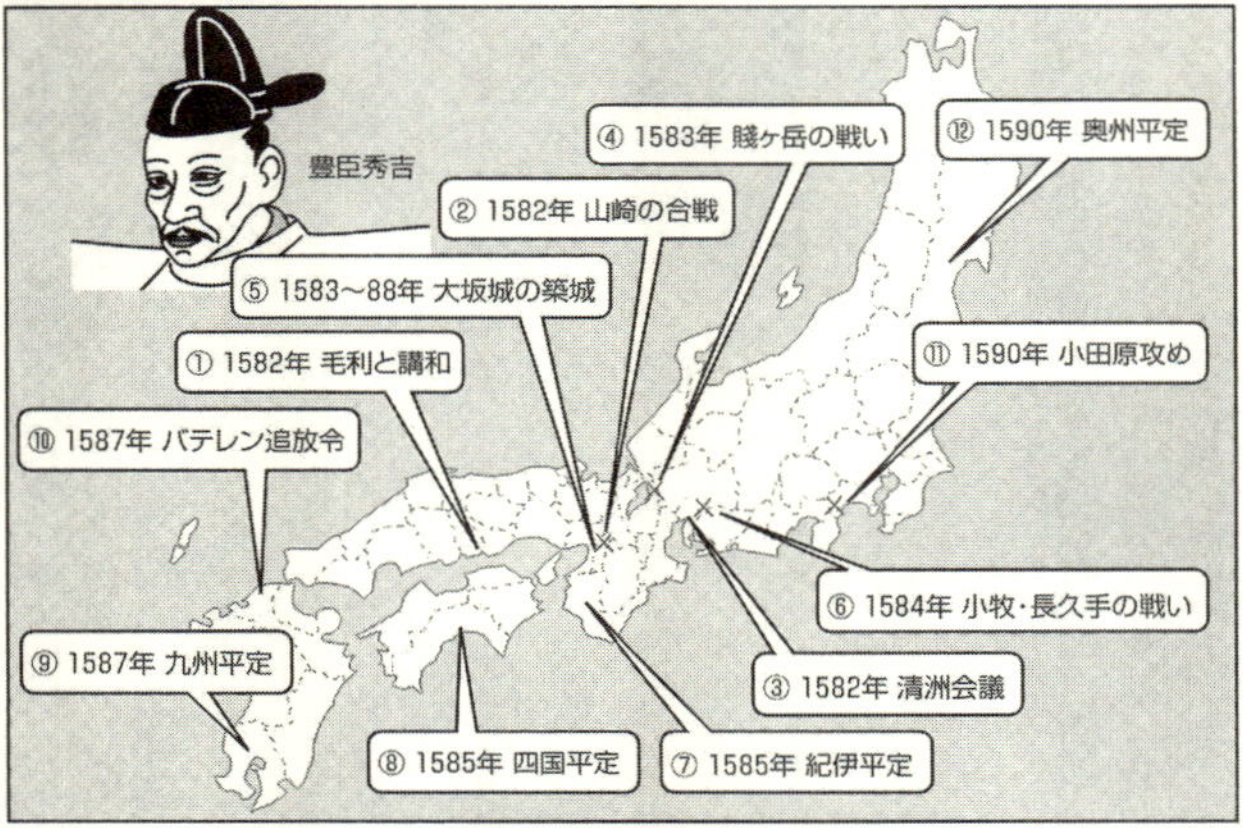

信長のあとをついだ秀吉は、戦いや和睦を重ねて全国を平定し、支配権を握る。

その間、後陽成天皇を聚楽第《じゅらくてい》行幸を機に、諸大名に天皇と関白・秀吉への忠誠を誓わせた。

なぜ起こったか

大義名分なき戦争に名分をつくった

秀吉は尾張中村（名古屋市）の出身で、今川氏の家臣の寄子を経て、信長の草履《ぞうり》取りとなった人物。一五八五年の四国遠征までは秀吉と諸大名による私戦であり、「大義名分なき戦争」だった。

この限界を超えるため、秀吉は八五年関白になると私戦を禁止し、所領の決定を秀吉に任せる「惣無事令《そうぶじれい》」といわれるものを命じる。そして、従わない場合は

「征伐」の対象とすることとした。

これに従わなかったのが九州・島津義久と、小田原の北条氏政・氏直であった。

それでどうなった

兵農分離策に二つの柱 検地と刀狩令・身分統制令

兵農分離策の柱の一つは検地である。これにより全国の生産力を米の量で示す石高《こくだか》制《せい》が確立。「給人」と位置づけた大名に、石高に見合った軍役を奉仕させるとともに、耕作者の土地保有権を保証し、年貢などの貢納を義務づける体制が完成した。もう一つは刀狩令と身分統制令。農民の武器を没収し、その身分を固定させた。

また大坂城や聚楽第、伏見城の築城や、大坂、京都の「町づくり」で土木工事を進め、戦争経済から平和経済への転換をはかった。

歴史ミニ知識

大坂城　大坂は石山本願寺とその寺内町があったところ。秀吉は配下の大名を動員して、一五八三年より築城を開始。八六年には天守を完成させた。同時に、堺の商工業者を移住させるなど、城下町の建設も実施。江戸時代に入っても、その経済力は揺るがず、「天下の台所」として繁栄を続けた。

文禄・慶長の役

ますます肥大化する秀吉の野望は海外へ

◎舞台
朝鮮半島
◎主な登場人物
豊臣秀吉（一五三七～九八）
李舜臣《りしゅんしん》（一五四五～九八）

秀吉が大陸侵略の意図を明らかにしたのは、一五八五年、関白就任直後のことだ。同年、九州を対象とする最初のいわゆる惣無事令が出されているが、国内統一と対外侵略は不可分のものだった。

何がどうなった

二度にわたる朝鮮半島への侵攻

豊臣秀吉は一五九二（文禄《ぶんろく》元）年、朝鮮に侵攻を開始。首都・漢城（ソウル）を陥し、朝鮮北部まで進撃するが、李舜臣の活躍、明軍の支援などで膠着《こうちゃく》状態に入った。

翌年、明使との間で和議交渉が行なわれたが、秀吉が示した朝鮮南部を割譲すること、朝鮮の王子を人質として渡すことなどの条件を明・朝鮮が拒否して交渉は決裂。

その後も約八万人の日本軍が朝鮮半島を占領するが、九八（慶長《けいちょう》二）年の秀吉の死で、

■秀吉の朝鮮侵略

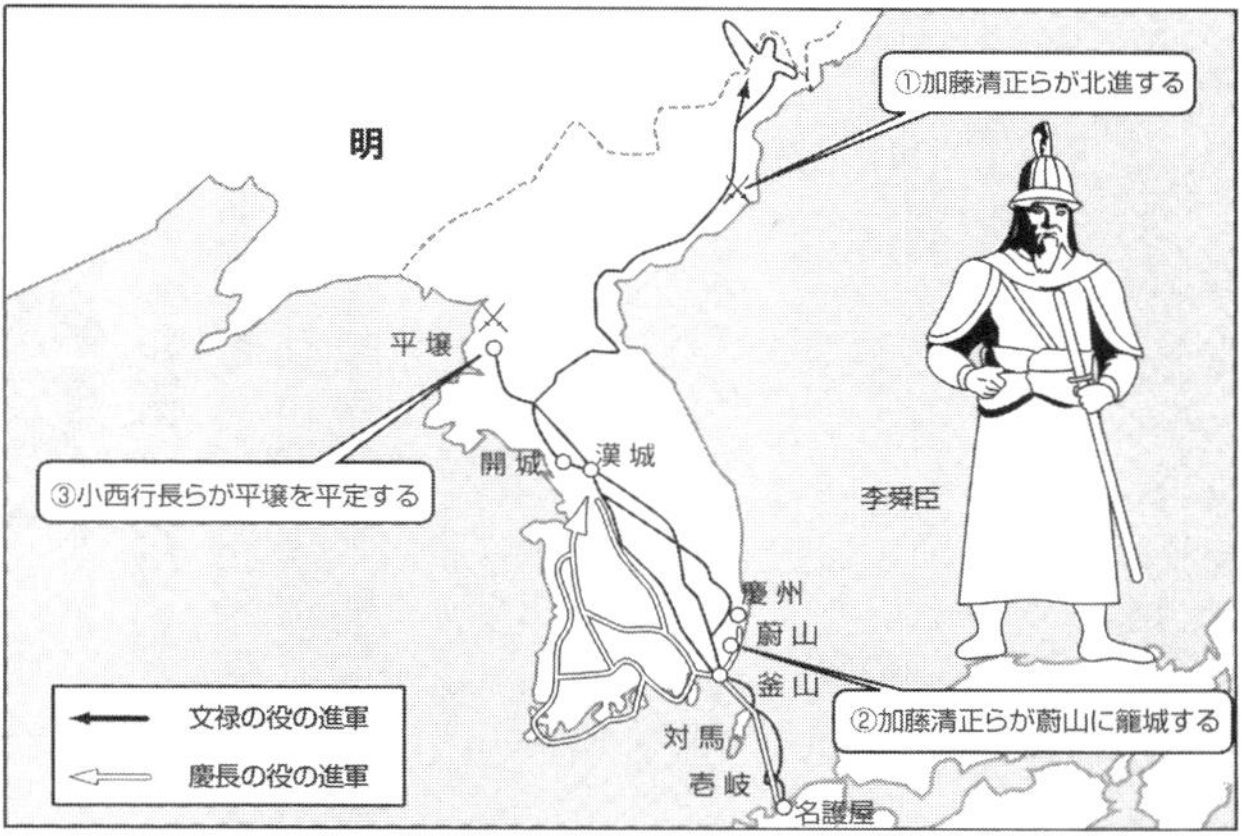

多くの反対にあいながら子飼いの武将を朝鮮半島に派遣した秀吉は、東アジアの統一を目論んだ。

侵略戦争は何の成果もないまま終結した。

なぜ起こったか

全国統一後の野望は東アジアの支配だった

秀吉を大義なき侵略戦争に駆りたてたものは、「唐・天竺《てんじく》まで」支配圏を拡大しようとする秀吉本人と、それに同調した大名たちの領土拡大欲だった。銀の大産出国という有利さをテコにして、東アジア全体を掌握しようとする思惑も存在した。

この野望を阻止したのは朝鮮人の、国土・国民を防衛しようとする熱情だった。とくに亀甲船での戦闘を指揮し、日本軍の補給路を断った李舜臣や義兵は、今日でも「救国の英雄」として尊敬されている。

それでどうなった

豊臣政権は崩壊 徳川家康が「国交」を回復

豊臣政権は秀吉の死後、わずか二年で崩壊した。「参謀本部」的な役割を果たしていた石田三成と、出兵した加藤清正、福島正則らが対立し、徳川家康の思う壺となった。なお、家康は一六〇七年、朝鮮との国交を再開した。

しかし、これで朝鮮の惨情が回復されたわけではない。捕虜として日本に強制連行された朝鮮人は五～六万人ともいわれるが、大半が故郷に戻れなかった。このなかには、有田焼を始めた李参平などの陶工も多かった。

歴史ミニ知識

肥前名護屋城と秀吉 佐賀県鎮西町にあった名護屋城。一五九一年十月に着工し、九二年四月から秀吉はここで出兵の指揮を取った（同六月の明使との講和交渉もここで行なわれた）。九八年以降、事実上の廃城となっていたが、島原の乱後、幕府の命で破却されたらしい。なお、尾張の名古屋城も「名護屋」と書いた時がある。

1600年

関ヶ原の戦い

東西に分かれた天下分け目の戦い

◎舞台
関ヶ原・江戸
◎主な登場人物
徳川家康（一五四二～一六一六）
石田三成（一五六〇～一六〇〇）

徳川家康は秀吉の下で、五大老の筆頭として重きをなしていた。秀吉の死後、豊臣政権内部の主導権争いともいえる関ヶ原の戦いが勃発。戦いは徳川家康が制し、江戸に幕府を開いた。

何がどうなった

豊臣政権内部の主導権争いが火を吹く

秀吉の死後、豊臣秀頼擁護を名目に諸大名を集めた石田三成は、徳川家康側と関ヶ原で衝突。諸大名が東西に分かれた「天下分け目の戦い」となった。戦いは徳川家康を中心にした東軍が勝利をおさめ、西軍のほとんどが改易《かいえき》、減封《げんぽう》となった。

当時の総石高千八百五十万石の約四〇％が東軍大名に再配分され、大名層が再編成された。これを機に、家康は秀頼に臣下の礼を取ることをやめ、文字通り〝天下殿〟

として君臨するようになった。

なぜ起こったか 短時間で決した「関ヶ原の戦い」

関ヶ原の戦いは、一六〇〇年（慶長《けいちょう》五）九月十五日午前八時ごろから四時間程度の短時間の戦いだった。勝敗がすぐに決まったのは、西軍の小早川秀秋が東軍に寝返ったことだけでなく、総大将・毛利輝元が大坂城を動かなかったこともその一因だろう。西軍は東軍に比べてまとまりに欠け、最後まで戦う意思が弱かったようである。

〇三年、家康は征夷大将軍に就き、大名との主従関係と支配体制を明確にした。

それでどうなった 「大御所」家康体制固めに専念

一六〇五年、家康は将軍職を二十五歳となった秀忠に譲り、自身は駿府《すんぷ》（現静岡市）に退去した。しかし、秀忠に全権を譲ったわけではない。秀忠は徳川氏の領国を固め、家康は「大御所《おおごしょ》」として朝廷、豊臣家、西国大名への対応や対外政策を担当することになる。
二元体制は分裂の危険性をはらむが、異なる能力をもつ臣下を生かすシステムとしては有効だった。また、家康は金地院崇伝《こんちいんすうでん》や天海、林羅山を始め、大商人、外国人などを駿府に集め、ブレーンとした。

歴史ミニ知識

五大老　年寄衆、家老の意味。五人の衆とも。徳川家康、前田利家、宇喜多秀家、毛利輝元、上杉景勝の五人を指す。一五九八年、秀吉の死の直前に豊臣秀頼を支え、「公儀」として豊臣政権を維持するものとして成立した。しかし、五大老筆頭の家康が独断専行することが多くなり、一五九九年に事実上崩壊した。

大坂の役

唯一の独立大名・豊臣家の滅亡

◎舞台
大坂
◎主な登場人物
徳川家康（一五四二～一六一六）
豊臣秀頼（一五九三～一六一五）

豊臣秀頼は、家康が征夷大将軍になると一大名に転落する。しかし、秀忠の娘・千姫を嫁がせるなど、その処遇には気を遣わねばならない存在だった。家康はこれを除こうと画策していた。

何がどうなった

方広寺鐘銘事件で挑発　秀頼を開戦に追い込む

一六一四年、豊臣秀頼は秀吉の遺志を継ぎ、方広寺の金銅大仏と梵鐘《ぼんしょう》を完成。ところが、徳川家康は鐘銘中の「国家安康」などは家康に対する呪詛《じゅそ》だと難癖をつけ、秀頼の江戸参勤か、主母・淀君の人質か、大坂からの国替えのいずれかを選ぶことを要求した。

それを受けて、秀頼と淀君は開戦を決意する。大坂冬の陣が勃発した。いったんは

■豊臣家を滅ぼした「大坂の役」のきっかけ

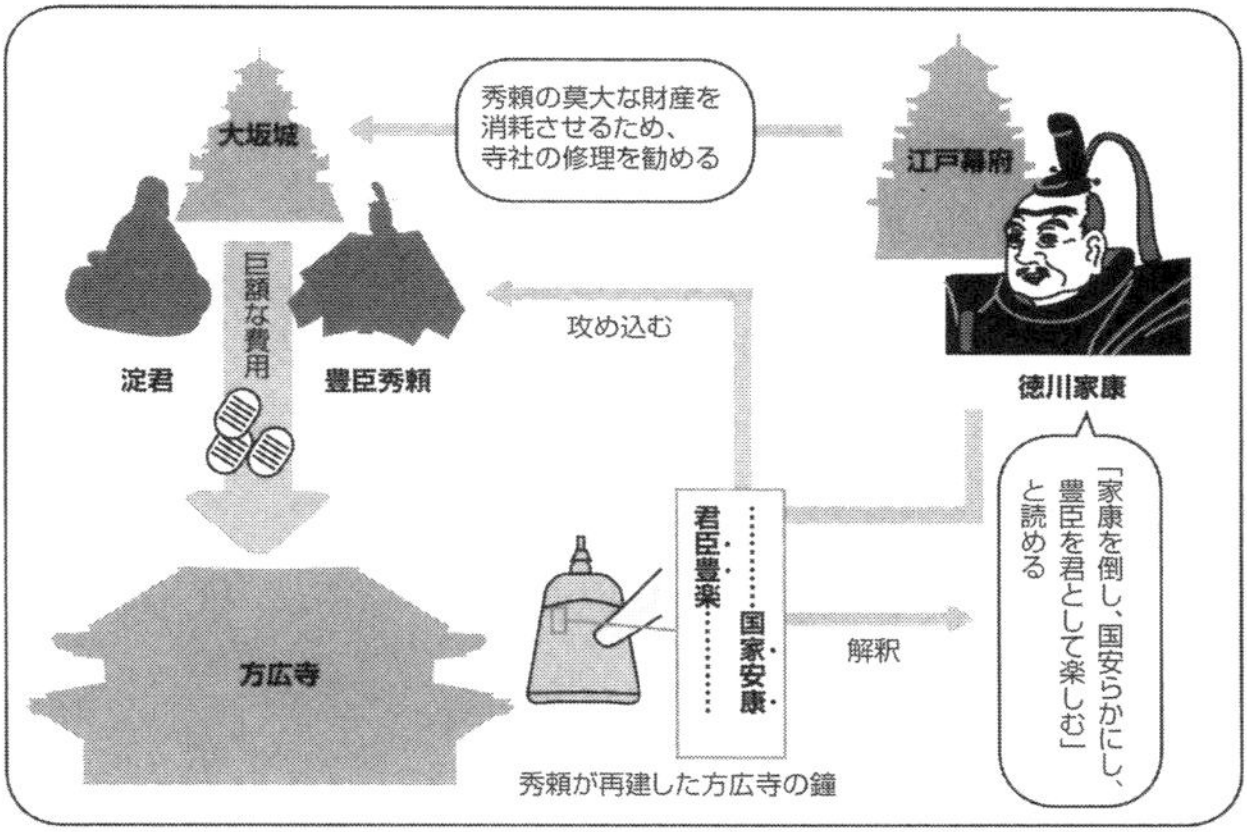

豊臣氏が建てた方広寺の鐘に刻まれた文章がきっかけで、豊臣氏は滅亡への道をたどる。

講和が結ばれたが、翌年に夏の陣が再燃。五月には大坂城が落城し秀頼、淀君は自害した。

なぜ起こったか

忠誠を誓わぬ唯一の大名 大坂城の豊臣秀頼

一五九九年、前田利長は叛意《はんい》なきことを示すために、生母・芳春院（お松の方）を江戸に人質として出した（大名証人制の始まり）。そして、関ヶ原の戦い後は江戸に参勤する外様大名も急速に増えた。

こうしたなかで人質も出さなければ、江戸に参勤もしない大名は豊臣秀頼だけになっていた。これを家康が容認するはずはなかった。また、大坂方は真田幸村など牢人（浪人）を多くかかえたが、勝敗の帰趨《きすう》は開戦前から明らかだった。

それでどうなった

徳川家の支配で太平の世となる

大坂夏の陣が終わった一六一五（元和《げんな》元）年七月、元号を「慶長」から「元和」に変えた。いわゆる「元和偃武《えんぶ》」（武がせきとめられるの意）の始まりだ。閏六月、全国の各大名に、本城を除くすべての支城の破却を命じる一国一城令を出し、次いで武家諸法度、禁中並公家諸法度が公布された。その後、家康は一六年四月、七十五歳の生涯を閉じた。

一七年、朝廷から家康に「東照大権現」の神号が贈られ、日光東照社が造営された（四五年、東照宮と改称）。

歴史ミニ知識

淀君（?～一六一五） 浅井長政と信長の妹・お市《いち》の方の長女。秀吉の側室で、秀頼の母。一五八九年、淀城を与えられ、淀君《よどぎみ》とよばれる。秀吉の正妻・北政所とは異なり、徳川氏に対して終生、強硬な姿勢を堅持。なお秀頼の妻・千姫が大坂城を脱出できたのは、秀頼親子の助命を託す豊臣方のもくろみだったともいわれる。

1615年

武家諸法度の公布

江戸幕府による大名統制策の強化と整備

家康は一六一一年、在京中の大名二十二人、翌年には江戸で六十一人の大名から、「幕府の法令順守」など三カ条の誓紙を出させるとともに、金地院崇伝に武家諸法度の起草を命じた。

◎舞台
伏見城
◎主な登場人物
徳川秀忠（一五七九〜一六三二）
金地院崇伝《こんちいんすうでん》（一五六九〜一六三三）

何がどうなった

大坂夏の陣直後 秀忠の名で発令

一六一五年、大坂夏の陣に参陣した諸大名を伏見城に集め、二代将軍・徳川秀忠の名で「文武弓馬ノ道、専《もっぱ》ラ相嗜《あいたしな》ムベキ事」に始まる武家諸法度十三カ条を公布。遊楽禁止、犯罪者隠匿の禁、謀反人・殺害人の追放、居城修補・新造の禁や大名には能力を選ぶことなどといった内容で、大名の改易《かいえき》（取りつぶし）・減封《げんぽう》処分の基準とされた。

たとえば、福島正則は一九年、改易されたが、それは無断で広島城を修築したとい

■おもな武家諸法度の変遷

年代	将軍	おもな内容
1615（元和《げんな》元）年	②秀忠《ひでただ》	最初の「武家諸法度」を制定（13カ条）
1635（寛永《かんえい》12）年	③家光《いえみつ》	参勤交代を定め、五百石以上の大船の建造禁止
1663（寛文《かんぶん》3）年	④家綱《いえつな》	キリシタン禁止を追加
1683（天和《てんな》3）年	⑤綱吉《つなよし》	第一条「文武忠孝を励まし、礼儀を正すべき事」「末期養子《まつごようし》の禁の緩和」を追加。諸士法度と統合
	⋮	
1710（宝永《ほうえい》7）年	⑥家宣《いえのぶ》	条文の文体を和文体に改訂（新井白石）
1717（享保《きょうほう》2）年	⑧吉宗《よしむね》	内容を天和令（綱吉発布）に復す
1854（嘉永《かえい》7）年	⑬家定《いえさだ》	大船建造を許可

○内の数字は将軍就任順

秀忠以降、7代家継・15代慶喜を除き、代替わりごとに発令した。

うものであった。

なぜ起こったか

「公儀」としての幕府大名の独立性の否定

「公儀」は、元来は朝廷・公家をあらわす言葉であったが、武家諸法度の制定は、将軍家・幕府が、その頂点に立ったことを意味する。

儒学者・荻生徂徠《おぎゅうそらい》は、近世大名のことを〝鉢植えの大名〟と評した。これは大名の独立性が否定され、「公儀」の一員として、幕府の統制に従わざるを得なくなったことを指摘したものである。大名を震えあがらせた末期養子《まつごようし》（死に際《ぎわ》に養子を取ること）の禁も、将軍との主従関係未成立の者は「公儀」の一員とはいえないということを理由とするものである。

それでどうなった 「寛永の武家諸法度」参勤交代の制度化

一六三五年、三代将軍・家光は「元和の武家諸法度」を全面的に改訂。大名を一万石以上とするとともに参勤交代の制度化や五百石（約七十五トン）以上の大船建造の禁止などを追加した。

以後、七代・家継《いえつぐ》、十五代・慶喜《よしのぶ》を除き、新しい将軍ごとに改訂するならわしとなった（ただし、吉宗以後は形式化）。

なお、五代・綱吉の時、旗本を対象とした諸士法度も統合し、武家諸法度に一本化した。

歴史ミニ知識

以心崇伝（一五六九〜一六三三） 金地院崇伝は通称（金地院は京都にあったが、彼は駿府、江戸にも建設）。一六〇八年から家康に仕えた。

寺院法度・禁中並公家諸法度を起草し、方広寺鐘銘事件にも関与している。一六一九年、僧録司となり幕政から退いたが、紫衣事件で沢庵らの処分に関係した。

1629年

紫衣事件

紫衣をめぐる後水尾《ごみずのお》天皇と幕府の対立

◎舞台
京都・江戸

◎主な登場人物
徳川秀忠（一五七九～一六三二）
後水尾天皇（一五九六～一六八〇）

禁中並公家諸法度は、天皇が幕府の許可無く紫衣を与えることを禁止していた。しかし、幕府の統制に不満をもっていた後水尾天皇は、幕府の意向を無視して賜与を続けていた。

何が どうなった

幕府、勅許された紫衣を剥奪 朝廷・寺院統制のための実力行使

一六二七年、幕府は勅許紫衣之法度や禁中並公家諸法度に反するとして、大徳寺・妙心寺を咎《とが》めた。さらに二九年には、抗議を続ける沢庵宗彭《たくあんそうほう》ら四人の臨済僧を配流するとともに、一五年以来与えられてきた紫衣《しえ》を剥奪した。

天皇と寺院の結びつきを制限することを目的とするものであったが、面子《めんつ》をつぶされた形になった後水尾天皇は、秀忠の娘・和子との間に生まれた、六歳の興子《おきこ》内親王

（明正天皇）に譲位し、抗議した。

なぜ 起こったか

抑え込もうとする幕府と朝廷との軋轢

徳川家康は信長、秀吉の例にならい一六〇一年、京都所司代を置き、〇三年には朝廷と幕府の連絡役として武家伝奏《ぶけてんそう》（公家二人、幕府からの役料を支給）を設けた。

その後幕府は、一三年に勅許紫衣之法度、一五年に禁中並公家諸法度を発布。幕府の許可無く天皇が紫衣を与えることを禁止した（紫はもっとも高貴な色）。紫衣の下賜は「上人」号の賜与とともに天皇と寺院を結びつける象徴であった。

それで どうなった

融和の時代もあったが尊号事件で再び険悪に

一六三二年、大御所・秀忠が死去すると、幕府と朝廷は融和の時代に入る。綱吉の大嘗祭《だいじょうさい》の復活や禁裏御料一万石の増加（合計三万石）、家宣の閑院宮家《かんいんのみやけ》の創設などの政策は、それを定着させるものだった。

しかし、光格天皇が父に太上天皇号を贈ろうとしたのに対し、松平定信らが反対、撤回させた尊号一件（一七八九～九三）は、公家全体の反発を買った。以後、朝幕関係は冷却した。幕末の動乱のなかで、光格天皇の孫・孝明天皇が反幕の気分を強める一因となった。

歴史ミニ知識

沢庵宗彭（一五七三～一六四五） 一六〇九年に大徳寺住持となるが、三日で辞任。二八年に大徳寺住持に与えられた紫衣が剥奪されると翌年、抗議書を提出。出羽上山に流罪となった。三二年に許され、その後、家光の帰依を受けて品川の東海寺開山となった。なお、干し大根に糖と塩を振りかけてつくる「たくわん」を考案したとの伝承がある。

島原の乱

天草《あまくさ》四郎《しろう》時貞《ときさだ》を中心にキリシタン農民が蜂起

◎舞台
肥前島原、肥後天草・原城

◎主な登場人物
天草四郎時貞（一六二三?～三八）
松平信綱（一五九六～一六六二）

親政を始めた二代将軍・秀忠はキリスト教の殲滅に力を入れ、京都で五十二人（一九年）、長崎で五十五人（元和の大殉教、二二年）、江戸で五十人（二三年）を一括処刑した。

何がどうなった

原城に立て籠もり幕府軍十二万と対峙

一六三七年十月、キリシタンである島原・有馬村の農民が、取り締まりの代官を殺害。次いで島原を攻撃し、原城に立て籠《こ》もった。これに肥後天草の一揆勢や有馬《ありま》晴信《はるのぶ》、小西行長《こにしゆきなが》の旧臣・土豪らも加わり、総勢約三万人にふくれあがった。その精神的な支柱となったのが、天草（益田《ますだ》）四郎時貞である。

農民側は殉死覚悟で戦った。幕府は老中松平信綱を派遣し、総勢十二万人をくり出し、三八年二月の総攻撃で一揆をようやく全滅させることができた。

なぜ起こったか

領主・松倉氏、寺沢氏による収奪強化への抵抗

イエズス会の拠点は長崎。島原半島や天草諸島はとくにキリシタンが多い地域である。そのため松倉勝家（島原藩）や寺沢堅高《かたたか》（唐津藩、天草諸島は飛地《とびち》）は長崎奉行と連携し、キリシタン殲滅《せんめつ》に全力を注いでいた。農民たちの蜂起は、両藩の支配を拒否するものだった。

しかも幕府にとって、改宗させたはずの人々がキリシタンに戻ったことは大きな衝撃だった。それゆえに十二万を超える大軍を動員した。

それでどうなった

宗門改めの強化が進むが隠れキリシタンは根絶できず

乱が収まった四〇年、幕府は宗門《しゅうもん》改役《あらためやく》（大目付の兼務）を設置。六四年には諸藩にも置いて、キリシタンの摘発を強化した。しかし、表面的には仏教に転宗しながら

も信仰を守る、隠れ（潜伏）キリシタンを根絶することはできなかった。

幾度も摘発を受けながらも信仰を捨てなかった隠れキリシタンが信仰を告白したのは、大浦天主堂が再建された一八六五年。二百年以上、密かに信仰が受け継がれた事実は、信仰の強さを物語るものである。

歴史ミニ知識

天草（益田）四郎時貞（一六二三？～三八） 小西家の浪人で帰農した益田甚兵衛の長男。天草諸島の隠れキリシタンの間では、「善人」があらわれ、人々を救済するという話が信じられていたが、時貞こそ、その童子であるとされた。一揆勢から「天之使」、「大将」とされ、精神的指導者となった。乱の後、その首は長崎でさらされた。

1639年

「鎖国」令の完成

キリスト教への恐れから完全な鎖国を断行

◎舞台
江戸・長崎
◎主な登場人物
徳川家光（一六〇四〜五一）

江戸幕府は一六一二・一三年、キリスト教禁教令を発し、一四年には棄教しない高山右近ら百四十八人をマニラ、マカオに追放した。この政策は秀忠・家光の時代に格段と強化された。

何がどうなった

キリスト教の廃絶と貿易管理をめざす

一六三二年、大御所・秀忠が死去。親政を始めた徳川家光は、五次にわたって「鎖国」令を発令。おもなものは、老中の許可証を持つ奉書船以外の日本船の渡航禁止などを命じた三三年、いっさいの日本船の渡航や日本人の帰国を全面禁止とした三五年、ポルトガル船の来航を禁じたものの三つである。

四一年にはオランダ商館を長崎の出島に移転させ、「鎖国」体制が完成。ただ、このころには「鎖国」という言葉はなかったことに注意したい。

なぜ起こったか

キリスト教に対する恐れ 幕府による対外接触の独占

幕府をキリスト教禁教に駆りたてたのは、国家の統一性が侵害、崩されることに対する危機意識であった。一向一揆が撲滅されたあと、仏教は基本的には支配の道具と化しており、キリスト教のみが、支配に抵抗する時の精神的な拠《よ》り所《どころ》となっていた。「鎖国」体制とは、キリスト教の廃絶と合わせ、民間における海外との交流を禁止し、幕府のみが対外との接触の権利を独占する体制をつくりあげるものであった。

それでどうなった

「四つの窓口」を通した 海外との接触

一六四一年、オランダ商館を長崎・出島に移した後、海外との接触は「四つの窓口」を通して行なわれた。一つは長崎でオランダ、清国との交易がなされた。そして朝鮮との外交・交易は対馬を通して、琉球王国とは薩摩を通して、蝦夷地・アイヌ民族とは松前を通して行なわれた。
しかし、欧米諸国が通交を求めるようになると、現状固守という考えが強まった。このころ志筑忠雄《しづきただお》は、ケンペルの『日本誌』を訳した際に「鎖国論」と題した。

歴史ミニ知識

出島とオランダ商館　ポルトガル人を置くためにつくられた。以降、オランダ商館が置かれた。館員は商館長（カピタン）を含め十数人。商館長は、海外事情を記した『オランダ風説書』を毎年、長崎奉行に提出するほか、江戸参府（一七九〇年までは年一回、その後は四年に一回）を義務づけられていた。

1651年

慶安の変

幕府転覆をねらった由井《ゆい》正雪《しょうせつ》たち

◎舞台
江戸・駿河
◎主な登場人物
由井正雪（一六〇五〜五一）
丸橋忠弥《まるばしちゅうや》（?〜一六五一）

「元和偃武」以来、幕府を悩ませていたのは、牢人（浪人）の増大だった。末期養子の禁などによる大名改易策の結果である。江戸の秩序を乱し、社会不安を生みだす原因となっていた。

何がどうなった

徳川家光の死後 幕府転覆計画が発覚

一六五一（慶安《けいあん》三）年、三代将軍・徳川家光が死去。跡を継いだのは十一歳の家綱だが、幼少の将軍の就任は幕府内外に動揺をもたらした。

そんななか、軍学を講じていた由井正雪と剣術の道場を開いていた丸橋忠弥が幕府転覆を企てる。二人は、久能山東照宮（駿河）を占拠し、江戸で蜂起する計画を立てた。しかし、丸橋忠弥は捕らえられて処刑、由井正雪は駿府の宿舎で自害した。事

■牢人増大の原因となった家康～家光時代の改易・減封

理由	大名数	総計石高	大名の例
関ヶ原の戦い・大坂の陣など軍事的なもの	93家	約507万石	※表組み上段は改易、下段は減封 豊臣秀頼（1615年・65万石）
	4	221	
末期養子の禁の跡目相続に関するもの	46	457	小早川秀秋（1602年・50万石）無嗣断絶の最初
	12	16	
武家諸法度など法制的なもの	59	648	福島正則（1619年・約50万石） 松平忠直（1623年・67万石）（家康の孫）
	4	15	

武家諸法度の適用などで数多くの大名の改易・減封が行なわれた結果、牢人の数が増大する。

件は、幕府を震撼させた。

なぜ起こったか

牢人が増加し幕府への不満が強まる

家光の時代までに改易《かいえき》された大名は、百九十八家。そのうち、末期養子《まつごようし》の禁と武家諸法度の違反を理由とするものが百五家にものぼる。没収された石高も多い。改易される大名が多ければ、その家臣も離れることになり、牢人（浪人）が増えるのは当然。その数は当時、四十万人に達したといわれている。

そんななかで、由井正雪や丸橋忠弥らが幕府転覆を計画した理由については、幕府の牢人処遇への不満が主要な動機とする説が有力である。

それで
どうなった

末期養子の禁の緩和
上杉家も改易を免れる

末期養子の禁を改易の理由としたのは、大名が死ぬ直前に養子を取っても、将軍との主従関係が成立していないことだった。しかし、由井正雪の乱後、養父が五十歳以下、十七歳以上の場合は末期養子を認めることにした。

たとえば、上杉氏は藩主に子がなく、改易の危機に直面したが、吉良義央《きらよしなか》の子を養子とすることを認められ、断絶を免れた（しかし、三十万石から十五万石への減封が条件）。

なお、赤穂事件の時、上杉家は吉良義央を支援した。

歴史
ミニ知識

保科正之（一六一一～七二） 家光の異母弟で保科家の養子。一六四三年に会津藩主。家光の遺言で家綱の補佐にあたる。末期養子の禁の緩和、殉死の禁の他、大名証人（人質）制の廃止なども推進した。保科家はその後、松平と改姓。幕末に京都守護職となり、戊辰戦争で官軍と戦った松平容保は、その子孫である。

1669年

シャクシャインの蜂起

不利な商場知行制に対するアイヌの抵抗

◎舞台　蝦夷地（北海道）

◎主な登場人物　シャクシャイン（?〜一六六九）

松前泰広（一六二五〜八〇）

徳川家康から、アイヌ民族との独占貿易権を与えられた松前藩は、上級家臣に特定地域のアイヌとの独占交易権を認める「商場知行制」を実施していた。アイヌは不利な交易を強要されていた。

何が どうなった

和人の不当な搾取にアイヌが蜂起

一六六九年七月、シャクシャインが蜂起した。和人（蝦夷地に住む日本人）二百七十三人（三百五十五人説もある）を殺害し、松前藩への攻撃を開始した。幕府は旗本・松前泰宏を現地に派遣し、指揮させるとともに津軽藩にも出兵を命じた。

こうしたなかで、松前藩は和議を申し出、その席上でシャクシャインなど七十四人をだまし討ちにした。

■蝦夷地のアイヌと松前藩

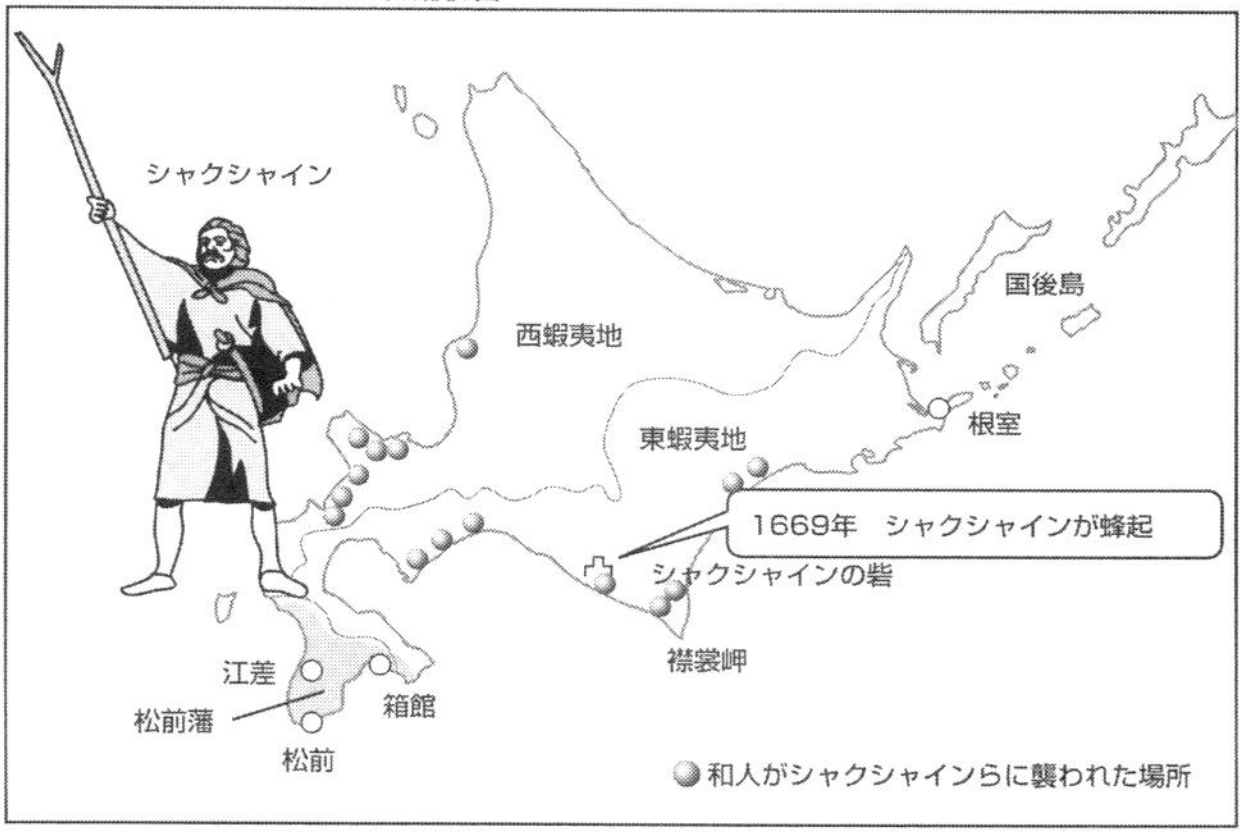

シャクシャインらアイヌは、松前藩の収奪に抵抗し、蜂起した。

指導者を失ったアイヌは四散、蜂起は鎮定された。この後、松前藩はアイヌへの支配を強化した。

なぜ起こったか

アイヌ民族の統一が進み清国とのつながりを恐れる

十七世紀半ば、アイヌ社会内部では勢力争いが激化。首長・シャクシャインは一六六八年、松前藩との協調を主張した首長・オニビシを倒し、アイヌの民族的な団結を実現した。

この当時、幕府は清国との戦争を恐れていた。鄭成功《ていせいこう》の明朝再興運動を支援しなかったことや、清国による琉球王国の冊封《さくほう》（六三年）を容認したのはそのあらわれである。

また、清国の創始者・ヌルハチ（太祖）は女真人《じょしんじん》で、東北（満州）が根拠地。黒竜江下流域でアイヌは清国人とも交易していた。幕府は、シャクシャインらが清国と結ぶことを恐れ、蜂起の鎮圧に全力をあげたのだった。

それでどうなった

生産・交易の地位を奪われアイヌ社会は衰退

十八世紀前期以降、商《あきない》場《ば》知《ち》行《ぎょう》制《せい》から場所請負制へと転換した。これは運上金を出すことを条件に、商人に生産活動を任せるもので、アイヌは生産者・交易者の地位を奪われ、労務者に転落。しかも疫病の拡がりによる人口の激減に加え、和人によるアイヌ女性への暴行や「妾《めかけ》」化が頻発し、社会そのものが衰退した。

歴史ミニ知識

アイヌ社会　十七世紀に三万人以上いたアイヌ民族が、十九世紀前半には二万人台まで激減した。伝染病の流行が原因とされるが、差別と偏見からアイヌであることを隠す者もいた。アイヌ民族学者・知里真志保氏は、生前、同化政策の結果、アイヌ社会は絶滅したと主張し、衝撃を与えた。

1685年

生類憐みの令

五代将軍・徳川綱吉による極端な動物愛護策

◎舞台
江戸
◎主な登場人物
徳川綱吉（一六四六～一七〇九）
柳沢吉保《やなぎさわよしやす》（一六五八～一七一四）

一六八〇年、徳川家綱が亡くなった。子がいなかったため、館林藩主・徳川綱吉が五代将軍に就任した。大老・堀田正俊が補佐したが、堀田が江戸城内で刺殺された八四年以後、専制化が目立つ。

何が どうなった

綱吉による専制化の進行 それを助けた僧・隆光

「五代将軍・徳川綱吉が嗣子に恵まれないのは前世の報いで、生き物を愛護すれば跡継ぎに恵まれる」という僧・隆光《りゅうこう》の影響もあり、一六八五（貞享二）年ころから生類憐みの令が頻発されるようになった。

その内容も急速にエスカレートし、多くの人々が、蚊を含む動物を傷つけて処罰された。しかも野犬収容の犬小屋を新設し、江戸の町人や関東の農民に経費を負担させた。この令が廃止されたのは、将軍が家宣に代わった一七〇九年のことである。

なぜ起こったか

権威が強化された将軍 徳川光圀も批判せず

綱吉の時代は文治政治がいっそう進展し、将軍の権威が強化された時代だった。綱吉の小姓から側用人《そばようにん》になった柳沢吉保が有名だが、「副将軍」といわれた徳川光圀（一六二八～一七〇〇）も同時代の人。しかし、光圀も綱吉を批判しなかった。

当時から、生類憐みの令は希代の悪法とされていた。しかし、綱吉が死ぬまで廃止できなかったのは、絶対的な権威を握った将軍が、権力を振るった時の怖さを示す例といえる。

それでどうなった

綱吉がもたらした社会秩序の変化

生類憐みの令は、極端な動物愛護令だったが、この令が直接的にもたらした社会秩序の変化は、犬食いに代表される肉食の習慣が消えたことだ。同時に、牛馬の解体処理に携わる人々などを賤民《せんみん》視する考えも、よりいっそう定着した。

これには、綱吉が制定した服忌令《ぶっきれい》の影響もある。「死」と関わることを「穢れ」とする観念が強まったからである。

綱吉時代につくられた秩序意識は、その後の社会にも大きな影響を与えている。

歴史ミニ知識

捨て子禁止令　綱吉は生類憐みの令と同時に、捨て子・捨て病人の禁止令も出した。たとえば捨て子を見つけたならば町奉行所にすぐ届けるのではなく、町で責任をもって養親を探し、養育せよといったものだった。

生類憐みの令は一七〇九年に廃止されたが、捨て子禁止令はその後も存続した。

1702年

赤穂浪士、吉良を討つ

主君の仇討ちは義挙か、それとも犯罪か

●舞台
江戸城松の廊下・吉良邸

●主な登場人物
浅野長矩《あさのながのり》（一六六七～一七〇一）
吉良義央《きらよしなか》（一六四一～一七〇二）
大石良雄（一六五九～一七〇三）

一七〇一年に起こった江戸城内での刃傷事件に対し、将軍・綱吉は浅野家の改易、吉良側には沙汰なしの処置をした。これを不服とした浅野家の元家臣たちが立ち上がった。

何が どうなった

御家再興の道が絶たれ、大石良雄らの苦渋の選択

徳川綱吉は浅野長矩に対し、即日切腹を命じて、改易の厳罰に処した。赤穂《あこう》藩家中ではさまざまな意見があったが、家老・大石良雄は主君の恥辱をそそぐため、長矩の弟・長広による浅野家の再興、それが不可能な時には吉良義央を討つことを考えた。

翌年七月、御家再興の道が断たれると、討ち入りの意思を固めた。

一七〇二（元禄《げんろく》十五）年十二月十四日、四十七人で決行。吉良義央の首級《しゅきゅう》をあげ、

翌日、長矩の墓前に供えた。

なぜ起こったか

支配の論理として「礼」の秩序を重んじた綱吉

綱吉は一六八三年、武家諸法度を公布。第一条を「文武忠孝を励し、礼儀をただすべき事」と改めた。礼儀による秩序の実現を支配の論理としたのである。浅野長矩が承った役柄は、勅使《ちょくし》（天皇からの使い）を接待する馳走役《ちそう》であり、長矩は高家《こうけ》筆頭・吉良義央に作法を学びながら礼儀を身につけていた。

しかし一七〇一年三月十四日、綱吉と勅使が面謁《めんえつ》する日、長矩が江戸城・松の廊下で、吉良に小刀を振るって刃傷《にんじょう》に及ぶという事件となった。

長矩は極度の緊張を強いられ、キレてしまったわけである。

それでどうなった

もめる評定所の会議 儒学者も評価が分かれる

主君の仇《あだ》を討った大石良雄ら四十七人の処罰について、幕府の最高司法機関・評定所でも審議されたが、予想以上に時間がかかった。

忠義のあらわれと見て助命するのか、それとも徒党の禁を犯した暴徒とし、極刑に処するのかの判断に迷ったことにあった。

全員切腹との処分が下されたのは翌年二月四日。綱吉は、徒党の禁を犯したとしながらも処刑はせず、武士の体面を認める切腹処分とした。

歴史ミニ知識

大石良雄と古学　赤穂藩の家老。若いときに京都に出て、古義学を興した伊藤仁斎に学ぶ。師の仁斎は、人がもつ本来的な心を重視し、それを明らかにすることが学ぶことの意味であると強調した。大石が仁斎に学んだ「古学」とは、彼にとっては武士の生き方を具体的に表現するための行動の基準だったようである。

1709年

正徳の治

新井白石の儒教理念に基づく幕政の刷新

◎舞台
江戸城
◎主な登場人物
徳川家宣《いえのぶ》（一六六二～一七一二）
徳川家継《いえつぐ》（一七〇九～一六）
新井白石（一六五七～一七二五）

一七〇九年、綱吉の甥・徳川家宣が六代将軍に就任した。彼は綱吉と異なり、穏健な性格。側用人（のちの老中格）間部詮房と侍講の新井白石に政策の企画・立案を任せ、政治の刷新に努めた。

何がどうなった

新井白石が導いた儒学色の強い政治

「正徳の治」とは六代将軍・徳川家宣、七代将軍・家継の政治を指す。新井白石と間《まな》部《べ》詮房《あきふさ》が主導した儒学色の強い政治だったことが特徴である。

生類憐みの令の廃止、武家諸法度の和文化、朝鮮通信使の待遇簡素化と称号問題（「日本国大君」を「日本国王」に改めさせる）、閑院宮《かんいんのみや》家創設による朝廷との協調体制の強化、元禄金銀から正徳金銀への改鋳、金銀の海外流出を防ぐための海舶互市新例《かいはくごしんれい》、デフレ財政への転換がおもな政策だった。

なぜ起こったか

文治を重んじた「元禄政治」の軌道修正を図る

綱吉時代の政策では、生類憐みの令に加えて、荻原重秀《おぎわらしげひで》の建議で行なった元禄金銀への改鋳も悪評だった。これは通貨量を増加させたが、貨幣の質も悪化した。出目《でめ》（改鋳益金）を得ることも目的だったためだが、物価の上昇を招いた。

こうした民衆の批判・不満が拡がるなか、幕府本位の政治を改め、「仁政」を実現するというのが家宣、白石、間部詮房に共通する理念だったが、強制的という面では前代と変わらなかった。

それでどうなった

側近政治に強まる不満大奥をも敵にまわす

五歳の徳川家継が将軍に就いた直後から、新井白石や間部詮房への反発が表面化していた。白石は家宣と「一体分身」とされたが、儒学者が幕閣の中心に座るのは異例中の異例。寵臣・間部詮房も、幼いころ能役者の弟子だったが、五万石の大名まで出世し、譜代大名や旗本の不満は強まっていた。

一七一四年、遂に諸大名による間部詮房の追い落としが図られた。大奥の年寄・絵島と歌舞伎役者・生島新五郎の遊興を問題にする絵島・生島事件である。

歴史ミニ知識

「日本国大君」と「日本国王」 朝鮮通信使が持参する国書には、一六三六年以降、将軍の肩書を「大君」としていた。しかし、新井白石は将軍の呼称としてふさわしくないとし、一七一〇年の朝鮮通信使に「日本国王」と書き改めさせた。朝鮮と交渉にあたっていた対馬藩の儒者雨森《あめのもり》芳洲《ほうしゅう》は非友好的と批判。一九年には「大君」に戻された。

享保の改革

八代吉宗による行政・財政改革

一七一六年、七代将軍・徳川家継が八歳で夭折した。八代将軍には紀州藩主だった吉宗が就任することになった。吉宗は紀州藩士約二百人を伴い、江戸城に入城。幕政の一新に取り組んだ。

◎舞台
江戸
◎主な登場人物
徳川吉宗（一六八四〜一七五一）
大岡忠相《おおおかただすけ》（一六七七〜一七五一）

何がどうなった

家康時代への復古掲げ幕藩体制の改革を目指す

享保の改革はさまざまな形で矛盾を深めていた幕藩体制を改革し、支配体制の恒久化をめざすものだった。そのことを八代将軍・徳川吉宗は権現《ごんげん》様（家康）の時代への復古として示したが、実際の政策は異なっていた。

幕府財政再建のため、定免《じょうめん》法や新田開発などによる年貢増徴策を採用。また、足高《たしだか》の制、目安箱、『公事方御定書』に象徴される行政改革、町火消の強化や小石川養生所に見られる都市政策の充実を行なうなど、改革は支配体制全般に及んだ。

なぜ起こったか

放置できなかった幕府財政の悪化

吉宗がこれほど大きな改革を行なったのは、幕府の窮状が並大抵なものではなかったからだ。

一七二二〜三〇年の間、大名に対し、一万石につき米百石の献納を命じ、その代わり、江戸在府期間を半減する上米《あげまい》の制を発令。あわせて年貢増徴策に全力をあげた。しかし、これらの政策により米の生産量が増え、多くの米が市場に出回り、米価は下がったものの、他の物価は上がるという問題が生じた。これは年貢米を換金し、収入としてきた幕藩領主にとって大問題だった。

それでどうなった

初の打ちこわしが江戸で起こった

一七三〇年、幕府は大坂堂島の米市場を公認し、米の出荷時期の調整や延売買《のべばいばい》（先物取引）を認め、米価の高値維持策を強化した。こうした政策から吉宗は「米将軍」ともよばれる。また、江戸町奉行・大岡忠相は物価対策のため、株仲間の結成を奨励した。

ところが、三二年に享保の飢饉が起こると江戸の民衆は翌年、初の打ちこわしを起こし、また各地で年貢増徴に反対する惣百姓一揆も高揚。民衆にとって、吉宗は名将軍とはいえなかったのだ。

歴史ミニ知識

大岡忠相（一六七七～一七五一） 千九百石取りの旗本。一七一七年、吉宗に抜擢されて江戸町奉行に。三六年以降は寺社奉行、一万石の大名に昇進。とくに活躍したのは町奉行時代で、町火消の整備、小石川養生所の創設や株仲間公認などを行なった。ただし「大岡政談」は庶民の理想とする町奉行を示したもので、実際の彼とは関係のない創作。

1767年

田沼政治

田沼意次《おきつぐ》による商業中心の政策

◎舞台
江戸
◎主な登場人物
田沼意次（一七一九～八八）
徳川家治《いえはる》（一七三七～八六）

田沼意次の父・意行は紀州藩出身だが、徳川吉宗の将軍就任後、六百石取りの旗本となる。息子意次は、一七五八年には一万石の大名となり、六七年には十代将軍・家治の側用人に就任した。

何がどうなった

商業資本の成長のかたわら金権政治も進む

田沼意次は株仲間の結成を奨励し、営業税を増徴、幕府専売制の強化を行なった。また、商人資本を利用した手賀沼、印旛沼《いんば》の干拓事業や長崎貿易の奨励、定量計数銀貨である南鐐二朱銀《なんりょうにしゅぎん》の発行なども実施。享保の改革後半の経済政策を継承しつつ、それを強化するものであった。

こうした動きは商業資本の成長、蘭学など学問の興隆、錦絵の創始にみられるように江戸文化、町人文化の繁栄をもたらした。

なぜ起こったか

年貢増徴策が行きづまり新たな財源を求める

年貢増徴策は、限界のある政策だった。農民を死なせてしまったら元も子もないし、また、「米価安、諸色高《しょしき》（諸色とは米を除く商品のこと）」は、支配階級の財政を悪化させるものだったからである。

その意味では年貢増徴策から転換し、流通過程に新しい財源を求めるというのは、支配者としてある面で当然のことだった。しかし、商人たちが新しい税を自ら負担するはずがない。それは価格にはね返り、苦しむことになったのは都市の貧民層だった。

それでどうなった

反田沼派・松平定信が意次を追いこむ

意次は一七七二年、初めての側用人兼老中となったが、これに対し、松平定信は反田沼派を組織し、意次の政策は幕藩体制を危うくすると、公然と批判した。

八一年に、生糸・織物の取引にかかわる新税を取ろうとしたが、上州《じょうしゅう》絹一揆が起こり、撤回を余儀なくされた。また、八四年には、意次の子で若年寄・意知《おきとも》が旗本・佐野政言《まさこと》に刺殺された。

四面楚歌に陥った意次は八六年八月、十代将軍・徳川家治が亡くなった直後、老中を罷免《ひめん》させられ、多くの政策も中止になった。

歴史ミニ知識

印旛沼干拓　利根川下流右岸にある千葉県内の沼。最深が一・八mしかなく、何回も計画されたが、実際の着手は一七八〇年。しかし、浅間山の噴火で利根川の河床が上がり、八六年の大洪水で挫折した。一八四三年天保の改革でも試みるが、これも水野忠邦《みずのただくに》の失脚で中止。実現は、約百三十年後の一九六九年のことであった。

寛政の改革

農村再建や都市政策などに取りくむ

◎舞台
江戸城
◎主な登場人物
松平定信（一七五八〜一八二九）
徳川家斉《いえなり》（一七七三〜一八四一）

松平定信は御三卿・田安宗武の子で吉宗の孫、陸奥白河藩主・松平氏の養子となる。天明の飢饉でも藩内から餓死者を出さず、評判を高めた。また、同志を集め、反田沼の急先鋒となった。

何がどうなった

深刻化する危機打開のための政策あいつぐ

松平定信は、旗本・御家人の負債を軽減する棄捐令《きえんれい》を出した。一七八二年の天明の飢饉を受け、飢饉対策としては囲米《かこいまい》の制、出稼ぎ制限や間引き禁止などによる農村再建、七分金積立や人足寄場の創設による都市貧民対策などの政策を実施。また、朱子学の復興を目的とし、寛政異学の禁を出す一方で、洒落《しゃれ》本などを禁じた。

これらの政策はわずか六年間に出されたもので、意気込みはすさまじい。だが、成人に達した将軍・徳川家斉と対立し一七九三年、退陣に追い込まれた。

なぜ起こったか 意次失脚後に起こった天明の打ちこわし

田沼意次《おきつぐ》は失脚したものの、大老、老中は田沼派で占められており、意次も復権をめざしていた。これを崩したのが、一七八七（天明《てんめい》七）年五月、江戸を無警察状態に陥れた天明の打ちこわしだった。定信らはこの原因を意次の失政とし、田沼派を一掃した。

そして六月、定信は老中首座（筆頭）に就任し、翌年には将軍補佐となって幕閣を定信派で固めた。まさに「もしこの度の騒動なくば、御政事ごと改まるまじ」（杉田玄白）だったわけである。

それでどうなった 定信の厳しすぎる政策に反発高まる

九一（寛政《かんせい》三）年、銭湯での男女混浴や女髪結の禁止、洒落本の人気作者・山東京《さんとうきょう》伝《でん》の処罰など、徹底的に風俗粛正が行なわれた。定信に対する人気は急速にしぼみ、寛政の改革への反発が強まった。

そのなかで九三年、定信は突如、老中を辞任する。

将軍・家斉は父・一橋治済《はるさだ》を「大御所」待遇にしたかったが、定信は尊号一件《そんごういっけん》で朝廷の意思をつぶしたばかりで、将軍をやっていないのに「大御所」にはできなかった。これが定信と家斉の不和の原因ともいわれている。

歴史ミニ知識

徳川家斉（一七七三～一八四一） 将軍在職期間は五十年で最長。定信の老中辞任後も「寛政の遺老」と呼ばれる定信派が実権を握っていた。「大御所時代」は一八一〇年代後半から始まると考えるのが有力。側室四十人、子が五十五人と大変な子福者だが、そのうち三分の一は夭折。乳母がつけていたおしろいに含まれる鉛毒が原因ともいわれる。

ラクスマンの来航

ロシアの通商要求に苦慮、その後鎖国を国是に

◎舞台
蝦夷《えぞ》・長崎

◎主な登場人物
ラクスマン（一七六六～九六？）
レザノフ（一七六四～一八〇七）
ゴローウニン（一七七六～一八三二）

十七世紀からシベリア東部の開発を進めてきたロシアは、十八世紀半ばから日本近海に姿を現わし、一七九二年にはラクスマンが、一八〇四年にはレザノフが来航、通商を求めた。

何がどうなった

ロシアの通商要求にとまどう定信政権

一七九二年九月、ロシア使節ラクスマンが根室に来航。通商を求めるとともに大黒屋光太夫《だいこくやこうだゆう》らの引きとりを要求した。松平定信政権は対応に苦慮したが、九三年六月、ラクスマンに長崎への入港許可証を与えるとともに、光太夫らを受け入れた。

この入港許可証を持って、一八〇四年九月、長崎に来航したのがレザノフである。しかし、この間に幕府は「鎖国」を国是とすることに転換しており、〇五年三月、レ

ザノフの通商要求を拒否した。

なぜ起こったか

ロシアの通商要求拒否「鎖国」を国是とした幕府

田沼時代には長崎での輸出奨励や蝦夷地開発計画（工藤平助の『赤蝦夷風説考』の影響）にみられるように対外政策でも積極策をとっていた。

定信政権が「鎖国」政策をとっていなかったことは、ラクスマンに長崎への入港許可証を与えたことからもわかる。しかし、レザノフ来航を機に、「通信国（朝鮮・琉球王国）」「通商国（オランダ・清）」としか交易しないという政策＝「鎖国」を国是として確定したのである。

それでどうなった

トラブルの続発 フェートン号事件とゴローウニン事件

ナポレオン戦争で、フランスの同盟国オランダの対日貿易を妨害するため、一八〇八年イギリス軍艦フェートン号が、長崎出島のオランダ商館を三日間、侵入した（フエートン号事件）。

一一年にはロシア海軍軍人ゴローウニンら八名を国後島《くなしりとう》で逮捕し、一三年まで松前で入獄させるという事件が起こる（幕府は一七九九年から東蝦夷地を、一八〇七〜二一年、全蝦夷地を支配）。開戦も考えられる事態であったが、高田屋嘉兵衛《たかだやかへえ》の奔走により辛うじて回避された。

歴史ミニ知識

高田屋嘉兵衛（一七六九〜一八二七） 高田屋嘉兵衛は廻船問屋。一八一二年、国後島沖でロシア船に逮捕され、カムチャッカに連行された。そこでロシア語を学び、両国の融和を説く。ロシアもそれを信用し、釈放。帰国した彼は幕府当局を説得し、ゴローウニンの釈放を実現。開戦を回避させた最大の功労者となる。

1837年

大塩平八郎の乱

「救民」の旗を掲げて決起、人気は後世まで

◎舞台
大坂
◎主な登場人物
大塩平八郎（一七九三～一八三七）
生田万《いくたよろず》（一八〇一～三七）

天保の飢饉（一八三〇年代）が激化し、三六年には三河加茂一揆、甲斐郡内騒動など、世直し一揆も発生。こうしたなか、大坂町奉行の元与力・大塩平八郎と門弟約二十数名が決起する。

何がどうなった

陽明学者が先導 大坂で民衆が決起した

大塩平八郎は一八三〇年、与力職を養子の格之助に譲り、洗心洞《せんしんどう》で陽明学を講じていた。東町奉行・跡部良弼《あとべよしすけ》（水野忠邦の弟）に、大坂の窮民救済を建言したがいれられなかったため三七年二月十九日、門弟らと決起。約三百人の民衆も加わり、富商の家を打ちこわし、放火、大坂の約三分の一を焼失させた。

乱は半日で鎮圧されたが、大塩らの人気は高く、三月二十七日、潜伏先を発見され、

大塩父子が自害した後も、生存説はなかなか消えなかった。

なぜ起こったか

江戸を優先させた大坂町奉行の失政

跡部良弼が全力をあげたのは、江戸での打ちこわしを避けるための江戸への廻米策《かいまいさく》（米を江戸に集める）。しかし、大塩の乱に大坂町奉行所与力らも参加していたように、大坂にいる幕臣の間では不評であった。

大塩平八郎らが配った檄文《げきぶん》は、密《ひそ》かに民衆の間で広く読みつがれていった。寺子屋で、子どもたちの教材として利用された例もあったという。いかに大塩たちの行動が歓迎され、逆に幕府に対する民衆の不信が強かったかを示している。

それでどうなった

類似事件の続発で強まる幕府の危機感

大塩の乱は幕府に衝撃を与えた。それは幕臣による幕政批判だったこと、武力蜂起という手段をとったこと、民衆の参加を呼びかけたことで、幕藩体制の危機を天下に知らしめたからだ。乱鎮圧後の六月には平田《ひらた》篤胤《あつたね》門下の国学者・生田万が「大塩門弟」と称して、同士数名で越後柏崎の陣屋を襲撃するなどの事件が続いた。

こうした状況に危機感を抱いた水戸藩主・徳川斉昭《なりあき》は翌年、将軍家慶《いえよし》に幕政改革を訴える意見書を提出。水野忠邦らに影響を与えた。

歴史ミニ知識

陽明学 中国の明の儒学者・王陽明《おうようめい》の主張。理論と実践の統一を説く「知行合一《ちぎょうごういつ》」が特徴。十七世紀末、この思想の影響を受けた熊沢蕃山《くまざわばんざん》が処罰されて以来、日本では事実上、禁教だったが、大塩平八郎が公然と主張。自己と世界を一体のものとし、一身で受けとめることを強調する『洗心洞剳記《せんしんどうさつき》』を著わした。

蛮社の獄

鎖国政策批判が理由で獄中に、崋山《かざん》と長英

◎舞台
江戸
◎主な登場人物
渡辺崋山（一七九三〜一八四一）
高野長英（一八〇四〜五〇）
鳥居耀蔵《とりいようぞう》（一七九六〜一八七三）

一八二五年、ヨーロッパ船の撃退を命じる異国船打払令（無二念打払令）が発せられた。一八〇八年のフェートン号事件や二四年の常陸大津浜事件（イギリス船員が上陸）などへの対処である。

何が
どうなった

モリソン号事件が起こる 高野長英・渡辺崋山の批判

一八三七年、幕府は、通商を求めるとともに漂流民を送還するため、浦賀に来航したアメリカ商船を砲撃し、退去させた。いわゆるモリソン号事件である。

このことを知り、翌年、蘭学愛好グループともいうべき尚歯会《しょうしかい》に参加していた高野長英は『戊戌夢物語《ぼじゅつゆめものがたり》』を、渡辺崋山は『慎機論《しんきろん》』を書き、モリソン号事件を批判した。

外部に読ませるための著作ではなかったが、尚歯会を内偵中の鳥居耀蔵の知るところとなり、長英が永牢（無期懲役）、崋山は無期謹慎処分とされるなど、尚歯会の関係者が処罰された。

なぜ起こったか

蘭学者への弾圧 摘発者の鳥居耀蔵の真意は？

鳥居耀蔵は、当時、目付。林家から養子として入った人物で老中・水野忠邦のもとで辣腕をふるっていた。忠邦は江戸湾防衛計画を作成するための調査を、耀蔵と尚歯会に近かった江川英龍《えがわひでたつ》に命じたが、報告書は英龍のもののほうが断然優れていた。恥をかかされた耀蔵は、江川英龍の失脚をねらい、尚歯会に目をつけたわけである。高野長英や渡辺崋山らは、生《い》け贄《にえ》としての役割を課せられたことになる。

それでどうなった

崋山・長英の死 蘭学の中心は適塾へ

渡辺崋山は一八四一年に切腹。小伝馬町の牢に収容された高野長英は、四四年の放火で脱獄し、潜行生活を送るも、五〇年、幕吏に襲われて自害した。

二八年のシーボルト事件による高橋景保《たかはしかげやす》の獄死や蛮社の獄で、江戸の蘭学は完全に衰退する。

しかし、蘭学の必要性がなくなったわけではない。

江戸に代わり、蘭学の中心となったのは、緒方洪庵《おがたこうあん》が、三八年、大坂に開いた適塾（適々斎塾）であり、橋本左内《はしもとさない》・大村益次郎《おおむらますじろう》・福沢諭吉らを輩出した。

歴史ミニ知識

鳥居耀蔵（一七九六〜一八七三） 朱子学者・林述斎《はやしじゅっさい》の三男。一八四一年には南町奉行矢部定謙《さだのり》を失脚させ、みずから跡を襲った。天保の改革でも水野忠邦の片腕として活躍するも、上知令への反対が強いことを知ると、反対派に転じ、忠邦罷免の中心人物となる。しかし、四五年には罪を得て、丸亀藩のお預けとなり、維新後、ようやく釈放された。

1841～43年

天保の改革

幕府の威信回復と権力強化をめざして

◎舞台
江戸
◎主な登場人物
水野忠邦（一七九四～一八五一）
徳川家慶《いえよし》（一七九三～一八五三）
阿部正弘（一八一九～五七）

十二代将軍・徳川家慶と老中・水野忠邦は大御所・家斉が亡くなると、家斉の下で、権勢をほしいままにしてきた老中らを罷免し、大奥に対する粛正を開始。天保の改革が始まったのだ。

何がどうなった

空回りする天保の改革 上知令の撤回で、改革は挫折

老中・水野忠邦による主な政策は以下の通りである。①株仲間解散令を出し、物価引き下げをはかる　②人情本の禁止（為永春水《ためながしゅんすい》の処罰）など町人文化の統制　③アヘン戦争での清国の惨敗を知り、薪水《しんすい》給与令への転換　④人返しの法を出し、無宿人らを強制追放する　⑤上知令《あげちれい》により幕府権力の強化をはかるとともに、江戸湾が封鎖された場合に備えて、印旛沼掘割工事を行なう。

■水野忠邦の「天保の改革」

目標　享保・寛政の改革にならって、幕府の権力を回復する

政策
- 株仲間解散令……物価を引き下げることが目的
- 倹約令と文化統制……高級な菓子や衣服、人情本などを禁止
- 薪水給与令………列強とのトラブル回避
- 人返しの法………都市の農民を強制的に農村へ帰す
- 上知令……………江戸・大坂周辺の土地を幕府の直轄領にしようとした

水野忠邦

結果
大名や旗本の不満が激しくなり、水野忠邦は失脚する

ぜいたくを禁止し、厳しい粛清を求める忠邦の改革は、人々の不満を呼び起こして行き詰まる。

しかし、そのいずれも効果はなく、特に上知令の撤回によって、改革は断念された。

なぜ起こったか

迫りくる内憂外患　大御所時代の無策を一新

対外的には、イギリスが清国に対しアヘン戦争をしかけ、不平等条約を結ばせたことは大変な衝撃だった。また、世直し一揆の激発や大塩平八郎の乱は、幕府・藩の支配を根底から揺るがすものであった。

これらは、当時内憂外患として一部からは意識されるようになっていたが、大御所・徳川家斉《いえなり》とその下での幕閣は無為

無策のままであった。ところが、一八四一年閏《うるう》一月、家斉が六九歳で死去、ようやく幕政改革を行なう条件が生まれた。

それでどうなった

改革は失敗 雄藩が力をつける

一八四三年閏九月、十二代将軍徳川家慶は水野忠邦を罷免（忠邦は四四年、老中に復するも、翌年には蟄居《ちっきょ》を命ぜられた）。かわって老中首座には阿部正弘がなった。諸大名とともに融和・協調体制に転じ、上知令で悪化した諸大名との関係修復に努めた。

いっぽう、薩摩藩（調所広郷《ずしょひろさと》）・長州藩（村田清風《せいふう》）・佐賀藩（藩主鍋島直正）なども藩政改革を行なっていたが、こちらは成功する。軍事力の強化も行ない、西南雄藩として、独自の道を歩むようになっていった。

歴史ミニ知識

アヘン戦争（一八四〇～四二年）と日本 アヘン戦争は、イギリスが行なった数多くの戦争のなかでも、最も汚い戦争といわれるもので、清国に不平等条約の南京条約を強要した。忠邦は、異国船打払令を撤回し、薪水給与令に転換するとともに、印旛沼から江戸までの運河開削や上知令によって、江戸湾封鎖に備えようとしたが、すべてが幻と化した。

第5章 近代国家への歩み

ペリー艦隊の来航

鎖国体制の崩壊と日米和親条約の締結

◎舞台
浦賀（神奈川県）

◎主な登場人物
ペリー（一七九四～一八五八）
阿部正弘（一八一九～五七）

一八五三（嘉永六）年、アメリカの東インド艦隊司令長官・ペリーが軍艦四隻を率いて浦賀沖（神奈川県）に現われた。大統領の国書を提出したペリーは、日本に開国を強く迫った。

何がどうなった

泰平の眠りを覚ました黒船の来航

ペリーの国書を受け取った老中首座の阿部正弘は、慣例を破って朝廷に報告。諸大名や幕臣にも意見を述べさせて、挙国的な対策を立てた。前水戸藩主の徳川斉昭《なりあき》は開国を拒否して主戦論を唱えたが、ほかは通商を許容する和平論だった。そこで、幕府は交渉を長引かせ、国内の防備を整える方針に決めた。

翌一八五四（安政元）年一月、再来航したペリーと幕府は横浜村で交渉。幕府はペリーの圧力に押され、日米和親条約（神奈川条約）を締結した。

なぜ起こったか

産業革命の進展で欧米各国は市場拡大を求める

国書でアメリカが日本に要求したのはおもに友好・通商・石炭と食糧の供給・難破民の保護である。幕府は通商を除いて受け入れ、条約を締結した。産業革命を推し進めていたアメリカは、中国との貿易に力を入れるため、日本を、太平洋を航海する商船や捕鯨船の寄港地としたかったのである。

アメリカは七年前の一八四六年にも、日本に東インド艦隊司令長官ビッドルを派遣していた。このころのアメリカは、西部のカリフォルニアで金鉱が発見され、開拓がますます進んでいた。

それでどうなった

二百年以上にわたる鎖国体制ついに崩壊

日米和親条約では、①アメリカ船が必要とする燃料や食糧の供給　②難破民の救助

③下田・箱館の開港　④アメリカへの一方的な最恵国待遇の付与――が決められた。
ついで、イギリス・ロシア・オランダとも同様の条約を結び、長年続いた鎖国体制は崩れた。
また、条約締結に際し、諸大名に意見を求めたことは、彼らに幕政への発言の機会と体制を転換させる契機となった。

歴史ミニ知識

ロシアとの交渉　ペリーに続いて長崎に来たロシア使節プゥチャーチンとの交渉には、国境交渉も含まれていた。交渉は難航したが、択捉《えとろふ》島以南を日本領、ウルップ島以北をロシア領とし、樺太については両国人雑居の地として境界を定めないことに決まった。開港場は下田・箱館に長崎を加えた三港とした。

日米修好通商条約

尊王攘夷《そんのうじょうい》運動を激化させる

◎舞台
江戸
◎主な登場人物
ハリス（一八〇四～七八）
堀田正睦《ほったまさよし》（一八一〇～六四）
井伊直弼《いいなおすけ》（一八一五～六〇）

一八五六年、アメリカ駐日総領事として来日したハリスは、通商条約の締結を求めた。老中首座・堀田正睦は調印にあたって天皇の勅許を求めたが、それが得られないまま締結した。

何がどうなった　勝手に調印したアメリカとの条約

条約の早期締結を迫り、一八五六（安政三）年に江戸に入ったアメリカのハリスは、清でイギリス・フランスによって引き起こされたアロー戦争を例に出すことで、両国の脅威を説いた。

幕府は仕方なく、目付の岩瀬忠震《いわせただなり》などに全権を与えて交渉にあたらせ、全十四条の条約内容が決定した。

老中首座・堀田正睦は、天皇の勅許を得ようと京都に赴くが、攘夷を主張する朝廷は拒否した。

五八（安政五）年六月、大老・井伊直弼は勅許が得られないまま、日米修好通商条約に調印することになった。

なぜ起こったか　世界の大勢をよんだ上での鎖国政策の放棄

ペリーを来日させたアメリカのねらいは、通商である。それに対し幕府は、通商は先のことと考えて対策を講じていなかった。

譜代大名きっての外国通といわれていた堀田正睦は、ハリスから世界情勢を聞き、日本の置かれている状況をたちまち理解した。

そして、ハリスとの交渉記録を幕臣や諸大名にも配り、鎖国を続けるか開国するかの意見を求めた。

結果、攘夷を唱えていた大名や勘定奉行・川路《かわじ》聖謨《としあきら》ら慎重派の幕臣も、諸外国との戦争への恐れから調印に賛成するようになった。

それでどうなった

国内の政治的対立を強めた不平等条約

条約では、①神奈川・長崎・新潟・兵庫の開港と江戸、大坂の開市②通商の自由③開港地に居留地の設置――などが決められた。

しかし、条約は協定関税制で関税自主権がなく、裁判も治外法権が承認させられるなど日本にとって不平等な内容だった。また、勅許が得られないまま調印したことは攘夷派の反発を招き、国内の政治的対立を激化させた。

歴史ミニ知識

オランダ通詞　アメリカ使節との交渉は、初めオランダ語を使って行なわれた。幕府はフェートン号事件のあと、オランダ通詞に英語の学習を命じ、オランダ商館員に習わせたが、通訳できるほどには上達しなかった。幕府きっての英学者といわれた森山栄之助も、話すことはほとんどできなかった。

安政の大獄

井伊直弼《いいなおすけ》による尊王攘夷《そんのうじょうい》運動への大弾圧

将軍の跡継ぎ問題や、不平等な通商条約に対する反発が次第に高まるなか、大老・井伊直弼はかたくなな態度を取り続け、朝廷をはじめ反対派をきびしく弾圧した。

◎舞台
江戸
◎主な登場人物
井伊直弼（一八一五～六〇）
吉田松陰《よしだしょういん》（一八三〇～五九）

何がどうなった

公家・大名は十数人、志士は約百人も処罰される

大老・井伊直弼は一八五八（安政《あんせい》五）年から将軍の跡継ぎ問題で対立した一橋派と、通商条約の締結に反対する公家、大名、志士を多数処罰した。

公家では右大臣鷹司輔熙《たかつかさすけひろ》、左大臣の近衛忠熙《このえただひろ》が辞職し、出家。大名では徳川斉昭《なりあき》が急度慎《きっとつつしみ》、尾張藩主・徳川慶勝《よしかつ》が隠居・慎、越前藩主・松平慶永《よしなが》が隠居・急度慎。幕臣では作事奉行の岩瀬忠震《いわせただなり》、軍艦奉行の永井尚志《ながいなおむね》、勘定奉行の川路聖謨《かわじとしあきら》が隠居・

慎。志士では橋本左内《はしもとさない》、頼三樹三郎《らいみきさぶろう》、吉田松陰が死罪に処された。

なぜ起こったか

一橋派と南紀派の対立と井伊直弼の独裁への反発

第十三代将軍・徳川家定は病弱で子がなく、幕府内では跡継ぎが問題となっていた。井伊ら譜代大名は、将軍と血縁が近い紀州藩主の徳川慶福《よしとみ》（家茂《いえもち》）を推していた。これに対し、有力大名の合議による政治を目指した親藩（御三家・御三卿）や外様大名の一派は、当時英明の誉れが高かった一橋慶喜《よしのぶ》を推し、両派は激しく対立した。

一八五八年四月、大老に就任した井伊直弼は、独断で慶福を跡継ぎに決定し、さらに、勅許なしに外国との条約に調印した。その著しい専横ぶりは一橋派や尊王攘夷派の反発を買ったが、井伊は徹底的にこれを弾圧したのである。

それでどうなった

桜田門外の変後にみるみる落ちた幕府の権威

井伊の弾圧に憤激した水戸脱藩の志士たち十八人が一八六〇（安政七）年三月三日、

登城途中の井伊直弼を桜田門外で暗殺した（桜田門外の変）。

志士たちは反幕府派ではなかったが、幕府の実権を握る大老がやすやすと暗殺されたことは、幕府の権威が衰退する大きなきっかけになった。

歴史ミニ知識

吉田松陰（一八三〇～五九） 長州藩の下級武士・杉家の二男に生まれた松陰は、山鹿流兵学師範の吉田家の養子となり長崎、江戸に遊学して佐久間象山らの教えを受けた。嘉永7年には、海外密航を企て、ペリーの船に乗りこもうとして失敗、藩地に送られ、杉家で謹慎。そこで、尊攘討幕派の人材を育てた。

公武合体運動

幕政の動揺と激化する尊王攘《そんのうじょう》夷《い》運動

◎舞台
江戸
◎主な登場人物
安藤信正《あんどうのぶまさ》（一八一九〜七一）
島津久光《しまづひさみつ》（一八一七〜八七）

井伊直弼の暗殺後、政権を受けた安藤信正は、朝廷との融和を図り、反幕府勢力を抑える公武合体運動を進めた。その運動の一環として、孝明天皇の妹・和宮を十四代将軍・家茂の夫人に迎えた。

何がどうなった

朝廷との融和を図り反幕派を抑えこむ

幕府が朝廷との攻略結婚で政権を安定させようとしたのに対し、薩摩藩主・島津久光は、勅使（天皇の使者）を奉じて江戸に下り、幕政の改革を要求した。その結果、一橋慶喜《よしのぶ》を将軍の後見職に、松平慶永《よしなが》を政事総裁職に、さらに、京都守護職を置いて松平容保《かたもり》を任命するなどの新体制をつくった。

これに対し、尊王攘夷論者は一八六二（文久二）年、坂下門外で老中首座・安藤信正を襲撃。この事件で安藤は失脚した。

なぜ起こったか

幕藩体制の再編・強化策と尊王攘夷運動が交錯

幕府も藩も、崩れ去ろうとしている幕藩体制を再建・強化するために、朝廷の伝統的な権威を利用しようとしていた。

勅使を奉じた薩摩藩の島津久光は、江戸に下向する前に、自藩の尊王攘夷派の志士を討たせた。

彼らが京都の寺田屋に集まって、京都所司代の酒井忠義の殺害を計画していたからだった。

また、長州藩の長井雅楽《ながいうた》は「航海遠略策」を唱え、朝廷を使った幕藩体制の再建をねらった。

これは、朝廷の命令を受けたかたちで幕府が開国政策を進めるものである。尊王攘夷派は、幕府や藩が進めるこの公武合体運動に激しく反発した。

それでどうなった

激しさを増す尊攘運動あいつぐ外国人の殺害

公武合体に反発した志士たちは、各地で外国人を襲撃した。

一八五九(安政六)年、横浜でロシア人の見習士官と水兵が殺され、翌年にはオランダ人が襲われた。ほかにも、アメリカ公使館の通訳ヒュースケンが殺害され、日本人の護衛百五十人に守られていたイギリス公使館までもが襲撃された。

歴史ミニ知識

渋沢栄一(一八四〇~一九三一) 渋沢栄一といえば、明治時代の財界のトップリーダーとして活躍した人物だが、彼も尊攘派として夷人襲撃を計画していた。彼は、現在の埼玉県深谷市の豪農出身だが、文久三年、親戚の渋沢喜作らと横浜を焼き討ちし、外国人をかたっぱしから斬り殺す計画を立てたが、同志に反対され中止した。

八月十八日の政変

公武合体派が尊王攘夷《そんのうじょうい》派を京都から追放

◎舞台
京都
◎主な登場人物
松平容保《かたもり》（一八三五～九三）
孝明《こうめい》天皇（一八三一～六六）
三条実美《さんじょうさねとみ》（一八三七～九一）

京都では、尊王攘夷を藩論とする長州藩の動きが活発になり、朝廷を動かして幕府に攘夷の決行を迫った。幕府は一八六三年五月、攘夷断行を決定した。これに対し、公武合体派が巻き返す。

何がどうなった

薩摩藩・会津藩が連合
長州藩の公家七人は都落ち

尊王攘夷派は、長州藩を中心として活動していた。これを快く思わない薩摩藩・会津藩などの公武合体派は、孝明天皇や公卿と結びついた。

一八六三（文久三）年八月十八日、薩摩・会津両藩は、両藩の藩兵が警護するなか、参内する公武合体派の公卿に対して、過激な攘夷は天皇の意思でないことを表明した。

この結果、長州藩は御所警備の任を解かれ、尊攘派の公家七人は長州に逃れた。

なぜ起こったか

政局のイニシアチブをめぐる争い

尊王攘夷論は、下級武士を中心とする志士たちによって唱えられ、進められていた。尊攘派の拠点である長州藩の事情も同じだった。幕府が攘夷断行の日と決定した一八六三年五月十日、長州藩は関門海峡を通過した諸外国船を砲撃するなど、攘夷の動きをますます強めていった。

これに対し、島津久光がつくり上げた一橋慶喜《よしのぶ》と松平慶永《よしなが》を中心とする体制は、公武合体・雄藩の合議による政治体制であり、尊王攘夷論によって、下級武士が政局の中心に座るのを望んではいない。そこで薩摩・会津両藩、天皇とその側近が、政局のイニシアチブを握るために政変を起こしたのである。

それでどうなった

雄藩大名が中心の公武合体派が京都を支配

尊攘派の三条実美ら公卿七人は長州に逃げ、京都の尊攘派の勢力は衰退する。

長州藩は池田屋事件を口実に京都を攻めるが、薩摩・会津の藩兵に退けられた。政権は土佐藩主の山内豊信《やまうちとよしげ》・伊予宇和島藩主の伊達宗城《むねなり》・島津久光と京都守護職の松平容保で構成される参与《さんよ》会議が握ることになった。

歴史ミニ知識

新選組　池田屋事件で名を上げた新選組は、幕府が組織し、文久3年に京都にのぼらせた浪士隊である。彼らは暗殺を得意とした。池田屋事件も、スパイとして池田屋にもぐり込んでいた隊士が、尊攘派の志士の刀を言葉たくみに取り上げたあとで、斬りこんだともいわれている。

1864年

四国艦隊下関砲撃事件

長州藩による攘《じょう》夷《い》運動の決定的な敗北

◎舞台
下関

◎主な登場人物
高杉晋作（一八三九～六七）
桂小五郎（一八三三～七七）

一八六四年（元治元）年八月、イギリス、フランス、アメリカ、オランダは連合艦隊を組んで関門海峡に進入し、砲台を備えた長州藩と交戦、陸戦隊も上陸し、長州藩を降伏させた。

何が
どうなった

幕末期で唯一の西洋軍隊との陸上戦

イギリスの海軍中将・キューパーを総司令官とする四国連合艦隊は、十七隻、約三百門の大砲で進入した。

迎え撃つ長州藩の砲台は、射程距離一キロメートル程度の青銅の砲が、合計で七十門の前田砲台と壇之浦《だんのうら》砲台だけだった。八月五日の午後四時から戦闘が始まったが、日没までに長州藩の砲台は壊滅した。翌六日の陸上戦では艦隊側が二千人、長州側も二千人の戦いだったが、長州藩の完敗だった。

なぜ
起こったか

暴走する攘夷派が目のあたりにした連合艦隊の脅威

尊王《そんのう》攘夷派だった長州藩や公卿などを中心とした朝廷の圧力で、幕府は攘夷の断行の期限を一八六三年の五月十日とした。まさにその当日、長州藩は関門海峡を通るアメリカ船を砲撃。続いてフランス船・オランダ船を砲撃し、逃走させた。この三国への砲撃は、相手がまったく戦闘を予期していなかったために成功した。

かねてより、列強は貿易を妨げる攘夷派に一撃を加えるチャンスをうかがっていた。イギリスを加えた四国は、これを機会に艦隊を組んで長州藩を攻撃し、陸上戦にもちこんだ。

それで
どうなった

長州藩は滅亡の危機を迎えて攘夷方針を放棄

敗北した長州藩は、高杉晋作を使節に立てて講和を結び、攘夷方針の放棄を約束した。イギリス公使のオールコックは、幕府と交渉して賠償金三百万ドルを獲得するとともに、生糸貿易に対する制限の撤廃まで約束させた。

攘夷の不可能を悟った長州藩では、高杉晋作・桂小五郎（のちの木戸孝允《たかよし》）ら攘夷派が奇兵隊を率いて挙兵して、藩の実権を掌握した。

歴史ミニ知識

伊藤博文と井上馨　攘夷過激派の拠点だった長州藩のなかでも、藩の将来を見越して政策を立てた人もいた。周布政之助《すふまさのすけ》、彼は一部藩士のイギリス密航の希望を入れ、五人を派遣した。そこには、のちに活躍する伊藤俊輔（博文）・志道聞多《しじもんた》（井上馨《かおる》）がいた。彼らは寄港して視察し、攘夷が不可能だと悟った。

1864年

長州征討

幕府による長州藩への徹底攻撃は不発となる

◎舞台
大坂

◎主な登場人物
徳川慶勝《よしかつ》（一八二四～八三）
井上馨《かおる》（一八三五～一九一五）

禁門の変で窮地に立たされた長州藩を徹底的にたたこうとして、幕府は一八六四年七月、同藩追討の勅命をもとに、将軍みずからが出撃する旨を明らかにした。

何がどうなった

ポーズだけの将軍出馬　ひたすら謝罪の長州藩

幕府は、征長総督に元尾張藩主の徳川慶勝を任命した。しかし、将軍の出馬は見せかけだった。

慶勝は大坂城で軍議を開き、一八六四年十一月十八日を総攻撃の日とした。幕府は三十五藩・十五万人からなる大軍を率い、長州藩を包囲する。

いっぽう長州藩は、俗論派といわれた保守派が藩内の尊攘派を弾圧し、幕府に対し

■幕府と長州藩の対立

八月十八日の政変（1863）

↓ 薩摩・会津を中心とする公武合体派が、討幕の詔を得ようと画策する攘夷派を京都から追放

（京都で公武合体の気運が高まる）

禁門の変（1864）

↓ 京都で巻き返しを狙う長州藩の兵が、蛤御門を警備する薩摩・会津の兵と衝突

（長州側は敗走　←第一次長州征討のきっかけに）

四国艦隊下関砲撃事件（1864）

↓ 長州藩内の攘夷派は外国との技術の差に愕然とし、影を潜める

第一次長州征討（1864）

長州征討の勅命を受けた幕府が、長州藩を攻撃
（このとき、長州藩は幕府に恭順な態度をとる）

外国排斥が難しいことを知った長州藩は攘夷をあきらめ、討幕運動へと藩論は傾いていく。

てひたすら謝罪する態度をとっていた。慶勝は総攻撃の見合わせを諸藩に発し、全軍に撤退を命じた。

なぜ起こったか

禁門の変の責任追及 長州藩征討を命じる

一八六三年八月十八日の政変で京都を追われた長州藩は、挽回をめざして、池田屋事件を機に京都に攻めのぼった。だが、薩摩藩・会津藩に敗北。これを禁門の変、または蛤《はまぐり》御門《ごもん》の変という。窮地に立った長州藩を、幕府は一気に追い込もうと征討を命じたのである。

このときの長州藩は、四国連合艦隊で敗北し、交戦を主張する急進派の井上馨

は、保守派に襲撃されて重傷を負っており、藩政を主導してきた周布政之助《すふまさのすけ》は前途を悲観して自害していた。長州藩には、抵抗する力がなかった。

それでどうなった

西郷隆盛、勝海舟との会談で討幕を決意

長州藩は征長軍に降伏した。老中・小笠原長行《ながみち》は撤兵に反対だったが、総督・徳川慶勝は撤兵を命じた。

征長軍参謀の西郷隆盛は長州藩をとりつぶすつもりだったが、幕府の軍艦奉行・勝海舟《かつかいしゅう》との会談で、幕府滅亡の近きを知り、討幕の決意を固める。その戦力として慶勝に撤兵を進言した。

歴史ミニ知識

近藤勇（一八三四～六八） 池田屋事件で、宮部鼎蔵《ていぞう》や吉田稔麿《としまろ》ら九人を殺害し、二十余名を逮捕した新選組の隊長。近藤勇は武州多摩郡の農家の出身。天然理心流の宗家・近藤家を継いだ。この天然理心流という剣法は、もっぱら「突き」をするもので、武士の面・胴・小手を基本とする剣法とは異なる農民的な実用剣法だった。

薩長同盟

倒幕をめざして結ばれた薩・長の二大雄藩

◎舞台
長州・京都
◎主な登場人物
中岡慎太郎（一八三八～六七）
坂本竜馬（一八三五～六七）
一橋慶喜《よしのぶ》（一八三七～一九一三）

高杉晋作・桂小五郎らが藩の実権を握った長州藩は、幕府が命令した領地の削減などを実行しなかった。幕府は勅許を得て一八六五年、第二次長州征討を開始した。

何がどうなった

戦意がなく惨敗した幕府の征討軍

一八六五（慶応元）年五月十六日、将軍・徳川家茂《いえもち》が長州征討のため大坂に出発した。これを聞いた土佐藩出身の中岡慎太郎と坂本竜馬は、薩長同盟の工作を京都と薩摩で始めた。

薩摩藩が長州藩のために、自藩名義で武器や艦船を購入することを認めたため話は急速に進み、翌年一月、薩摩藩の要請を受けた桂小五郎が入京し、会談の結果、同盟の密約が成立した。

長州討伐は六月七日から始まったが、征討軍は戦意がなく、幕府軍は各地で敗れて撤退した。

なぜ起こったか

犬猿の仲の薩長を中岡と坂本が結んだ

八月十八日の政変以来、薩摩と長州は激しく敵対していた。だが、幕府を倒し、新しい国づくりをするためには、薩摩・長州の両藩が手を結ぶことが必要だった。とはいえ、これが現実化されるとは、だれもが考えていなかった。それを実現したのが、中岡慎太郎と坂本竜馬である。

「禁門の変」で負傷した中岡は、長州藩と密接な関係にあった。坂本は薩摩藩の客分となり、長崎で亀山社中を立ちあげ、海運業を営んでいた。

この両者が交互に薩摩の西郷隆盛、長州の桂小五郎を説得して同盟にこぎつけたのである。

それでどうなった

倒幕運動が高まるなか一橋慶喜が将軍に

局地戦で敗れた幕府は、将軍・家茂の急死を理由に戦いを中止。十五代将軍には一橋慶喜がなり、フランス公使の提案を入れて幕政の立て直しを図った。

しかし、慶喜は長州征討の後始末で薩摩藩と激しく対立。薩摩藩は、長州藩との同盟による武力行使での倒幕を決意する。そうしたなかで、攘夷《じょうい》派の孝明天皇も急死したため、倒幕派の勢いが増大した。

歴史ミニ知識

孝明天皇の毒殺説　孝明天皇の急死の原因は、天然痘とされていた。しかし、確証はないものの、その当時から毒殺説が噂されていた。そして、昭和五十年、孝明天皇の御典医だった伊良子《いらこ》光順の曾孫・光孝氏は、光順の日記とメモに基づいて、毒殺だったことを発表した。とはいえ、病死説とともに決定的な証拠はない。

大政奉還

坂本竜馬の着想で幕府が政権を返還

薩長同盟の成立によって討幕運動が進むなか、公武合体の立場を取る土佐藩の後藤象二郎は前藩主の山内豊信と謀り、倒幕派の機先を制し、慶喜に大政奉還をさせる。

◎舞台
京都
◎主な登場人物
徳川慶喜《よしのぶ》（一八三七〜一九一三）
坂本竜馬（一八三五〜六七）
後藤象《しょう》二《じ》郎《ろう》（一八三八〜九七）

何がどうなった

武力による倒幕派と公武合体派のせめぎ合い

最後の将軍となる徳川慶喜の大政奉還とは、政権をいったん朝廷に返し、朝廷のもとに諸藩を単位とした連合政権をつくる構想だった。

ところが、慶喜がそれを申し出た一八六七（慶応三）年十月十四日、倒幕派の薩長両藩は公家の岩倉具《いわくらとも》視《み》ら朝廷内の勢力と結んで倒幕の密勅を受ける。倒幕派は公武合体派を抑えようと、十二月九日にクーデターを敢行した。「王政復古の大号令」を発して、天皇を中心とする新政府を樹立したのである。

なぜ起こったか

坂本竜馬が示した新しい国家の構想

土佐藩は、藩の実権を握っていた前藩主・山内豊信《やまうちとよしげ》が勤王党を弾圧したため、倒幕運動への参加が遅れていた。そこに、豊信の腹心である後藤象二郎が、坂本竜馬に接近する。

長崎から京都に向かう船中で、竜馬は後藤に新国家の構想を示した。「天下ノ政権ヲ朝廷ニ奉還セシメ」、憲法を制定して議会を開設して、朝廷直属の軍隊を置くという「船中八策」とよばれるものである。後藤はこれを豊信に示した。はじめ豊信は徳川家による実権の温存を考えていたが、ついに慶喜を説得するに至った。

それでどうなった

大坂城の慶喜のもとに江戸から軍隊が到着

倒幕派は王政復古の大号令を発した後、小御所会議《こごしょかいぎ》で慶喜に官位の辞退と領地の返上を命じた。

慶喜は京都の二条城から大坂城に移るが、そこへ江戸からの増援の艦隊と軍隊が到着。強気になった慶喜は各国の公使に引見して、王政復古の政変を否定した。

この間、西郷隆盛は江戸の薩摩藩邸を足場に強盗・放火などで市中の攪乱《かくらん》をねらっていた。

歴史ミニ知識

ええじゃないか　慶応三年七月半ば、東海道の吉田宿付近の農村地帯に御札が降った。その村々は臨時の祭礼を行なっていたが、参加した人々は「ええじゃないか、ええじゃないか」と叫びながら踊り、騒乱状態になった。これが翌年の春にかけて、京坂一帯で熱狂的に起こった「ええじゃないか」の始まりだった。

1868〜69年

戊辰戦争

戦争による旧体制の解体

◎舞台
京都〜箱館

◎主な登場人物
徳川慶喜《よしのぶ》（一八三七〜一九一三）
榎本武揚《えのもとたけあき》（一八三六〜一九〇八）

一八六七年十月、十五代将軍・徳川慶喜は「大政奉還」を明治天皇に上奏した。だが、武力倒幕をねらう薩長両藩の大久保利通・西郷隆盛、そして、岩倉具視らは密議をこらした。

何がどうなった

旧幕府軍と新政府軍の戦い

一八六七（慶応三）年十二月九日、天皇政府の樹立を宣言する王政復古の大号令が発せられ、その夜の小御所会議《こごしょかいぎ》で徳川慶喜への辞官納地の処分が決定した。これに憤激した徳川慶喜ら旧幕府軍は京都をめざす。だが、鳥羽・伏見の戦いで薩長連合軍に敗れ、慶喜は明治政府に恭順の意を示した。

そして新政府に反発する動きが地方で起こる。五月、東北・北陸諸藩が奥羽越列藩《おううえつれっぱん》

■戊辰戦争の展開

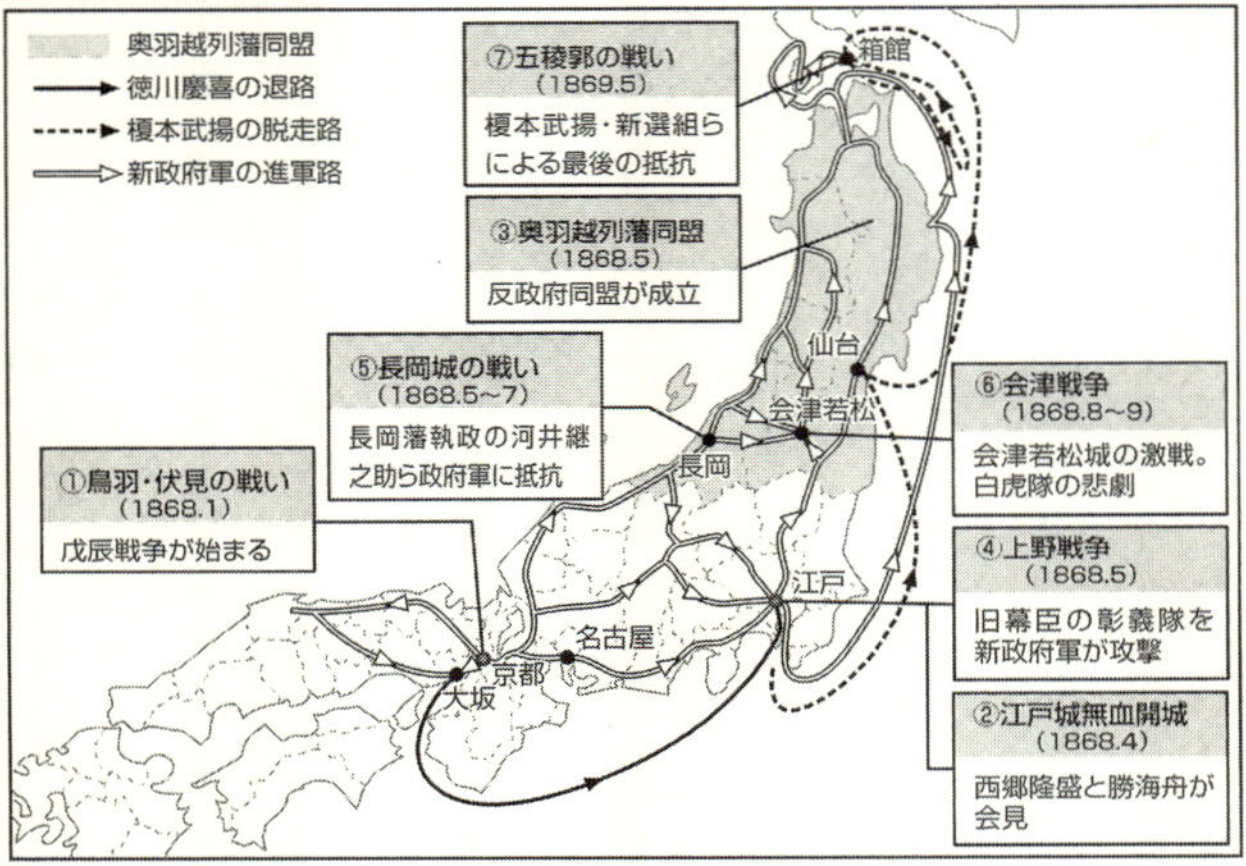

大政奉還後に発足した新政府に反発した旧幕府軍は、慶喜を擁して戦いを始める。

同盟を結成し、榎本武揚・土方歳三《ひじかたとしぞう》らは十二月「蝦夷《えぞ》共和国」を樹立した。しかし、新政府軍に撃破され、六九年五月箱《はこ》館《だて》の五稜郭《ごりょうかく》によった榎本武揚らは降伏。約一年五カ月にわたる戊辰《ぼしん》戦争は政府側の勝利に終わったのである。

なぜ起こったか

倒幕派の勝因 反対勢力の敗因

西郷隆盛ら倒幕派の勝因は、戦争を通して新政府を樹立する明確な方針があり、天皇を掌握して政治的主導権をとり続けたことにある。

いっぽう幕府軍の敗因は、三つ挙げられる。①政治的・軍事的な結集軸を最後までつくれなかったこと ②薩長側のほうが軍事的に優れていたこと ③民衆を味方にできなかったこと――である。

それでどうなった
急ピッチで進む変革 版籍奉還から廃藩置県へ

新政府は一八六八年三月、新しい政治理念を示す五箇条の誓文、民衆を統治する五《ご》榜《ぼう》の掲示を出した。ついで神仏分離令などの政策を出すが、最大の課題は藩体制の解体にあった。

六九年一月まず、薩長土肥の四藩主に版籍奉還を上奏させ、戊辰戦争が終結した直後の六月、上奏を認める形で実現させた。二年後の七一年七月には廃藩置県を断行し、約二百六十年間続いた藩体制は二年あまりで解体されたのである。

歴史ミニ知識

徳川慶喜のその後 教科書に登場するのは一八五七年に将軍候補になってから六八年四月の江戸城退去までの約十一年間。その後は水戸弘道館～駿府で謹慎生活に入る。翌年の謹慎処分解除後も隠居生活を続けたが、一九〇二年、公爵に列せられたのを機に東京へ戻る。亡くなるのは一九一三年のことである（七十六歳）。

1868年

五箇条の誓文

政府の新国策の基本と天皇親政を強調

◎舞台
京都
◎主な登場人物
明治天皇（一八五二〜一九一二）
大久保利通《としみち》（一八三〇〜七八）

新政府への反発である戊辰戦争が進むなか、新政府は諸外国に対して王政復古と、天皇が外交上の主権を握ったことを告げる。続いて政府は、国民に対して内政の基本方針を示した。

何がどうなった

明治天皇が示した新政府の方針

一八六八（慶応四）年三月十四日、京都御所内の紫宸殿《ししん》で明治天皇が、維新政権の基本方針「五箇条」で公議世論の尊重と開国和親、天皇親政などを天地神明に誓った。翌日には、太政官《だじょうかん》（中央政府のこと）が人民の心得を表わす五枚の立札（五榜《ごぼう》の掲示）を掲げた。このうち三つは徳川幕府の民衆統制を踏襲するもので、その方針を永世の定法として厳守することを求めた。また、キリシタンも禁止された。

なぜ起こったか

新政府の清新さを内外にアピール

その内容は「広ク会議ヲ興シ、万機公論ニ決スベシ」などに見られるように、新政府の清新さを内外にアピールした。政治の一新、つまり御一新（維新）を示すためだったのである。

五箇条の誓文は、その二日前の「祭政一致」を宣言した太政官布告とともに、天皇親政の維新政府が、その正統性を古代の神話以来の伝説に求めたことを示す。近代化を急ぎすぎた新政府の方針は、新旧の価値観のまざったアンバランスなものだった。

それでどうなった

天皇親政による中央集権国家に踏みだす

倒幕派の指導者だった大久保利通などの旧薩長土肥の四藩代表者が、一八六九（明治二）年の官制改革で参議に任命され、新政府の体制つくりを推進した。首都の江戸を東京と改め、九月には明治と改元して一世一元とした。

さらに中央集権化を押し進めるためには、旧来の藩体制を廃止する必要があった。まず新政府は、六九年六月、版籍奉還を行なう。そして、二年後のより強力な中央集権化である廃藩置県へとつながっていく。

歴史ミニ知識

相楽総三の悲劇　相楽総三《さがらそうぞう》は下総の出身で、江戸で塾を開いていた。そして、薩摩藩士と江戸で攪乱工作をし、上京した西郷隆盛から東征軍の先鋒隊のひとつ、赤報隊への参加を命じられた。彼らは「年貢半減」などと宣言しながら行動したが、新政府によって偽官軍とされ、処刑された。

1871年

廃藩置県

藩制を廃止し、全国を政府の直轄地に

◎舞台
全国
◎主な登場人物
明治天皇（一八五二～一九一二）
三条実美《さんじょうさねとみ》（一八三七～九一）

薩長土肥の四藩主による版籍奉還の上奏を契機として、明治政府による中央集権化が進んでいった。政府は全国の藩を廃し、府県に統一するため、廃藩置県を断行した。

何がどうなった

中央集権体制の強化
旧大名にも恩恵を施す

一八七一（明治四）年、薩長土三藩から徴収した一万の兵を東京に集め、在京の諸知藩事に廃藩を命じた。以後、東京・大阪・京都の三府と三百二の県が成立した。

旧藩主の知藩事は実禄と華族の身分を保障されて東京へ移住、諸藩の年貢は政府の手に移り、同時に藩の負債も政府が肩代わりした。知藩事に代わって、政府が東京・大阪・京都に府知事を、県には県令を任命した。その後、同年十一月に三百二あった

県は統廃合され、七十二県になった。

なぜ起こったか

藩は解体寸前 国際情勢の変化も進む

版籍奉還が行なわれた一八六九（明治二）年、二百七十七あった藩の大半は、財政が危機的な状態だった。その状態はさらに深刻となり、廃藩置県の宸断《しんだん》（天皇の命令）が出される前にも、十三藩が廃止され、藩は解体寸前にあった。

そのころ、明治政府の制度の模範としたフランスが、七一年プロイセンとの戦争に敗れた。変わりつつある国際情勢の中で、中央集権化を急いだ。

それでどうなった

旧大名には打撃なし 士族には救済措置

旧大名は、藩の借金が政府に肩代わりされたうえ、家禄も保障されたため、打撃はなかった。

しかし、士族は経済的に大きな打撃を受けた。士族は家禄こそ与えられたものの、減額されており、生活できたのはごく一部の上士族のみだった。
そのため、政府は士族に官吏・軍人・教師への就職の機会を独占的に与え、また、北海道の開墾事業などを興し、救済につとめることになった。

歴史ミニ知識

岩倉使節団　一八七一〜一八七三年に右大臣・岩倉具視を全権大使とする約五十人の使節団が留学生とともに欧米へ派遣された。副使として参加した伊藤博文は、サンフランシスコでの演説で、版籍奉還から廃藩置県までの過程を、ヨーロッパと比べて「一滴の血も一発の弾丸もなしに封建制度をなくした」と自慢した。

文明開化

政府主導で急ピッチに進めた欧化政策

◎舞台
東京など都市部
◎主な登場人物
福沢諭吉（一八三四～一九〇一）
森有礼《もりありのり》（一八四七～八九）

さまざまな外国の文化がもたらされた日本では、つぎつぎと新しい学問や思想が興った。列強と肩を並べたい政府は、欧化政策や義務教育など、旧来の習慣を打ち破る政策を進めていく。

何がどうなった

文明開化は散髪から始まった

庶民が文明開化を意識しだしたのは、明治四年ごろからといわれている。洋服が、軍人や官吏から次第に民間に広まり、封建的な身分制度の象徴だったチョンマゲをざんぎり頭に替えることが、新風俗の代表のように見られた。東京・銀座には煉瓦《れんが》街が出現し、ガス灯や人力車が東京の名物になった。

思想界では自由主義、個人主義が流行し、福沢諭吉の『学問のすゝめ』、中村正直《まさなお》

■広がる文明開化の波

年代	できごと
1868（明治1）	仏教を排斥する廃仏毀釈運動が進む
1869（明治2）	人力車の発明。パン・巻たばこの製造販売が始まる
1870（明治3）	初の日刊紙『横浜毎日新聞』が発行される。牛乳屋が開業
1871（明治4）	散髪令が出され、ざんぎり頭が普及する
1872（明治5）	福沢諭吉が『学問のすゝめ』を発表する。太陽暦を採用する
1873（明治6）	キリスト教を黙認する
1874（明治7）	東京・銀座に煉瓦街が完成し、ガス灯が点灯する
1882（明治15）	新橋～日本橋間に鉄道馬車が開通する

幕末から滞在していた外国人などによって、日本に新しい文化が根ざしていった。

訳の『西国立志編』などが広く読まれた。

なぜ起こったか

富国強兵や殖産興業 上からの近代化

明治政府は、経済発展と軍事力の強化による近代化を推し進めた。国を挙げて富国強兵を掲げ、殖産興業《しょくさんこうぎょう》政策をとった。これにより近代的な工場の出現、鉄道の開通、電信・郵便の開始、洋風建築の採用、洋服・洋食の奨励など、個人の衣食住や生活のあり方に影響を与えるようになった。

また、森有礼を中心に結成された明六《めいろく》社《しゃ》は、機関紙『明六雑誌』で、福沢諭吉や中村正直・西村茂樹などが、政治・教育・哲学など、あらゆる分野の近代思想を紹介して啓蒙的な役割を果たした。

それでどうなった

教育の義務化と上滑りした西洋化

一八七二（明治五）年、政府は学制を制定した。とくに小学校教育に力を入れ、七九（明治十二）年の教育令では、四年間に最低十六カ月の教育を受けることを義務とした。高等教育では、七七（明治十）年に東京大学を設立し、外国人教師を招いて各種学術の発達を図った。

しかし、政府が急速に進める西洋化と国民の意識の間には大きなズレがあり、生活に変化をもたらした面もあるが、表面的に終わった。

歴史ミニ知識

『学問のすゝめ』 文明開化の旗手は福沢諭吉である。中津藩（大分県）の下級武士の出身で、洋学を修め、幕末に三回も欧米旅行を経験し、それをもとに『西洋事情』などを書いた。一八七二年（明治五年）に初編を刊行した『学問のすゝめ』は全部で十七編あり、ベストセラーになった。

1874年

民撰議院設立の建白書

自由民権運動のスタート

◎舞台　東京

◎主な登場人物　板垣退助《いたがきたいすけ》（一八三七～一九一九）
大久保利通《としみち》（一八三〇～七八）

明治六年の政変で下野した板垣退助・後藤象二郎ら八人は、一八七四年一月、日本で最初の政党といわれる愛国公党を結成。言論活動を軸に、大久保政権を批判する動きに出た。

何がどうなった

官僚独裁を批判 公選制の国会開設を求める

一八七四（明治七）年一月、板垣退助ら愛国公党は「民撰議院設立の建白書」を当時の立法機関であった左院に提出した。しかし、政府は黙殺。ところが新聞『日新真事誌』がその内容を公表すると、大反響を呼んだ。板垣・後藤の出身地である高知の立志社をはじめ、政社（政治的結社）がつくられた。

翌年、大阪で全国的政社としての愛国社が設立され、時期尚早か否かをめぐる民撰議院論争が開始された。ただし、士族が中心で、農民の参加は七七年以降になる。

なぜ起こったか

明六社が広めた啓蒙思想も基盤に

自由民権運動が始まった背景はさまざまにある。

明治六年の政変での西郷・板垣らの参議辞任は同調者の大量下野を誘引した。薩摩藩出身者の三分の一が官職を辞した。彼らは数少ない知識人ともいえ、政府に対する批判はより理論的で政治的だった。

ほかにも、明六社同人たちによる啓蒙思想の普及がある。「天は人の上に人を造らず」で有名な『学問のすゝめ』（福

■自由民権運動の広がり

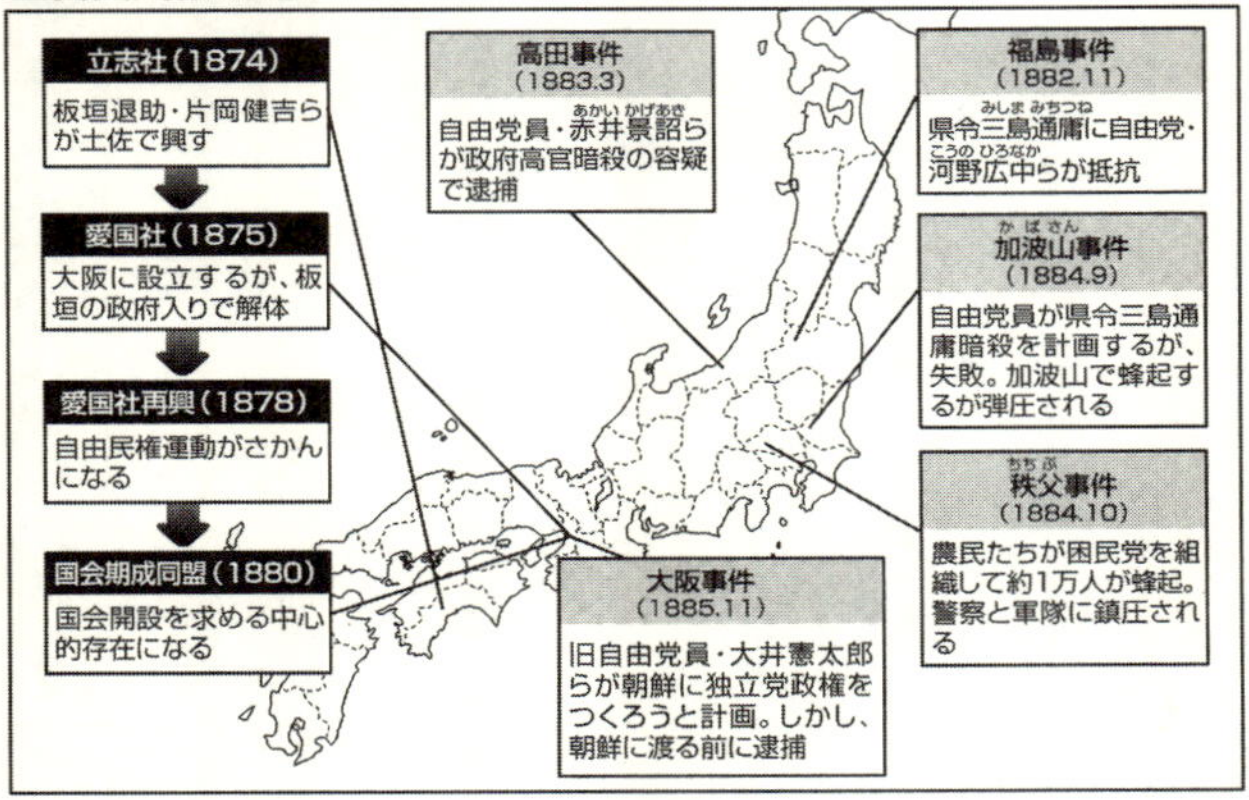

立志社（1874）
板垣退助・片岡健吉らが土佐で興す
愛国社（1875）
大阪に設立するが、板垣の政府入りで解体
愛国社再興（1878）
自由民権運動がさかんになる
国会期成同盟（1880）
国会開設を求める中心的存在になる
高田事件（1883.3）
自由党員・赤井景韶《あかいかげあき》らが政府高官暗殺の容疑で逮捕
福島事件（1882.11）
県令三島通庸《みしまみちつね》に自由党・河野広中《こうのひろなか》らが抵抗
加波山《かばさん》事件（1884.9）
自由党員が県令三島通庸暗殺を計画するが、失敗。加波山で蜂起するが弾圧される
秩父《ちちぶ》事件（1884.10）
農民たちが困民党を組織して約1万人が蜂起。警察と軍隊に鎮圧される
大阪事件（1885.11）
旧自由党員・大井憲太郎らが朝鮮に独立党政権をつくろうと計画。しかし、朝鮮に渡る前に逮捕

特権を廃止された士族の不満を背景に、政府の専制政治に対する批判が高まっていった。

沢諭吉）は三四〇万部以上も売れた。これらが自由民権運動の思想的基盤となったわけである。

それでどうなった　アメとムチの政策　大阪会議と新聞紙条例

一八七五年初め、大久保利通は板垣退助・木戸《きど》孝允《たかよし》と大阪会議を開催した。立憲体制を導入して立法機関を強化すること、元老院の設置、司法の独立を強めるための大審院の新設など、さまざまな制度を整えていくこと、それを明文化し、この内容をはっきりさせるため、「漸次立憲政体樹立の詔」を発布した。

だが、その後、新聞紙条例と讒謗《ざんぼう》律を発し、言論統制を強めた。

歴史ミニ知識

板垣退助（一八三七〜一九一九） 才幹あふれるというタイプではないが、誠実な人物。一八八七年に断りきれず伯爵の爵位を受けるが、華族制度には終生反対だった。（死後、子息・鉾太郎は爵位相続を辞退）また、一九〇〇年立憲政友会結成を機に、政界を引退。その後は社会福祉運動に専念した。葬儀の時の柩は視覚障害者らもかついだという。

1877年

西南戦争

最後の武士による反乱の敗北

◎舞台
鹿児島・熊本・東京

◎主な登場人物
西郷隆盛（一八二七～七七）
大久保利通《としみち》（一八三〇～七八）

大久保政権は、一八七六年、神風連（敬神党）などの士族の反乱を鎮圧するいっぽうで、七七年一月、地租を地価三％から二・五％に下げた。農民と士族が結ぶのを防ぎ、西郷らへの包囲網を固めた。

何がどうなった

「挙兵上京」も空しく徴兵制軍隊の前に敗れる

一八七七（明治十）年二月、西郷隆盛は、主戦派・篠原国幹《くにもと》らに推され、鹿児島の私学校生など一万三千の軍勢を率い、「政府への尋問之筋有之」とし、上京を決断。政府側の谷干城《たてき》（土佐藩出身）を司令長官とする熊本鎮台を攻めた。

しかし、失敗し、田原坂《たばるざか》の激戦を経て、鹿児島に退却、九月二十四日、鹿児島・城山で自刃して果てた。

西郷軍は、他県からの参加者なども加え、総勢約三万、死傷者は約一万五千、斬罪は二十二人にのぼった。

なぜ起こったか

中央を倒し「士族王国」を堅持したが…

明治六年の政変後、西郷やその同調者は鹿児島に退去し、翌年私学校を設立。県令・大山綱良《つなよし》(西南戦争後に斬罪)の協力もあり、西郷らが鹿児島県政を握った。そこで、明治政府からつぎつぎに出される士族の特権廃止に対し、家禄の現米支給の継続や地租改正の拒否を通して、「士族王国」体制を堅持し、中央権力の奪取を考えていた。

しかし、民衆の支持を得られるはずもなく、火力の差もあって、敗北を余儀なくされた。

それでどうなった

士族反乱は挫折 立憲体制をめぐる攻防へ

一八七八(明治十一)年五月、加賀出身士族・島田一郎らが東京の紀尾井坂で大久保利通を暗殺した。これが事実上、士族の抵抗の最後となり、反政府派は以後、自由民権派となった。政治課題は「立憲政体」の内容と、その実行者が政府か、自由民権派かに移っていった。

西南戦争のさなか、立志社が国会開設・地租軽減などを内容とする建白を行なったことが契機となり、七八年、豪農層も参加して愛国社が再興されたのはその現われであった。

歴史ミニ知識

西郷隆盛（一八二七〜七七） 大久保利通とは三歳年上の幼なじみだったが、明治六年の政変で決裂。西南戦争で決起するが、みずから指揮をとることはなかった。しかし、〈敬天愛人〉をモットーとした西郷への、世人の敬慕の念は変わらず、一八八九年、大日本帝国憲法を公布した年、明治天皇は隆盛の罪を許して、正三位を追贈した。

1869年

明治十四年の政変

政府主導の立憲体制づくりへの動き

◎舞台
東京

◎主な登場人物
岩倉具視《いわくらともみ》（一八二五～八三）
大隈重信（一八三八～一九二二）
伊藤博文（一八四一～一九〇九）

一八八〇年、愛国社を母体に国会期成同盟が結成され自由民権運動はますます高揚していく。いっぽう、政府内では、大久保利通の暗殺後、権力をめぐる抗争が激化していた。

何が
どうなった

最大のピンチを脱した明治政府
切り札は「国会開設の勅諭」

開拓使長官・黒田清隆が、同郷の五代友厚《ごだいともあつ》に開拓使が所有していた官有物を安価で払い下げようとしたことが問題となった（開拓使官有物払下げ事件）。

窮地に陥った政府を救うため、右大臣・岩倉具視が、①払い下げの中止　②事件をリークしたと思われる参議・大隈重信の罷免　③十年後の国会開設を約束した勅諭を公表――。これにより薩長藩閥政府を確立し、立憲体制にむけた諸改革と自由民権運動の分裂・弾圧を進めることになった。

なぜ起こったか

国会早期開設論に転じた大隈 反発する岩倉・伊藤

大蔵卿を佐野常民《つねたみ》に譲った後も実権をもち、外債募集案を提案したが明治天皇に否定された。面目の回復をはかる大隈は、国会早期開設を内容とする建議書を提出し、伊藤博文と激しく対立した。

このころ福沢系の『東京横浜毎日新聞』が開拓使官有物払下げ事件を暴露すると、藩閥批判は強まるいっぽう。こうしたなか明治十四年の政変が起こり、その解決の切り札が国会開設の勅諭だった。

それでどうなった

政府主導の諸改革の進展 自由民権運動、ついに敗北

伊藤博文は憲法調査でヨーロッパへ、大蔵卿になった松方正義はデフレ財政への転換を図った。外務卿・井上馨《かおる》は条約改正交渉を本格化。立憲体制準備のための諸改

革がいっせいに始まり、同時に自由民権派への弾圧も強化された。

結成間もない自由党は板垣・後藤渡欧問題を機に立憲改進党と相互に非難を投げかけあう始末。その後も動揺が続く自由党はとうとう八四年十月に解散。立憲改進党も大隈重信が離党し、活動停止状態となった。自由民権運動は敗北した。

歴史ミニ知識

大隈重信（一八三八～一九二二） 佐賀藩出身。大久保利通に重用され、大蔵卿としてインフレ財政を主導。明治十四年の政変で下野を余儀なくされたが、一八八二年立憲改進党を結成し、東京専門学校（現在の早稲田大学）を創立。その後、外相となり、条約改正交渉を行なうが、右翼による爆弾テロで右足を失った。

第一次伊藤内閣の成立

天皇を中心にした立憲君主体制が整う

◎舞台 東京
◎主な登場人物 伊藤博文（一八四一〜一九〇九）

一八八五（明治十八）年、政府は太政官制を廃止して内閣制度を創設し、初代総理大臣に伊藤博文が任命された。総理大臣の下に、各省の長官を大臣とする内閣が構成されることになった。

何がどうなった

国会開設と天皇中心の憲法を準備

内閣制度の創設とともに、宮中を政治から切り離すため、宮内省を内閣の外に置き、内大臣を置くこととなった。

憲法制定の準備は、ドイツ人顧問のロエスレルらの協力をえて進められ、井上毅《こわし》・金子堅太郎らが起草にあたった。草案は枢密院《すうみついん》で、天皇の臨席のもと伊藤博文が議長となって審議が重ねられ、一八八九（明治二十二）年二月十一日に発布された。

■初めてつくられた内閣制度

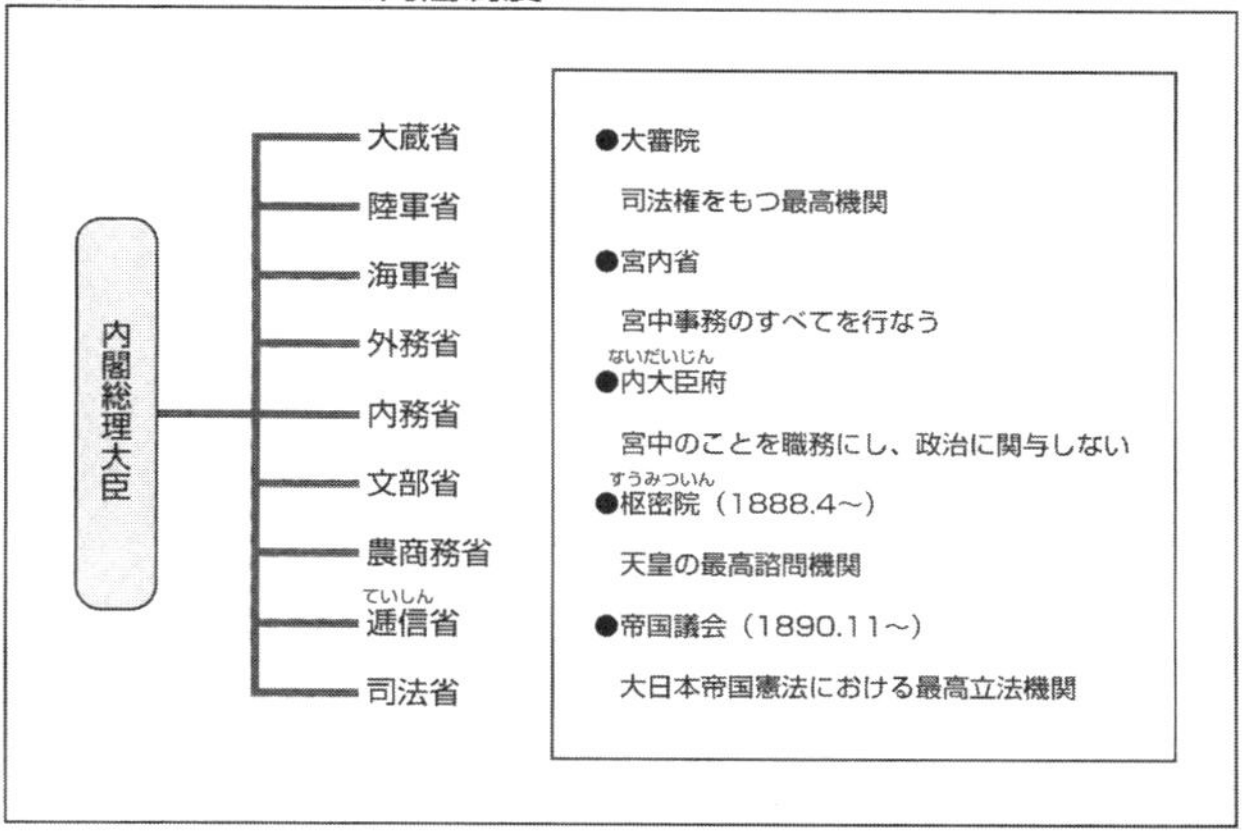

各省の長官は、内閣総理大臣のもとにおかれ、天皇に対して直接の責任を負った。

この大日本帝国憲法（明治憲法）は、天皇と行政府の権限がきわめて強いものだった。

なぜ起こったか

民主主義運動を弾圧 藩閥体制を固める

一八七四（明治七）年、板垣退助の民撰議院設立の建白書の提出から始まった自由民権運動は、政府の度重なる弾圧にもかかわらず、高まっていた。政府は、国会の早期開設と民主主義化を叫ぶ大隈派を明治十四年の政変で排除し、薩長による藩閥体制を徐々に強めていく。

政府は天皇と政府の権限の強い憲法をつくることを考えはじめた。その結果、制定されるのが、大日本帝国憲法である。

それでどうなった

天皇を中心としたドイツ流の「大日本帝国憲法」へ

一八八二（明治十五）年からヨーロッパに派遣された伊藤博文は、王権が強大なドイツ流の憲法理論をベルリン大学のグナイストやウィーン大学のシュタインらから学ぶ。帰国した伊藤は、将来の貴族院の基盤となる華族令を制定して、華族になれる範囲を広げ、八五年には太政官制を廃止して内閣制度を創設した。

制定された憲法では、天皇は統治権の総攬《そうらん》者として行政各部の官制を定め、官吏の任免や講和や条約の締結を行なうなど、強大な権限をもっていた。

歴史ミニ知識

自由民権運動　一八七〇～八〇年代にかけて、藩閥政府による専制政治に反対して、国会開設・憲法制定など、民主的な要求の実現を目指して全国的に展開された。当初は不平士族が中心だったが、地方民会の設立を要求する豪農層の運動と結びつき、国会期成同盟は二十万余人の請願署名を獲得した。

1882～87年

不平等条約、改正へ

徹底的な欧化政策で条約改正をめざす

◎舞台
東京
◎主な登場人物
井上馨《かおる》（一八三五～一九一五）

諸外国との条約は、日本に著しく不利な不平等条約だった。平等な条約を結ぶことは歴代内閣の大きな課題で、過去失敗を重ねてきた。そこに登場するのが、欧化政策を進めた井上馨である。

何がどうなった

イギリスを皮切りに条約の改正交渉始まる

一八八二（明治十五）年、西欧列強の代表を集めた予備会議を開き、ついで、八六年からイギリス・ドイツが提出した条約改正の共同提案を基礎に、東京で正式会議が開かれた。

関税は税率を多少引き上げ、改正条約の批准の二年後に、領事裁判権を撤廃。その代わり、外国人の居住権・営業権などに日本人同様の権利を与え、裁判には半数以上の外国人判事を採用するという案だった。

外相・井上馨は交渉を有利に進めようと、鹿鳴館《ろくめいかん》を建設させて、欧化政策を進め連日、舞踏会を開いた。

なぜ起こったか

著しく不利な内容の条約改正をめざす

一八五八（安政五）年、欧米諸国と結んだ諸条約は、欧米諸国の領事裁判権・関税自主権の喪失などを規定する、日本に著しく不利な不平等条約だった。明治政府は、この改正をめざす。

七一（明治四）年に派遣した岩倉遣欧米使節が最初の交渉をアメリカと行なったが拒否された。ついで交渉に当たった寺島宗則《てらしまむねのり》も失敗する。

二度の失敗の経験から、井上は欧化政策を実施し、鹿鳴館で外国の貴賓を招いて舞踏会を開いた。

しかし、井上が交渉した条約改正の内容は国家主権を侵すと政府内から批判が起こり、中止した。

それでどうなった

改正交渉は無期延期 鹿鳴館時代の終わり

井上の改正案には、フランス人で政府の法律顧問・ボアソナードや農商務相の谷干城《たにたてき》が反対。民間からも国権主義者や自由民権派を中心に反対の声が上がった。政府も条約改正会議を無期延期とし、井上は外相を辞任した。

その後、鹿鳴館での舞踏会も、表面的な欧化に対する批判が高まり、鹿鳴館は急速に廃れていった。

歴史ミニ知識

ノルマントン号事件　一八八六(明治十九)年、イギリスの貨物船ノルマントン号が紀州沖で遭難、船長以下ヨーロッパ人の船員二十六人はボートで脱出した。だが、日本人乗客二十五人は船に残され水死した。領事裁判権の規定で神戸のイギリス領事が海事裁判を行なったが、船長の過失を認めなかった。条約改正の必要性を痛感させた事件である。

1889年

大日本帝国憲法の発布

東アジア初の立憲国家が誕生

◎舞台
皇居

◎主な登場人物
明治天皇（一八五二〜一九一二）
中江《なかえ》兆民《ちょうみん》（一八四七〜一九〇一）
伊藤博文（一八四一〜一九〇九）

一八八四年、制度取調局（長官・伊藤博文）の立案で華族令と内閣制度を実施。ついで伊藤博文・井上毅・金子堅太郎・伊東巳代治とロエスレルは憲法と皇室典範案を作成した。

何が
どうなった

天皇が「欽定憲法」として黒田首相に下賜

憲法案を伊藤博文らが作成し、一八八八年から枢密院《すうみついん》で審議され、一八八九年二月十一日、「大日本帝国憲法」（七六条）として、黒田清隆首相に下賜された（施行は九〇年十一月二十九日）。東アジア最初の憲法である。

しかしながら、ドイツ人医師のベルツが皮肉ったように一般の国民は〈憲法の内容をご存じない〉まま憲法の発布を歓迎する始末だった。中江兆民は憲法の限界を指摘し、「吾人は直ちに憲法の改正を請わざるべからず」とした。

なぜ起こったか

天皇に大権を認める憲法の成り立ち

憲法では、議会権限は制限され、基本的人権については、そのほとんどが「法律ノ範囲内ニ於《お》テ」といった条件がつけられていた。これは憲法案の作成も審議も、政府側のごく少数の人間に限られていた結果である。

しかし第四条では、「天皇ハ国ノ元首ニシテ統治権ヲ総攬《そうらん》シ此《こ》ノ憲法ノ条規ニ依《よ》リ之ヲ行《おこな》フ」としている。これは伊藤たちが天皇の統治権を無制限に認める意思はなかったことを表わしている。

それでどうなった

帝国議会は開催されたが藩閥政府と野党が衝突

一八九〇(明治二十三)年七月、第一回衆議院議員選挙が実施された。結果は、再建された自由党(立憲自由党)と立憲改進党議員が多数を占めた。彼らは、民党(野党勢力の呼び名）を結成し、予算審議権を武器に「民力休養・政費節減」を実現した。山県有朋《やまがたありとも》内閣は将来の日清戦争に備え、軍事費増額予算を十一月開院の帝国議会に提出。竹内綱《たけうちつな》ら自由党の一部が予算案の賛成にまわったため可決した。

歴史ミニ知識

衆議院議員の選挙権資格　男子二十五歳以上で直接国税（地租・所得税）十五円以上を納めることが条件。有権者は約四十五万人、人口の一％強に留まった（その後、十円から三円に減額され、二五年には撤廃した）。被選挙権者にも納税資格があったため、中江兆民のような貧しい人物は議員になるために苦労した。

1894年

日英通商航海条約

イギリスを皮切りに条約改正が始まる

◎舞台
ロンドン
◎主な登場人物
青木周蔵（一八四四～一九一四）
陸奥《むつ》宗光《むねみつ》（一八四四～九七）

外相・大隈重信は、一八八八年から八九年にわたって、条約改正に好意的な国から個別に交渉を開始した。だが、外国人判事を大審院判事に任用する問題で反対にあい、失敗した。

何がどうなった

たび重なる挫折 不平等条約改正の第一歩

大隈重信の跡をついだ青木周蔵外相が、イギリスとの間で交渉を開始した。だが、大津事件で外相を辞任する。その後の榎本武揚《えのもとたけあき》外相も、本格的な交渉にならなかった。ようやく調印にこぎつけたのは、陸奥宗光を外相とした第二次伊藤内閣のときである。

陸奥は政府の条約改正交渉のあり方に反対する政治グループ・対外強硬派の運動を抑えた。駐独公使の青木周蔵に駐英公使を兼務させ、ロンドンで交渉にあたらせた。

■条約改正までの歩み

年代	責任者	交渉の目的	経過と結果
1872（明治5）	岩倉具視（右大臣）	条約改正の打診	交渉は失敗。欧米視察にとどまる
1873（明治6）〜1879（明治12）	寺島宗則（外務卿）	関税自主権の回復	日本の税権を認める「日米関税改定約書」を調印するが、イギリス・ドイツの反対で無効に
1882（明治15）〜1887（明治20）	井上馨（外務卿→外相）	領事裁判権の撤廃と関税自主権の一部回復	鹿鳴館の建設　（国内で極端な欧化政策に対する不満が高まる）イギリス船に乗った日本人が多数亡くなったノルマントン号事件が起こり、交渉は中止
1888（明治21）〜1889（明治22）	大隈重信（外相）	領事裁判権の撤廃	メキシコ・アメリカなどと新条約調印が進むが、大隈がテロに遭い、交渉は中止
1891（明治24）	青木周蔵（外相）	領事裁判権の撤廃	イギリスと対等交渉が始まるが、ロシア皇太子が襲撃された大津事件で青木が引責辞任
1894（明治27）	陸奥宗光（外相）	領事裁判権の撤廃と関税自主権の一部回復	日英通商航海条約調印（領事裁判権撤廃・関税自主権の一部回復）（ほかの14カ国とも調印）
1911（明治44）	小村寿太郎（外相）	関税自主権の完全回復	日米新通商航海条約調印（関税自主権の完全回復）（各国とも同様に調印（不平等条約撤廃の完了））

開国後すぐに始められた交渉は、条約締結後およそ60年ののちにようやく改正にこぎつけた。

なぜ起こったか

ロシアの東アジア進出をイギリスが警戒

条約改正交渉にあたっての最大の難関は、イギリスだった。このころイギリスは、シベリア鉄道を起工したロシアの東アジア進出を警戒し、日本との同盟を考えはじめていた。日本も、日清戦争を開戦する前にイギリスの支持を取りつけたい思惑を抱いていた。

陸奥は積極的な対応を行なった。政府も対外強硬派に適切に対処し、イギリスが危惧していた攘夷《じょうい》的な風潮の再現を抑えたことも奏して、イギリスとの調印に成功した。これによって、他の諸国との条約改正にも結びついた。

それでどうなった 不平等条約の完全な改正は明治四十四年に実現

これにより領事裁判権は撤廃されたが、関税自主権は一部回復したのみだった。期限が一九一一（明治四十四）年とされたので、その間に各国との条約改正交渉を進めた。これで日本は、幕末以来の不平等条約に対して、主権の回復に成功して独立国家としての地位を確立することになった。それは同時に、日清戦争遂行のうえで大きな意味をもった。

歴史ミニ知識

大津事件　一八九一年（明治二十四）年、シベリア鉄道の起工式に向かうロシア皇太子（のちのニコライ二世）が、京都周辺を巡遊中、その来日を日本侵略と信じた警官・津田三蔵に斬られて負傷。内閣は日露関係の危機に発展することを恐れ、津田を大逆罪で死刑にしようとしたが、司法権独立の主張が通り、無期徒刑になった。

1894～95年

日清戦争と三国干渉

朝鮮をめぐる日清両国の対立が先鋭化

◎舞台
朝鮮半島

◎主な登場人物
伊藤博文（一八四一～一九〇九）
陸奥《むつ》宗光《むねみつ》（一八四四～九七）

日本は一八七六（明治九）年、日朝修好条規の締結を強制して朝鮮を開国させていた。以後、朝鮮への出兵を進めてきたが、それに対する反発は日に日に強まっていた。

何がどうなった

甲午農民戦争を機に日清両国が出兵

一八九四（明治二十七）年、朝鮮南部で東学の信徒を中心に農民の反乱が起こった。乱は拡大して甲午《こうご》農民戦争となった。この大乱の鎮圧を名目に、日清両国が出兵。衝突して日清戦争にまで発展した。

日本では、条約の改正問題でもめていた対外強硬派も政府への攻撃を中止し、挙国一致が叫ばれる。戦争は日本が勝利し、伊藤博文・陸奥宗光が下関で講和条約を締結。

清国の朝鮮支配権は否定され、台湾・遼東《りょうとう》半島などの領土と巨額の賠償金二億両《テール》が日本に与えられた。

なぜ起こったか

朝鮮進出は明治政府の既定方針だった

日本の朝鮮への影響力の増大に対して、朝鮮人兵士や民衆による最初の反発は壬午《じんご》軍乱（一八八二年）だった。朝鮮政府内では清国の影響力が増し、日本は朝鮮国内の改革派とクーデターを起こしたが、失敗した。この甲申事変後、日本は勢力の挽回を図ったが、不成功に終わる。

そうしたなか、甲午農民戦争が起きて朝鮮の南部一帯に拡大、自力で鎮圧できなかった朝鮮政府が清に出兵を依頼した。日本も条約に従い出兵したため両国が対立した。

それでどうなった

臥薪嘗胆を合言葉に国内の軍備を拡大していく

下関条約が調印された六日後、ロシア・フランス・ドイツ三国の駐日公使は、それぞれ本国の訓令を受けて外務省を訪問し、遼東半島を清国へ返還するよう勧告した。満洲進出をねらうロシアは、日本の遼東半島進出をのぞまず、フランス・ドイツを誘って日本に干渉したのだった。三国を相手に戦争に勝てる力がなかった日本は、当時の国際情勢も考えて干渉を受け入れた。

その後、「臥薪嘗胆《がしんしょうたん》」を合言葉に軍備拡張に努めることにもなった。

歴史ミニ知識

大本営　一八九三（明治二十六）年、戦時大本営条例に基づいて制定された戦時における最高統帥機関。天皇に直属し、陸軍参謀総長が全軍の総参謀長として天皇を補佐するものとされた。のちに海軍軍令部長も参謀総長と同格となった。設置されたのは日清戦争が最初で、以後日露戦争と日中戦争から続くアジア・太平洋戦争の三回である。

1896年～

足尾鉱毒事件

資本主義の発展が生んだ社会問題

◎舞台
関東

◎主な登場人物
田中正造（一八四一～一九一三）
古河市兵衛《ふるかわいちべえ》（一八三二～一九〇三）

明治政府による殖産興業政策は効果を上げ、日本の工業はみるみるうちに発展を遂げていった。しかし、発展のみを重視した結果、新たな問題が巻き起こっていた。

何がどうなった

工場の操業停止を求めて惨状を訴える

一八九六（明治二十九）年九月に洪水が発生した。被害地域は、関東一円にまたがり、戸数十二万戸、人口五十一万人が被害を受けたといわれる。とくに被害の大きかった栃木・群馬では、代表が渡良瀬《わたらせ》村の雲竜寺《うんりゅうじ》に集まり、ここに操業停止の請願事務所を置いた。

議会では田中正造が質問演説に立って、足尾銅山の操業停止を要求した。翌年三月には憲兵や警官に阻止されながらも、三百名が貴族院・衆議院両院の議長や外務省に惨状を訴えた。

なぜ起こったか

原因は明確だったが対策を立てない政府

古河市兵衛が足尾銅山の経営に乗り出してから、産銅額は年々増加した。だが、銅山からは鉱毒が渡良瀬川に流入。栃木県当局は渡良瀬川の魚類は衛生上に害があるとして、捕獲と売買を禁止した。一八九一年には、田中正造の最初の質問書が提出されることとなった。

帝国大学による調査で原因は足尾銅山にあることが判明したが、政府も県も真剣に対処しようとはしなかった。

それでどうなった

問題は解決せず被害地は遊水池に

被害民たちは警官隊の妨害を受けながらも百数十人が上京、再度の陳情を行なった。

田中正造や立憲改進党の島田三郎なども支援に立ち上がった結果、政府は古河に鉱毒の予防命令を出すが、操業停止は命じなかった。

その後、再び大洪水が襲った。田中は議員を辞職し、年末の議会開院式に向かう天皇に直訴、だが、果たせなかった。

結局、政府が対処に乗り出したのは、一九〇七年のことで、谷中《やなか》村を廃村にし、遊水池が設置された。

歴史ミニ知識

社会問題研究会　足尾鉱毒問題ばかりでなく、資本主義の発展にともない、各地で労働者の悲惨な労働環境が明らかになった。そのため明治三十年、会員約二百人から成る社会問題研究会が発足した。この会は一年余で自然消滅したが、社会主義研究が本格化し、一九〇一（明治三四）年には社会民主党が結成された。

日露戦争

朝鮮半島と満州の支配権をめぐる戦い

一九〇〇年、外国の排斥を唱えて義和団の乱が起きると、列強は軍を送って清を降伏させる。それに乗じて日本は朝鮮の支配をねらい、ロシアは満州を占領し、対立が深まっていく。

○舞台
中国東北部・日本海

○主な登場人物
桂太郎（一八四七～一九一三）
小村寿太郎《じゅたろう》（一八五五～一九一一）

何がどうなった

撤退しないロシア軍に危機感を抱くイギリス

義和団《ぎわだん》事件の鎮圧後に締結した北京《ペキン》議定書《ぎていしょ》で、清国は外国軍隊の北京駐留を承認させられた。ロシアは派遣した軍隊を満州に残留させたが、これはこの地を支配下に置くと同時に、朝鮮を勢力下に入れることをねらったものだった。

これに危機感をもったイギリスは日本に接近。一九〇二年、日英同盟を結んだ。日本とロシアの対立は次第に高まり、〇四年、対ロシア戦争へと発展していった。戦争

■日露戦争開戦までの外交関係

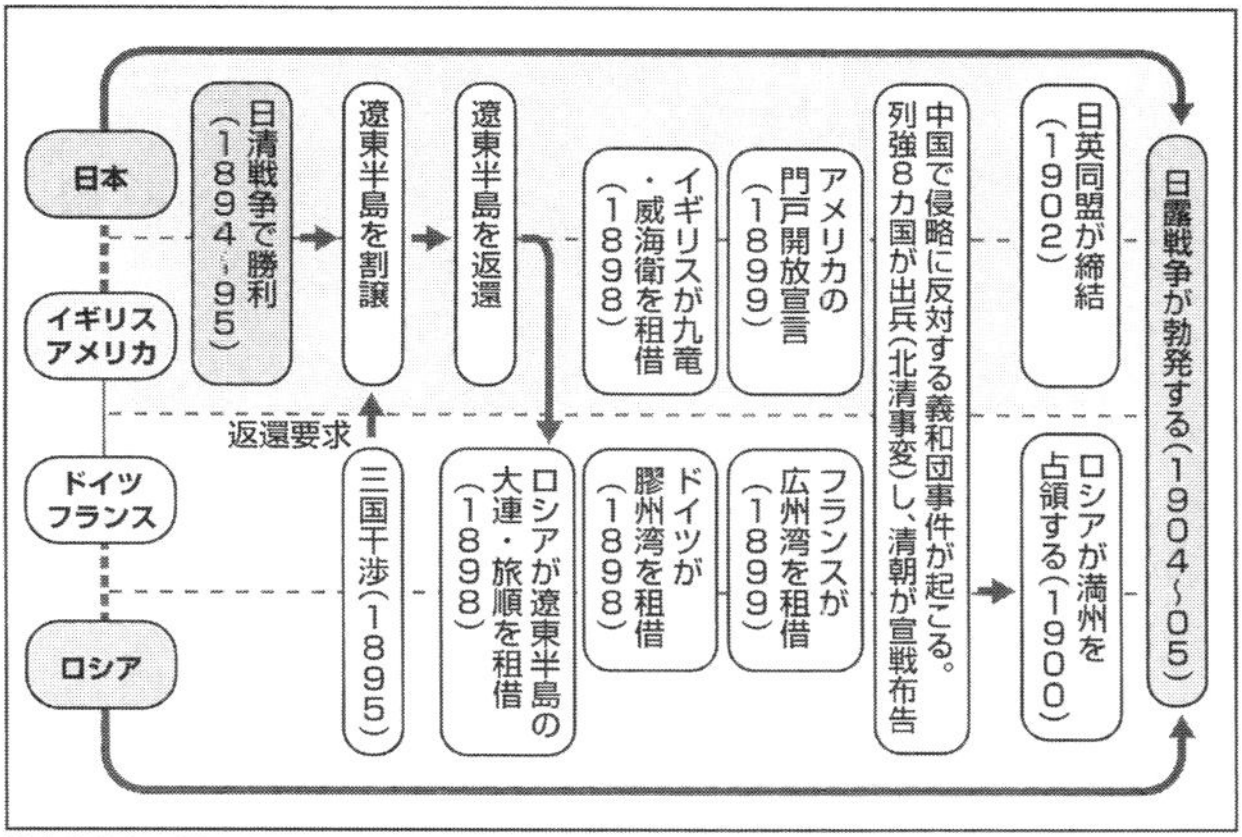
日本
イギリス
アメリカ
ドイツ
フランス
ロシア
日清戦争で勝利（1894～95）
遼東半島を割譲
返還要求
三国干渉（1895）
遼東半島を返還
ロシアが遼東半島の大連・旅順を租借（1898）
イギリスが九竜・威海衛を租借（1898）
ドイツが膠州湾を租借（1898）
アメリカの門戸開放宣言（1899）
フランスが広州湾を租借（1899）
中国で侵略に反対する義和団事件が起こる。列強8カ国が出兵（北清事変）し、清朝が宣戦布告
日英同盟が締結（1902）
ロシアが満州を占領する（1900）
日露戦争が勃発する（1904～05）

遼東半島を三国干渉でロシアに奪われた日本は、ロシアへの憎悪をつのらせ、攻撃に出た。

では、陸でも日本が優位に立っていた。

なぜ起こったか

韓国における日本の権益確保がねらい

満州がロシアの支配下に入ることは、日本が韓国にもっている権益を脅かされることになる。日本政府のなかには「満韓交換」を行なおうという意見もあったが、イギリスと同盟して韓国での権益を守ろうという主張が主流だった。

日本は、ロシアに満州からの撤兵を要求しながら、開戦の準備を進める。ロシアの満州占領に反発したイギリス・アメリカが日本を支持し、フランスは同盟を結んでいたロシアを支援した。

それでどうなった
陸上・海上ともに日本の勝利だが、戦費は枯渇する

日露戦争では、陸上・海上ともに日本が勝利を収めた。しかし、日本は日清戦争終結から十年しかたっておらず、戦費がなかったため、イギリスやアメリカに外債を引き受けてもらいながら戦っていた。おりしもロシアは国内でロシア第一次革命が起き、戦争の遂行能力を失っていた。

英・米両国は、日本の中国支配を阻止しようと、戦費支援をうち切り、日本は、アメリカ大統領セオドア・ローズヴェルトの斡旋《あっせん》を受け入れ、講和条約を締結した。

歴史ミニ知識

日本海海戦　小説家・司馬遼太郎の『坂の上の雲』では、東郷平八郎がロシア艦隊に対し、横一文字に遮断して敵の頭をおさえる「丁字戦法」をとったことが、勝利の最大の要因としている。歴史家の大江志乃夫は『バルチック艦隊』で、資料分析の結果、当日は天候が悪く、「丁字戦法」は中止されたと書いている。

韓国併合

武力で弾圧して進めた植民地

◎舞台
韓国
◎主な登場人物
伊藤博文（一八四一〜一九〇九）
安重根《アンジュングン》（一八七九〜一九一〇）

日英同盟の改定条約で、日本は韓国の保護権をイギリスに承認させた。さらに、一九〇五年の第二次日韓協約では韓国の外交権を奪い、漢城に統監府を置いた。

何がどうなった

併合に向けて専制支配を強める

「統監《とうかん》」は外交上の権限、国王に拝謁する権利、朝鮮に駐留する日本官憲の指揮権をもつ独裁官である。韓国の初代統監をかって出た伊藤博文は、韓国民の怒りをやわらげるために韓国服などを着用していた。

また、幼い韓国皇太子を日本に留学させて、その教育係を務めたが、韓国民の怒りを抑えることはできなかった。

反日武装闘争である義兵闘争は広がり、皇帝・高宗は一九〇七年、第二回ハーグ万国平和会議に密使を派遣して、日本の侵略を訴えた。

なぜ起こったか

植民地化への抵抗勢力を武力で鎮圧

一九〇七年から一一年にかけての義兵闘争は、約三千回に及び、反日闘争は広がっていった。そして、初代統監を退いた伊藤博文が、〇九(明治四十二)年にロシアの蔵相と会談するために赴いたハルビン駅で、韓国人の民族運動家・安重根に射殺された。

日本政府は伊藤が射殺される三カ月以上も前に、韓国併合を閣議で決定していた。その閣議決定は半島における日本の実権を確立するためである。植民地としてその資源を奪い、市場として活用し、中国侵略の足場にするための併合だった。

それでどうなった

朝鮮総督府を設置し憲兵政治を断行

韓国併合後、日本は天皇に直属する朝鮮総督《そうとく》府を設置した。その総督は陸・海軍の大将、中将が親任。一般的な政務のほかに広範な権限をもち、憲兵隊司令官を使って、厳しい武断政治を行なった。

この武断政治は第一次世界大戦後の一九一九年、「三・一独立運動」で日本政府が方針を転換するまで続いた。

歴史ミニ知識

安重根（一八七九～一九一〇） 伊藤博文を射殺した安重根は、日本の警察に理由を問われたときに、伊藤の罪状として十五項目あげた。以下がその一部。

第一に、今より十年ばかり前、伊藤さんの指示によって韓国王妃を殺害した。第二、今より五年前、伊藤さんは兵力をもって五カ条の条約を締結した……。

大逆事件

社会主義者、冬の時代を迎える

◎舞台
東京
◎主な登場人物
幸徳秋水《こうとくしゅうすい》（一八七一～一九一一）
片山潜《かたやません》（一八五九～一九三三）

明治四十三年五月下旬、長野県明科の製材所の労働者・宮下太吉が天皇暗殺を計画し、爆弾を製造していた事実が警察に探知された。政府はこの事実に大きな衝撃を受けた。

何がどうなった

桂内閣は徹底して社会主義者を弾圧

宮下《みやした》太吉《たきち》の共謀者として新村忠雄《にいむらただお》、古河力作《ふるかわりきさく》が検挙された。続いて、幸徳秋水の内妻、管野スガが逮捕される。六月に入ると、この計画には直接関係していない幸徳秋水が逮捕され、八月までに和歌山・岡山・熊本・大阪などで、関係者がつぎつぎに検挙された。

これを機に、数百人におよぶ社会主義者やその支援者は逮捕され、全国の社会主義グループはほとんど消滅した。

なぜ起こったか

天皇制批判の思想と反対運動を許さず

日露戦争で反戦運動を展開した社会主義者は、戦後議会政策論的な立場を取る片山潜たちのグループと、直接行動論を取る幸徳秋水たちのグループに分裂した。一九〇六年一月に成立した第一次西園寺公望《さいおんじきんもち》内閣は、穏健な社会主義政党は公認していた。

しかし、社会主義者らは、三月に市電の運賃値上げ反対運動を組織した。九月には前年の日比谷焼打ち事件の一周年とあいまって、東京市は混乱状態に陥った。それらを機に第二次桂太郎内閣は、社会主義者に対する徹底的な弾圧をつぎつぎと行なっていった。

それでどうなった

三段論法による強引な死刑判決

大逆罪で起訴されたのは二十六人。大審院の非公開裁判で二十四人が死刑、二人が有期刑という判決が下された。判決の翌日、十二人は無期懲役に減刑されたが、残りは判決の一週間後に死刑が執行された。

幸徳は無罪だったが、大審院は「革命の目的が皇室の廃止で、幸徳の計画は暴力革命である。よって、大逆罪を企てた」という三段論法で死刑にした。

歴史ミニ知識

明治の終焉　幸徳秋水達が処刑された明治四十三年、石川啄木は「時代閉塞の現状」という評論でこう述べている。「我々青年を囲繞する空気は、今やもう少しも流動しなくなった。……（現代社会）制度の有する欠陥は日一日明白になっている…。財産とともに道徳心も失った貧民と売淫婦との急激なる増加は何を語るか」。

第一次世界大戦

初の世界戦争で日本経済は活況

◎舞台
中国
◎主な登場人物
大隈重信（一八三八～一九二二）
袁世凱《えんせいがい》（一八五九～一九一六）

一九一四年七月末、ヨーロッパで列強各国を巻きこんだ第一次世界大戦が勃発した。日本は日英同盟を理由にドイツに宣戦。その租借地の青島を攻撃し、中華民国に二十一カ条の要求をつきつけた。

何がどうなった

ヨーロッパでの戦争がアジアにまで拡大

ヨーロッパで戦争が始まると、イギリスは中国方面のドイツ艦隊がイギリス商船を脅かすため、日本に助けを求めた。

中国進出をもくろんでいた日本は、日英同盟を名目に参戦。ドイツ艦隊の根拠地である膠州湾《こうしゅうわん》・青島《チンタオ》を攻撃し、十一月七日に降伏させ、ドイツ領南洋諸島の一部も占領した。さらに、ヨーロッパ諸国が中国問題に介入する余力がないことを利用し、中国の袁世凱政府に「二十一カ条の要求」をつきつけた。

なぜ起こったか

国内のさまざまな不満を海外に向けるチャンス

戦争が始まったとき、日本は経済的にも政治的にも深刻な状態だった。日露戦争後の軍備拡大の資金を外国から借金し、その額は莫大にふくれ上がっていた。また、貿易は輸入超過で、外貨準備高が減少の一途をたどり、財政難に陥っていた。

政局も安定せず、一九一二年十二月に第二次西園寺内閣が倒れて以来、第三次桂内閣、第一次山本内閣が相ついで倒れ、ようやく大隈重信内閣が成立したところだった。

参戦は、行きづまった日本に「挙国一致」の空気を生むチャンスだった。しかも、強国がアジア市場から一時的に後退しており、貿易拡大も期待された。

それでどうなった

アジア最大の工業国へ成金日本へと変貌

戦車や飛行機などの新兵器が登場したこの戦争は、総力戦となり、ヨーロッパ列強の衰退を招いた。そのすきに、中国に「二十一カ条要求」を承諾させた日本は、大陸市場への進出を開始し、一挙に輸出を拡大。日本経済は活況を呈し、生産量は大戦前に比べて鉄鋼で二倍、造船で七倍、化学工業で約五倍にものぼった。

歴史ミニ知識

成金時代　大戦の舞台となった列強に対して、遠く離れた日本には軍需品をはじめとする工業製品の注文が大量に舞いこんだ。日本経済は空前の好景気となる。にわかに金持ちになった人を〝成金〟というが、戦争成金が続出した。なかには、朝鮮半島で撃ったトラ肉の試食会を帝国ホテルで開いた者までいたという。

1918年

米騒動

あばれまわる女一揆がたちまち全国に飛び火

◎舞台
富山県
◎主な登場人物
寺内正毅《てらうちまさたけ》（一八五二〜一九一九）
原敬《はらたかし》（一八五六〜一九二一）

シベリア出兵が決まると、米商人や地主たちは米を買い占めた。米価ははね上がり大戦前の四倍にのぼった。怒った富山の漁師の女房たちは米の安売り、生活難の救済を求めて立ち上がった。

何がどうなった

富山県の漁師の女房たちが米の安売りを要求して騒動

一九一八（大正七）年七月、米の値段が全国で急騰した。それを止める行動に最初に出たのは、富山県魚津《うおづ》町の漁師の女房たちだった。米の値段が上がるのは、県外への持ち出しにあると騒ぎを起こした。八月になるとその動きは他の町にも広がり、「越中女房一揆」として新聞に全国報道された。

騒動は飛び火して名古屋・京都で数万の人が参加する大騒動に。さらに大阪・神戸・東京でも起き、全国各地で軍隊が出動する騒ぎとなった。

なぜ起こったか

大戦下の物価高にシベリア出兵が拍車をかけた

第一次世界大戦による好景気は、物価の急上昇をもたらした。都市部での人口増加などに、米の生産が追いつかず、米の値上がりが激しかった。

当時、ロシア革命に対して、連合国側は干渉戦争を起こそうとしていた。日本でもこれに便乗して大陸での権益を得ようと、シベリアに出兵する。出兵が決まると、米屋はさらに米の値上がりをにらんで、買い占めや売り惜しみをした。その影響で米価はおよそ一・五倍にまではね上がった。その結果、庶民のあいだに不安と恐怖、動揺が広がり、それに火がついたのだった。

それでどうなった

寺内内閣は総辞職 初の「平民宰相」が出現した

米騒動が起きたときの首相は、陸軍出身の寺内正毅だった。内閣は米騒動を軍隊の力で鎮圧したが、同時に徹底した言論への干渉までも行なった。これに全国の新聞社が抗議し、言論を擁護する決議がつぎつぎに出された。

一連の騒動をきっかけに、寺内内閣は同年九月に総辞職。民衆の批判を柔らげるため、初めて平民出身の原敬が内閣を組織した。

歴史ミニ知識

ビリケン頭　今はあまり使われないが、頭のてっぺんがとがっている頭を「ビリケン頭」と呼んだことがある。これは、とがった頭と吊り上がった目が特徴の幸運の神の像の名前「ビリケン」に由来する。米騒動で軍隊を出動させ、言論を圧迫した寺内首相は、彼の外見やあまりにも激しい圧迫に対して、「非立憲」と非難した言葉から、「ビリケン宰相」と呼ばれた。

1918年

原敬内閣の誕生

「平民宰相」の実現と政党政治の開始

◎舞台
東京

◎主な登場人物
原敬《はらたかし》（一八五六〜一九二一）
山県有朋《やまがたありとも》（一八三八〜一九二二）

七十万人にも及ぶ民衆動乱「米騒動」を軍隊で鎮圧した寺内内閣は総辞職に追いこまれた。そのあとを受けたのが、立憲政友会の総裁・原敬だった。平民出身の彼は、最初の政党内閣を組織する。

何が どうなった

爵位のない平民を首相に押しあげた米騒動

一九一八年九月、原敬を首相に第十九代内閣が成立した。原は貴族の称号も藩閥でもない衆議院議員であり、初めての平民首相となった。また内閣の構成もそれまでとは異なり、陸・海相と外相以外は政友会員で占められた。

原の出身地岩手は「白河以北一山百文」（福島から北は値打ちなし）と卑下《ひげ》されていたが、彼はそれをもじって得意げに「一（逸）山」とみずからを称した。

■普通選挙法公布までの歩み

公布年	公布時の内閣	実施年	有権者の資格	有権者数
1889	黒田清隆《くろだきよたか》	1890	直接国税を15円以上納める25歳以上の男子	45万人
1900	山県有朋	1902	直接国税を10円以上納める25歳以上の男子	98万人
1919	原敬	1920	直接国税を3円以上納める25歳以上の男子	307万人
1925	加藤高明	1928	25歳以上の男子	1241万人
1945	幣原喜重郎《しではらきじゅうろう》	1946	20歳以上の男女	3688万人

平民出身の原敬が首相になったことで、普通選挙への道が開き始める。

なぜ起こったか

民衆の批判に元老山県有朋も折れる

第一次世界大戦中の一九一六年、大隈重信内閣は長州出身で元朝鮮総督の寺内《てらうち》正毅《まさたけ》内閣に交代した。内閣は成立以来、シベリア出兵関係の新聞記事の掲載を禁止するなど、つねに言論に弾圧を加えていた。

さらに、米騒動を軍隊で鎮圧したことから、民衆からの批判の声が高まっていた。そのため、元老・山県有朋が寺内を退陣させることに踏みきったのだ。

一カ月近くもめたが、立憲政友会総裁の原以外に適した人物がなく、山県が折れて原内閣が成立した。新聞記者が「よく山県が承知しましたね」と尋ねると、原は「米騒動だな。官僚内閣の無力なことが、山県にも飲みこめたのだろう」と答えたという。

それでどうなった

選挙法を改正 政党内閣も慣例化した

原内閣実現の背景には、大正政変後の民衆運動の高まりがあったが、東京帝国大学教授吉野作造《よしのさくぞう》が唱えた「民本主義《みんぽんしゅぎ》」の影響も大きかった。

原は普通選挙を認めなかったが、選挙法を改正し、有権者数を倍にした。原の死後、この政友会内閣はつぶれて官僚内閣に戻ったが、政党内閣の先駆けともなった。

歴史ミニ知識

民本主義　第一次護憲運動から民衆運動を励ましてきたのは東大教授吉野作造の「民本主義」だった。吉野はアメリカの大統領リンカーンの「人民の、人民による、人民のための政治」から「人民による、人民のための」の部分だけを取り出し、言論の自由・選挙権の拡張・政党内閣制を唱えた。

三・一独立運動

さらに拡大する〝朝鮮独立万歳〟の声

○舞台
朝鮮・ソウル
○主な登場人物
原敬《はらたかし》（一八五六～一九二一）

第一次世界大戦がもたらした民族独立・民族自決の動きは、朝鮮の人々にも強い刺激と希望を与えた。独立運動は東京の朝鮮人留学生の運動から始まり、しだいに拡大していった。

何がどうなった

民族主義運動がたちまち朝鮮国内に広がる

一九一九（大正八）年二月八日、東京の朝鮮ＹＭＣＡに集まった朝鮮人留学生が〝独立〟を宣言。「大韓独立万歳」と叫んだが、集会は警察によって解散させられた。

この動きに刺激された朝鮮国内の民族主義者が、日本に退位させられた朝鮮王朝二十六代の王・李太王《りたいおう》（高宗）の葬儀で、独立宣言の発表を計画した。

そして三月一日、ソウルのパゴダ公園で、独立宣言が読み上げられ、市街デモが始まった。

なぜ起こったか

すべてに厳しい日本の武断政治

一九一〇（明治四十三）年に日本に併合された朝鮮では、現役の陸海軍大将が朝鮮総督として統治。「呼吸するにも憲兵の許可がいる」といわれるほどの武断政治が行なわれていた。没収した農民の土地は日本の国有地とされ、学校では日本語教育が強制され、朝鮮の歴史・地理は教えられなかった。

しかし、アメリカ大統領ウィルソンが提唱した十四カ条の平和原則に「民族自決」があったことで、希望を見いだした人びとがこの運動を始めたのだ。

それでどうなった

中国でも日本に反発して五・四運動が起こる

朝鮮では、五月末までに千五百回にのぼるデモが行なわれ、参加者は二百万人を超えた。これに対し、原敬内閣は徹底した弾圧政策をとり、死者約七千五百人以上、逮捕者は約五万人といわれる。

同年五月、中国でも反帝国主義を掲げる五・四運動が起こると、日本は今までの武断政治を続けることが困難になる。そこで、朝鮮総督に文官を任命できるようにしたり、憲兵警察を普通警察にする「文化政治」が行なわれたが、本質的な変化はまったくなかった。

歴史ミニ知識

五・四運動 第一次世界大戦中、日本が認めさせた「二十一カ条の要求」を不当だとする動きが中国に拡大していた。パリ講和会議で中国は、廃棄を要求したが、認められなかった。北京の大学生を中心にデモが起こり、全国的に広がった。中国政府はこの勢いに押され、ヴェルサイユ条約の調印を拒否した。

1921～22年

ワシントン会議

日米間における中国・太平洋での利害を調整

◎舞台
ワシントン
◎主な登場人物
加藤友三郎《ともさぶろう》（一八六一～一九二三）
ハーディング（一八六五～一九二三）

アメリカ大統領ハーディングの提唱で軍縮・太平洋・中国問題を討議する会議がワシントンで開催された。会議では、アメリカの主張が認められ、日本の中国進出の野望は抑えこまれた。

何がどうなった

日英同盟が破棄され主力艦の保有も制限される

一九二一（大正十）年から二二年にかけて、ワシントン会議が開かれた。参加国は米・英・仏・日などの九カ国。この会議で、中国に関する九カ国条約、太平洋に関する四カ国条約、主力艦（戦艦・航空母艦）の保有トン数を制限する海軍軍縮条約など、七条約・二協定が締結された。

日本は日英同盟の廃棄、二十一カ条要求の一部放棄、膠州《こうしゅう》湾租借地の返還、シベリアからの撤兵を確約させられ、東アジア進出を抑えこまれた。

なぜ起こったか

建艦競争の負担減を目指す〝協調〟が時代の雰囲気に

第一次世界大戦で、ヨーロッパ諸国は経済的にも打撃を受けた。そんななか、日本とアメリカ経済は急速に発展し、市場獲得のために進出した中国・太平洋地域での対立が激化。それが両国の建艦競争を生み出す。戦後不況にみまわれると、それが大きな負担となった。アメリカの提案は、日本の主力艦の対英米比率を六割に制限するものだった。同行した海軍の加藤寛治《ひろはる》中将は七割を主張して反対する。

だが、加藤友三郎全権大使は、国内世論が軍縮に賛成なこと、国際的に協調が求められていることを考えて、みずからの責任で受け入れることにした。

それでどうなった

張作霖を支援し大陸での勢力拡大を図る

日本は、中国・シベリアからの後退を余儀なくされた。世論は海軍同様に、陸軍にも軍縮を要求。これに押されて陸軍は二回の軍縮で四個師団・十万人を削減した。
世界恐慌が起こると、日本はワシントン条約を打破するような動きを始める。いまだ政局の落ち着かない中国に対して、軍閥《ぐんばつ》の張作霖《ちょうさくりん》を支援し、満州と蒙古に勢力を広げようと企んだのだ。

歴史ミニ知識

大統領らしい顔　F・アレンの『オンリー・イエスタデイ』は、一九二〇年代のアメリカ社会を知るうえでの好著。そのなかで、共和党が民主党候補ウィルソンの対抗馬としてハーディングを選んだ理由を、「もっとも大統領らしい顔をしている」からと書いている。この大統領は、専用列車にポーカー室をもっていたという。

1923年

関東大震災

首都は壊滅状態に、日本経済は大打撃

◎舞台
関東甲信越
◎主な登場人物
後藤新平（一八五七〜一九二九）
山本権《ごん》兵《べ》衛《え》（一八五二〜一九三三）

一九二三年九月一日午前十一時五十八分、相模湾北西部を震源とする大地震が関東地方全域を襲った。東京の震度は、マグニチュード七・九。首都・東京は壊滅状態に陥った。

何が どうなった

天災・人災が重なり犠牲者が広がる

一九二三（大正十二）年九月一日、ちょうど正午前に、関東地方全域をマグニチュード七・九の大地震が襲った。壊れた家や建物も多かったが、火災による被害のほうが、はるかに大きかった。しかもこの大天災に人災が加わった。

一日午後から二日にかけて、朝鮮人が暴動を起こしたとのデマが発生、政府はこれをうのみにして朝鮮人を留置したり、民衆に自警団を組織させて朝鮮人を襲わせた。

そのため、六千人にのぼる朝鮮人が殺されたといわれている。

なぜ起こったか

都市部への人口集中と民衆の排外主義

第一次世界大戦中の急速な工業化は、都市への急激な人口の集中を促した。大戦前の人口別順位は新潟県が一位だったが、大戦後は東京都が一位に。

震災当時、東京都の人口は四百万人弱に達していた。この急速な人口増加に都市計画が追いつかず、防災問題・道路問題に手をつけられないまま広がった住宅は、被害をより拡大させる結果となった。

三・一運動を弾圧した経験をもつ水野錬太郎《れんたろう》内相は「朝鮮人暴動」のデマを真に受けて戒厳《かいげん》令をしき、軍隊や警察を動員させた。

それでどうなった

震災恐慌の発生 政府は救済策を実施

震災で東京の市中銀行が焼失、業務が停滞したため恐慌が起きた。翌九月二日に発足した第二次山本権兵衛内閣は、積極的な救済策を実施した。同時に、内相・後藤新平を帝都復興院総裁に任命して東京復興計画を立てさせた。

また、震災の混乱の最中、社会主義者が殺されたことに反発し、十二月二十七日、摂政宮が虎ノ門で無政府主義者に狙撃される事件が起きた。山本内閣は責任を取って総辞職した。

歴史ミニ知識

亀戸事件と甘粕事件　関東大震災の混乱のなかで、労働運動の拠点・南葛労働協会の川合義虎らと、純労働者組合の平沢計七らの計十人が、亀戸警察署に検束され、刺殺された。また、社会主義者の大杉栄が内縁の妻・伊藤野枝《のえ》、六歳の甥とともに、憲兵大尉・甘粕《あまかす》正彦に虐殺される事件も起き、社会主義運動は大打撃を受けた。

第二次護憲運動

護憲三派内閣により普通選挙が実現

◎舞台
東京
◎主な登場人物
清浦奎吾《きようらけいご》（一八五〇〜一九四二）
加藤高明（一八六〇〜一九二六）
犬養毅《いぬかいつよし》（一八五五〜一九三二）

一九二四（大正十三）年一月、貴族院を中心にした清浦奎吾による内閣が成立。憲政会・立憲政友会・革新倶楽部の三派は憲政擁護会を結成。第二次護憲運動が開始された。

何がどうなった

護憲三派が手を握り特権階級内閣に反対

一月七日に清浦奎吾内閣が成立すると憲政会・政友会・革新倶楽部は第二次憲政擁護会を発足させた。国民大会を開催し、普通選挙断行、貴族院改革、行政・財政整理を掲げて、倒閣運動を開始した。

清浦首相は議会を解散して対抗したが、総選挙は護憲三派《ごけんさんぱ》の圧勝。元老・西園寺公望《さいおんじきんもち》は、憲政会党主の加藤高明を推薦し、護憲三派による連立内閣が成立した。万年与

■5大銀行が全国の預金高に占める割合

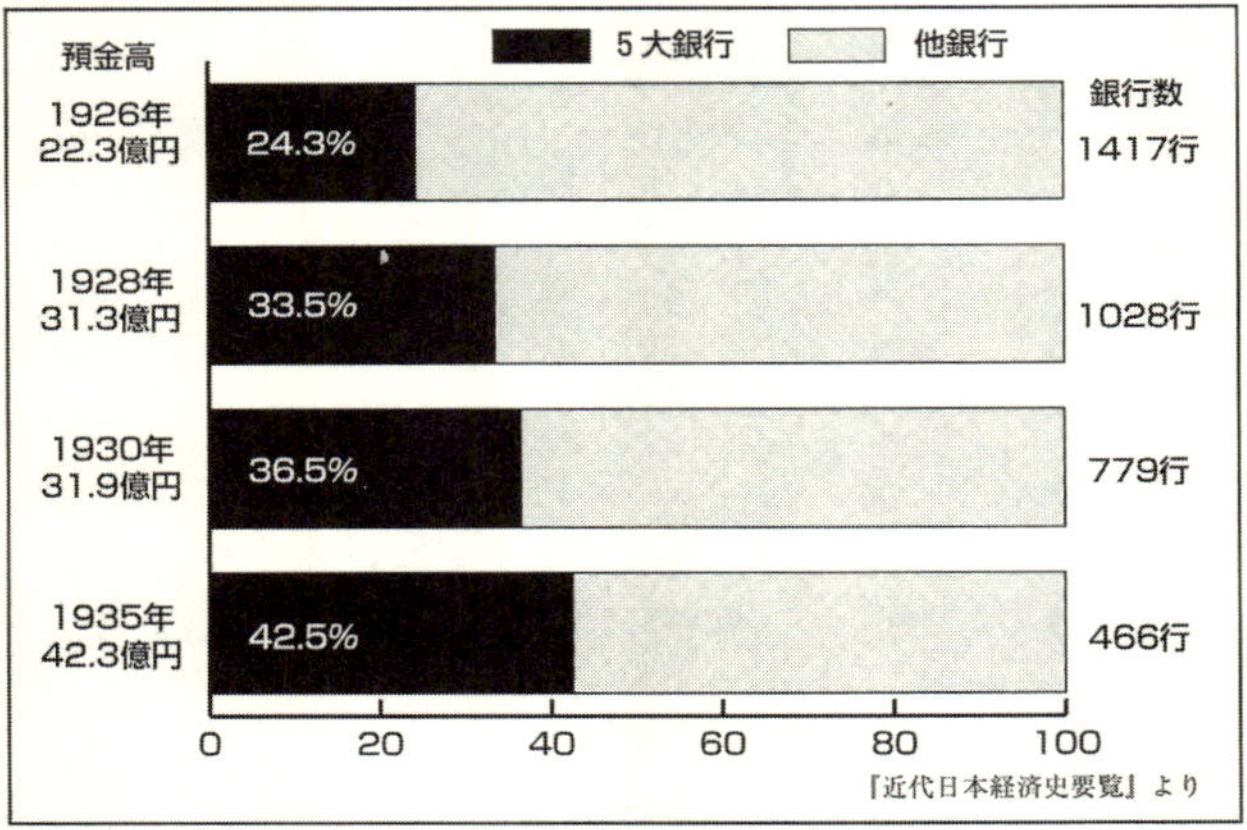

不況を尻目に、三井や三菱などの財閥は金融業に力を入れ、勢力を伸ばしていった。

党だった政友会は分裂し、脱会者が政友本党を結成した。

なぜ起こったか

政党内閣制の確立 普通選挙へ期待が高まる

内閣は、時代錯誤的な貴族院を基盤にしていた。しかも、首相の清浦はすでに七十四歳であり、政界の事情にもうとかった。これでは、民意を反映した政策の実施、とりわけ、民心をとらえていた普通選挙の実現は難しい状況だった。

護憲三派には、民意をくんだ普通選挙が実現しなければ、社会運動が高まり、政治的危機が生まれるという共通認識があった。三派は民衆運動の拡大を極力避けようと考えて運動を進めたのだった。

それでどうなった

「憲政の常道」確立と軍縮の実現

一九二四（大正十三）年、加藤高明を首相とする護憲三派内閣の成立後、犬養毅が首相となり五・一五事件で暗殺されるまでの八年あまり、衆議院で多数党が政権を取る政党内閣が続いていた。これを「憲政の常道《じょうどう》」という。だが、民衆の参加が弱く、政権政党がたびたび交代したため安定しなかった。

のちに首相となり「ライオン宰相」と呼ばれた憲政会出身の浜口雄幸《おさち》は、このとき財政の引きしめを行ない、陸軍の軍縮にたずさわった。

歴史ミニ知識

「憲政の常道」の実態　政党内閣時代に首相となったのは、憲政会の加藤高明、若槻礼次郎、立憲政友会の田中義一、犬養毅、憲政会の後身である立憲民政党の浜口雄幸の五人。このなかで衆議院議員だったのは犬養と浜口だけで、ほかは党総裁や軍人だった。しかも、首相の推薦権はそれまでと変わらず元老が握っていた。

治安維持法の成立

抱き合わせで認められた選挙権

◎舞台 東京
◎主な登場人物 加藤高明（一八六〇〜一九二六）

一九二五（大正十四）年、衆議院議員選挙法が改正され、普通選挙が実現した。これによって満二十五歳以上の男子に選挙権が認められたが、同時に治安維持法も成立した。

何がどうなった

アメとムチ ふたつの法律が成立

一九二五年、加藤高明の護憲三派内閣は衆議院議員選挙法の改正案を提出した。納税額制限を撤廃し、満二十五歳以上の成人に選挙・被選挙権を与えようとした。枢密院・貴族院の抵抗で被選挙権は三十歳と修正ののち、普通選挙法が成立した。ただし、婦人・生活困窮者などには認められていない。

普通選挙法案に先立って、国体の変革、私有財産の制度を否定する結社及び運動を禁止する治安維持法も成立している。

なぜ起こったか

政府は社会主義運動の発展を抑えこもうとした

一八九七年に結成された普通選挙期成同盟会以来、普通選挙権を要求する運動は、市民団体や労働組合を取りこみながら続けられてきた。護憲三派のなかには、それを認めなければ、社会運動がさらに高揚するという危機感があった。

治安維持法の成立は、政府が枢密院《すうみついん》から治安確保のために迫られたものといわれていたが、このような社会主義運動に対する危機感から、政党自身が強く望んだというのが本当のところらしい。政府は普通選挙法の成立と引きかえに、社会主義運動の発展を抑えこもうとしたのである。

それでどうなった

拡大解釈で無産政党への弾圧強まる

既成政党は、普通選挙で無産政党が進出するのを防ぐため、選挙運動にさまざまな規制を加えた。
一九二八年、最初の普通選挙では、無産政党員の当選者は八人だった。この選挙後の三月十五日、治安維持法違反の容疑で、共産党関係者の大検挙が行なわれた。以後、治安維持法は〝国体違反〟というあいまいな理由で、適用範囲がだんだん拡大されていくことになった。

歴史ミニ知識

無産政党　一九二〇（大正九）年ごろから、労働者や農民などの被支配者を無産者（階級）と呼称するのが定着した。その利益を代弁する社会主義系の政党が「無産政党」と呼ばれる。普通選挙の実施にともない、さまざまな社会主義、労働運動団体が無産政党の結成を進め、一九二五年には農民労働党が結成された。

1927年

金融恐慌発生

〝日本資本主義〟の弱点が暴露された

◎舞台
東京
◎主な登場人物
若槻礼次郎《わかつきれいじろう》（一八六六～一九四九）
片岡直温《かたおかなおはる》（一八五九～一九三四）

第五十二議会の審議中に、東京渡辺銀行の経営悪化が暴露されたことから金融恐慌が始まった。一時はおさまったものの台湾銀行問題から再燃、若槻内閣は総辞職した。

何がどうなった

続出する銀行破産・企業倒産　モラトリアムで収拾

議会に、第一次若槻礼次郎内閣が震災手形の整理法案を提出。その審議中、東京渡辺銀行の経営悪化が暴露され、銀行の取付《とりつけ》騒ぎが起こった。

この騒ぎは、政府声明や日銀の緊急貸出でおさまったが、ついで台湾銀行の鈴木商店への不良貸出も表面化。政府は国庫補償を条件に日銀の救済融資を計画したが、枢密院の反対にあい、内閣は総辞職した。

次の田中義一《たなかぎいち》内閣は、蔵相に高橋是清《たかはしこれきよ》を起用し、モラトリアムを含む緊急政策で危機を脱した。

なぜ起こったか　企業の放漫経営と銀行制度の質的遅れ

第一次世界大戦で日本経済は躍進したが、戦後、たちまち恐慌に陥った。緊急の課題は、不良企業とそれに融資する銀行の財務整理だった。そこに関東大震災が起こり、東京の市中銀行は大被害を受けて、金融業務は停滞した。

政府は、震災で決済できなくなった手形を日銀が再割引する措置を取った。その額は四億三千万円に達した。

しかも、その整理に取り組んでいた蔵相・片岡直温自身が、東京渡辺銀行の経営状況の悪化をもたらしたことから、取付騒ぎに発展した。

さらに、鈴木商店に対する台湾銀行の不良融資が表面化、金融恐慌はピークに達したのだ。

それでどうなった

銀行整理が断行され五大銀行が支配的地位に

一九二八（昭和三）年に施行された銀行法で、八百九行の銀行が整理され、約三分の一の行数となった。その後、大銀行に預金が集中するようになり三井・三菱・安田の財閥系銀行が全国の預金総額の一割強を占めるまでになった。

企業も財閥系を中心に再編され、中小の地方企業はその傘下に入った。

歴史ミニ知識

五大銀行　三井・三菱・安田・住友・第一を五大銀行といった。また、金融恐慌で休業することとなった銀行を統合してできた銀行に昭和銀行がある。昭和銀行は、一九四四年、太平洋戦争中に安田銀行に統合されたことで、戦後、富士銀行となった（現在はみずほ銀行に改編）。

1927～28年

山東出兵

日本人保護を名目に中国革命に干渉

◎舞台
中国山東省
◎主な登場人物
田中義一（一八六四～一九二九）
蔣介石《しょうかいせき》（一八八七～一九七五）

日本政府は、中国の国民革命軍の北伐（全国統一戦争）に対し、居留民保護を名目に第一次山東出兵を行なった。北伐再開後の一九二八年に第二次、済南事件に際して第三次山東出兵を強行した。

何がどうなった

国民革命軍の北上を阻止 張作霖を爆殺する

一九二七年、中国在住の日本人保護を名目にした第一次山東《さんとう》出兵は、国内外の反対で撤兵。翌年の第二次出兵では青島《チンタオ》と山東半島の鉄道沿線、済南を占領。日本軍は革命軍の行動を妨害した。

蔣介石は日本に対し内政不干渉や防壁撤去を要求したが、交渉中に日中両軍が衝突。日本軍は国民革命軍（北伐《ほくばつ》軍）を攻撃した。

一九二八年六月には関東軍参謀・河本大佐らの陰謀で、満州軍閥の張作霖《ちょうさくりん》を奉天《ほうてん》（現在の瀋陽《しんよう》）郊外で爆殺した。

なぜ起こったか

満州とモンゴルの権益を確保するための謀略

ワシントン会議で中国からの後退を余儀なくされた日本は、中国での権益を確保するため、奉天を根拠地とする軍閥の張作霖を支援していた。中国統一を目指す北伐軍に張作霖が敗北すれば、日本の権益を守れなくなるためである。

日本軍は居留民保護を名目に出兵し、張を支援したが、一九二八年、張作霖は北伐軍に敗北、北京から奉天へ引き揚げようとした。関東軍は張の殺害を計画、中国側のしわざと見せかけて、謀殺、新政権樹立をもくろんだが、この計画は失敗した。

それでどうなった

中国での反日運動が激化 田中首相は不手際で辞職へ

日本の出兵は、国際条約上の根拠をもっていなかった。しかし、日本軍は東方会議で積極策を決定し、満州とモンゴルでの権益を確保するため、両地域を中国から分離する政策を強引に押し進めた。

父・張作霖を日本軍に爆殺された張学良《ちょうがくりょう》は国民政府と和解したが、その後、〝抗日第一〟を蔣介石に進言し、みずから抗日運動に努めた。日本では、張作霖爆殺事件の事後処理の不手際を天皇に追及された田中義一首相が、天皇の不興を買い、翌一九二九年に辞職した。

歴史ミニ知識

東方会議　一九二二年、原首相が山東とシベリアから撤兵のために開いたのが最初。一九二七年の会議は第1次山東出兵後の中国に対する方針を決定するため田中首相が開いた。そこでは、中国本土には現地居留民の保護、満蒙には積極介入で中国からの分離政策を取ることが決められた。この方針を「田中外交」という。

金解禁と昭和恐慌

金本位制への復帰が裏目に

◎舞台
東京
◎主な登場人物
浜口雄幸《おさち》（一八七〇〜一九三一）
井上準之助（一八六九〜一九三一）

第一次世界大戦中に金輸出を禁止した主要資本主義国は、戦後、アメリカを先頭につぎつぎと金輸出を解禁した。戦後恐慌、震災恐慌が続いた日本も、貿易拡大のため実施する。

何がどうなった

世界大恐慌の発生！
日本でも昭和恐慌が深刻化

一九二九（昭和四）年七月、立憲民政党の浜口雄幸内閣は銀行家・井上準之助を蔵相に抜擢し、金解禁・兌換《だかん》を断行した。兌換は通貨と金とが交換できるため、通貨の発行額を抑えられる。財政を緊縮し、物価の引き下げや産業の合理化を図ろうとしたのである。

しかし、急激な緊縮財政は景気を悪化させ、企業のリストラや消費の後退をまねいた。そのうえ、十月に始まった世界大恐慌で生糸や綿製品の輸出は激減、大幅な輸入超過は昭和恐慌を招いた。

なぜ起こったか

欧米にならって断行した金本位制復帰が裏目に

日本経済は、たび重なる恐慌で悪化して、外国為替相場も動揺と下落の道をたどることとなった。

浜口内閣は、通貨の発行を減らす緊縮財政で乗りきろうとしたが、それには国際協調が必要だった。そこで、中国との関係改善のために軍縮、とりわけ海軍の軍縮を図った。

国内では政府の救済資金を大量に吸収した銀行が、その余剰資金を海外に投資することをのぞんでいた。金輸出を解禁すれば、外国為替相場の安定がえられるからだ。

第一次世界大戦後、いち早く金本位制《きんほんいせい》に復帰した欧米にならって、浜口内閣は不景気の到来を覚悟のうえで、国民に大がかりな消費節約を呼びかけ、金輸出の解禁を断行した。

それで
どうなった

大陸侵略の拡大で現状打開をはかる

政府は、一九三〇年のロンドン海軍軍縮会議の成功に大きな期待をかけた。海軍は、ワシントン会議での制限を撤廃しようと、政府と激しく対立。

また、民衆による労働争議や小作争議が激増、都市市民も家賃引き下げやガス代値下げなどを要求した。そのなかで、大陸侵略の拡大で危機を打開しようとの動きが強まっていく。

歴史
ミニ知識

世界大恐慌　一九二九年十月、ニューヨーク株式市場の崩壊で始まった恐慌。資本主義国全体に広がった。資本主義国の工業生産力は約四十四％、貿易高は六十五％も低下した。企業破産は数十万件におよび、多くの国は国内債権や外国債権の支払い、金本位制を停止した。イギリスは排他的なブロック経済対策に踏みきった。

ロンドン海軍軍縮条約

「統帥権《とうすいけん》の干犯《かんぱん》」と進むファシズム

◎舞台
東京、ロンドン

◎主な登場人物
浜口雄幸《おさち》（一八七〇～一九三一）
財部彪《たからべたけし》（一八六七～一九四九）

一九二七年のジュネーヴ軍縮会議が決裂した後、米・英が緊縮財政に転換し、軍縮協定の可能性が生まれた。英首相マクドナルドが提唱し、日本も緊縮財政をとる浜口首相が締結を決意した。

何がどうなった　日英米仏伊の五カ国が参加　妥協のうえに調印

日本は、ロンドンで開かれた軍縮会議において①補助艦の総トン数が対米七割　②八インチ巡洋艦は対米七割　③潜水艦の絶対保有量は七・八トン――という三大原則で会議に臨んだ。日本の主張が認められたのは①のみで、妥協のうえ調印した。

海軍軍令部は「統帥権の干犯」だと主張して反対。財部彪海軍大臣が反対派を説得し、批准にこぎつけた。しかし、条約批准の約一カ月半後、浜口雄幸首相は右翼に狙撃され、負傷した。

なぜ起こったか

財政緊縮の政府と軍備増強重視の海軍が対立

一九二九年に成立した浜口内閣の課題は、低迷する日本経済を再建し、金解禁、財政緊縮を実施することだった。そのためには、中国との関係改善とともに、米英との対立を緩和しなければならない。海軍軍縮は、その両方を実現できる願ってもないチャンスだった。

海軍は、ワシントン条約で制限外とされた八インチ巡洋艦（重巡洋艦）の建造でつけられた差を埋めようと画策していた。それが、総トン数で対米七割という主張の最大の背景だったが、政府の妥協とまっ向から対立する結果となった。

それでどうなった

条約調印後に政府と軍の対立が深まる

財部は「会議脱会の決意を表明して、米・英の譲歩を引き出すべき」と主張したが、結局、政府の妥協方針に従って調印に賛成した。しかし、海軍軍令部長は、天皇に「慎重審議を要する」という上奏文を提出し反対した。

浜口内閣打倒をめざす立憲政友会は、この調印に対し、「統帥権の干犯」にあたると主張。右翼なども巻きこんだ騒ぎとなった。

歴史ミニ知識

統帥権　帝国憲法十一条は、天皇大権のひとつとして「天皇ハ陸海軍ヲ統帥ス」と規定している。これを統帥大権、統帥権と呼ぶが、憲法の発布以前、統帥権は内閣に属さないという慣行が成立していた。今回の騒ぎがきっかけとなり、軍令部の権限が拡大することとなった。

1931年

満州事変の勃発

関東軍参謀の謀略から十五年戦争に発展

◎舞台
満州

◎主な登場人物
板垣《いたがき》征《せい》四郎《しろう》（一八八五〜一九四八）
石原莞爾《かんじ》（一八八九〜一九四九）

関東軍は世界恐慌下、ワシントン体制を打破し、アジアでの自給自足経済圏の樹立をめざした。そこで、関東軍の参謀・石原莞爾と板垣征四郎らが柳条湖事件を起こし、満州占領に乗り出した。

何が
どうなった

柳条湖事件をきっかけに関東軍は満州占領へ

一九三一年九月十八日夜、板垣征四郎・石原莞爾に指示された関東軍の部隊は、柳《りゅう》条《じょう》湖《こ》で満州鉄道の線路を爆破した。関東軍は、これを中国軍のしわざと発表し、軍事行動を拡大した。

報告を受けた政府は緊急閣議を開き、戦争の不拡大方針を確認したが、現地軍はさらに計画を進め、朝鮮軍を越境させて東三省を占拠。

そして、清国の最後の皇帝・溥儀《ふぎ》をかつぎ出して、満州民族の自治政府という名目で満州国を建国した。

なぜ起こったか

満蒙は日本の苦境を打ち破る生命線と位置づけた

日本は、世界恐慌で経済的な苦境に陥ってしまった。その打開のため、満州とモンゴルを植民地にし、重要資源と軍需物資の供給基地にする機運が陸軍中心に強まっていた。

中国では民族運動が高揚し、日本の関東州租借地と南満州鉄道（満鉄）を回収しようとしていた。

この動きに危機感をつのらせた関東軍の作戦主任参謀・石原が、高級参謀・板垣と組んで満蒙占領計画を立案、実行に移した。そして、国際的批判をかわすために、廃帝をかつぎ出し〝自治政府〟満州国をつくり上げ、日本がそれを支援するというかたちにした。

それでどうなった

抗日民族運動が高揚し十五年戦争へと突き進む

政府は不拡大方針を出したが、関東軍は無視した。中国の蔣介石《しょうかいせき》は東北部の中国軍に無抵抗を命じ、国際連盟に事件の解決を提訴した。加えて、民衆の間では日貨ボイコット運動などの抗日運動が開始された。

国民政府は、一九三三年に塘沽《タンクー》停戦協定を結んで事実上の講和とし、日本の占領を黙認した。

歴史ミニ知識

満州　満州（中国東北部）という呼称は、清朝を建国した女真族が、文殊菩薩を信仰していたことに由来するといわれている。つまり、文殊がなまってマンジュ＝満州になったというわけ。当時、満州という呼称は日本側からの呼び方で、中国では東北とか東三省（吉林《きつりん》・遼寧《りょうねい》・黒竜江《こくりゅうこう》。現在も同じ）と呼んでいた。

1932年

五・一五事件

海軍青年将校と右翼グループのクーデター

右翼団体と連携した海軍の青年将校グループが、血盟団事件を受けて決起、首相官邸にて犬養首相を暗殺した。これによって、政党内閣時代に終止符が打たれた。

◎舞台
東京

◎主な登場人物
海軍青年将校
犬養毅《いぬかいつよし》（一八五五〜一九三二）
井上日召《にっしょう》（一八八六〜一九六七）

何がどうなった

右翼団体の血盟団と結んだ海軍青年将校の要人襲撃

一九三二年五月十五日、海軍青年将校グループが首相官邸や警察庁、内大臣官邸、政友会本部などを襲撃。首相官邸で犬養毅は「話せばわかる」と制したが、「問答無用」と殺害された。

ほかの組も、それぞれの襲撃目標に手榴弾を投げつけたのち自首した。この襲撃には、右翼の大川周明《しゅうめい》が資金援助をしたり、陸軍士官学校の生徒たちも参加していた。

同時に、血盟団《けつめいだん》、愛郷塾の右翼グループも襲撃に加わり、変電所などを襲った。

なぜ起こったか

国家改造を唱えて政府の要人を標的に

この事件の背景には、閉塞的であった日本経済の行きづまりがあったといえるだろう。右翼グループ、海軍など立場こそ違うが、その標的のシンボルが政府や実業家だったというわけだ。

事件に参加した血盟団は、日本の現状に危機意識をつのらせた井上日召が茨城県につくった右翼団体。「一人《いちにん》一殺」を合言葉に一九三二年二月から三月にかけ、前蔵相・井上準之助、三井合名理事長・団琢磨《だんたくま》を殺害した。

もうひとつの右翼団体、愛郷塾《あいきょうじゅく》は橘孝三郎が組織したもので、農村救済のために国家改造を唱えていた。

資金を提供した大川周明は「大東亜共栄圏」につながる大アジア主義の提唱者で、陸軍の秘密結社桜会と連絡を取り、議会政治否認の行動に出ていた。

それで
どうなった

政党内閣制は終わり挙国一致内閣成立

陸軍の中堅幹部は事件後、政党内閣に反対の態度を示すなど、議会制度を否認し、軍部の動きに対する反発は強まった。

元老・西園寺公望《さいおんじきんもち》は海軍大将の斎藤実《さいとうまこと》を推した。この内閣は〝挙国一致内閣〟といわれ、政党内閣制は終わりを告げる。

歴史
ミニ知識

農村の窮乏　対外膨張に不可欠な、強兵の供給地（出身地）は農村だった。一九三一年に未曾有の凶作に見舞われた東北や北海道では、飢餓人口が四十五万人に達するといわれた。軍隊内でも、栄養失調で訓練に耐えられない農村出の兵隊が多数発見されていた。このような農村の窮乏に、右翼団体が危機感をつのらせたのだ。

1935年

天皇機関説の問題化

美濃部《みのべ》学説をきっかけに軍部の発言力強まる

◎舞台
東京
◎主な登場人物
美濃部達吉《たつきち》（一八七三〜一九四八）
岡田啓介（一八六八〜一九五二）

国際連盟が満州事変の調査に派遣したリットン調査団の報告書を採択した。日本はそれをきっかけに一九三三年、連盟を脱退を通告。軍部独裁の道を邁進することになった。

何がどうなった

美濃部教授 反逆者の汚名を着せられる

一九三五年二月十八日の貴族院本会議で、右翼議員の菊池武夫《きくちたけお》（陸軍中将）は、美濃部達吉（東京帝大名誉教授）の憲法学説である天皇機関説を取り上げて、その学説は「謀反で、反逆である」とまでいった。続いて軍部右翼は、天皇機関説を否認するよう政府に迫り政治問題となった。

岡田啓介首相らは、これに明確な反対をしなかった。しかし、美濃部は本会議で反論。いきりたった排撃派は美濃部を告発し、政府の取締りを要求した。

なぜ起こったか

軍部独裁を目指す人々には排除すべき思想

美濃部は、大日本帝国憲法第四条「天皇ハ国ノ元首ニシテ統治権ヲ総攬《そうらん》シ此《こ》ノ憲法ノ条規ニ依《よ》リ之ヲ行《おこな》フ」について、統治権は法人である国家に属し、天皇はその最高機関として統治権を行使すると説明していた。この美濃部の学説は、憲法学説として定着していた。

それだけに、統治権は天皇がもつという思想をもち軍部独裁を目指す人々にとっては、排撃すべき思想だった。菊池らは、それを学問的に検討せず、天皇機関説は反国体的であるという脅しによって進めようとしたのである。

それでどうなった

さらに強まった軍部・右翼の排撃運動

本会議で美濃部の反論にあった排撃派は、政府に国体の本義を明らかにする声明を出すよう迫った。野党の政友会は、政府攻撃材料として同調した。右翼も院外で排撃運動を推し進める。内務省は美濃部の著作物を発禁処分とした。

しかし、排撃派はあきたらず、政府は二度にわたり国体明徴《こくたいめいちょう》声明を出すことになった。

運動は陸軍首脳部が在郷軍人会の活動を抑えて、ようやく沈静化した。

歴史ミニ知識

国体明徴声明　国体とは「万世一系の天皇制支配が日本の政治体制」とするものである。この考えが正しいとする歴史観を「皇国史観」という。排撃派が主張した「明徴」とは、はっきり証明するという意味である。この声明によって、政府は「機関説が国体の本義を誤るもの」と明確化したのである。

1936年

二・二六事件

皇道《こうどう》派青年将校によるクーデター

天皇親政の国家革新を訴える皇道派の青年将校が、二月二十六日、約千四百人の兵を率いて決起した。政府首脳と宮廷グループの重要人物を倒し、政治と軍部中枢を麻痺状態に陥れた。

◎舞台
東京

◎主な登場人物
皇道派青年将校
高橋是清《たかはしこれきよ》（一八五四〜一九三六）
斉藤実《さいとうまこと》（一八五八〜一九三六）

何が どうなった

青年たちのクーデターで政府は大混乱に陥った

陸軍皇道派の青年将校たちは、斎藤実内大臣、渡辺錠太郎《わたなべじょうたろう》教育総監、高橋是清蔵相を殺害し、鈴木貫太郎侍従長官に重傷を負わせた。続いて「蹶起《けっき》趣意書」を新聞社に配り、新聞社の掲載を要求した。政府は大混乱に陥ったが、その日の夕方には戒厳令の施行を決めた。

参謀本部は鎮圧の方針をとり、側近を殺された天皇も断固鎮圧を命じた。戒厳司令

■治安維持法による検挙者数

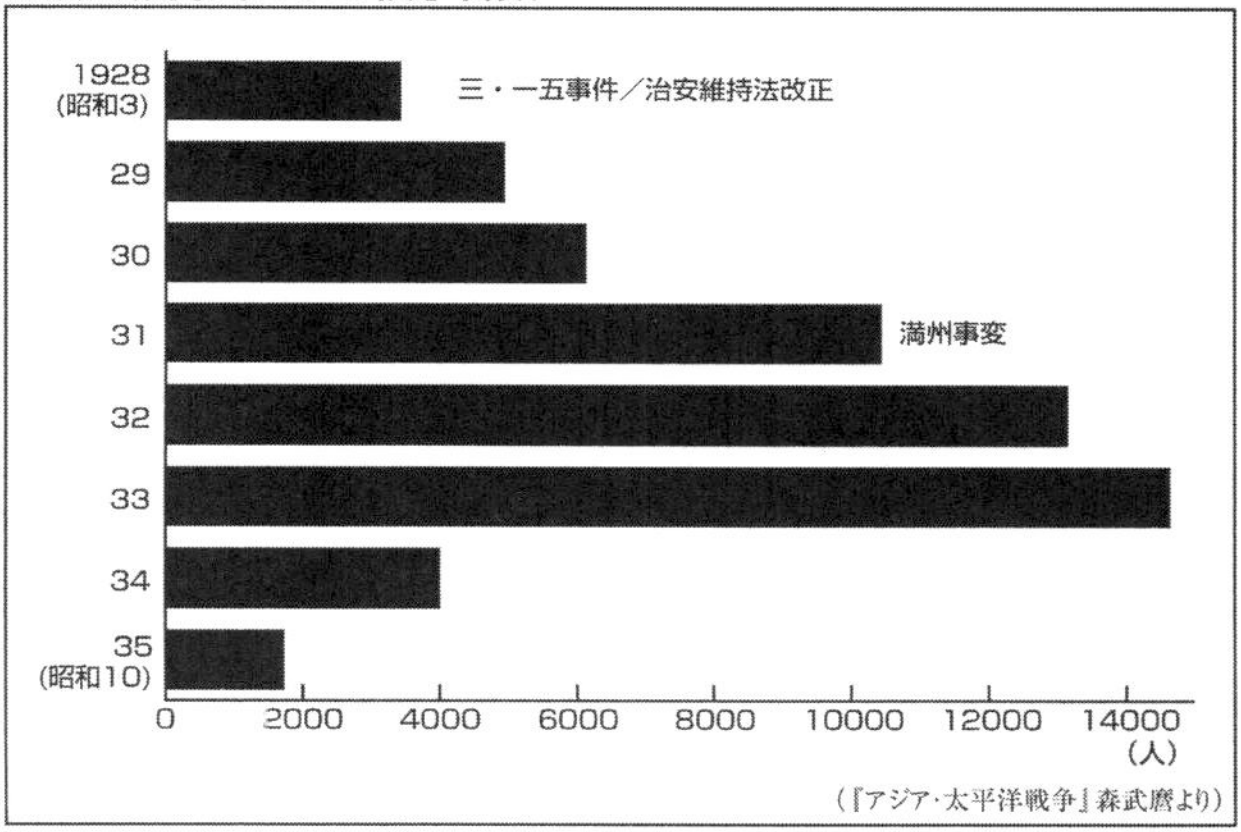

満州事変後、軍部の暴走が始まったころから、検挙者の数はふくれ上がる。

部は蹶起部隊を反乱軍とみなして帰順を促し、二十九日に鎮圧した。

なぜ起こったか

陸軍内部の派閥対立から改造計画なしの蜂起に

陸軍内で、北一輝《きたいっき》の影響を受けた皇道派の青年将校が、武力による国内改造を計画。これに対して、合法的手段での政権獲得を目指す統制派が対立していた。

皇道派は同派の真崎甚三郎《まさきじんざぶろう》教育総監が罷免されたことを、統制派の永田鉄山《てつざん》軍務局長の策動として、皇道派の相沢三郎は陸軍省で永田を斬殺、両派の対立はますます激化した。

皇道派は拠点とする部隊が満州へ派遣

されることに決まったことに焦りを覚え、「真崎内閣樹立」を目指して、無計画のまま蜂起した。

それでどうなった 皇道派は壊滅 準戦時体制へ

特設された東京陸軍軍法会議は、事件を北一輝らに煽動された一部の過激な青年将校のしわざと位置づけ、十七人を死刑、五人を無期禁固などの刑に処した。

皇道派の将官はことごとく予備役に編入され、皇道派は壊滅した。内閣は岡田内閣から広田弘毅《こうき》内閣に代わり、陸軍の要求する「庶政一新《しょせいいっしん》」「広義国防国家の建設」を受け入れて、準戦時体制を進める形をとった。

歴史ミニ知識

戒厳令　戒厳令《かいげんれい》とは、「戦時若クハ事変ニ際シ兵備ヲ以テ全国若シクハ一地方ヲ警戒スル」というものである。つまりは、戒厳司令部が戦争や緊急の事態に広範囲な軍政を行なうことをいう。関東大震災以後、発令されることはなかったが、二・二六事件で再び東京でのみ発動された。

1937年

盧溝橋事件

日本と中国がついに全面戦争へと突入

◎舞台
北京郊外

◎主な登場人物
近衛文麿《このえふみまろ》（一八九一～一九四五）
蔣介石《しょうかいせき》（一八八七～一九七五）

一九三七年七月七日、北京郊外の豊台に駐屯していた日本軍が、盧溝橋付近で夜間演習を実施。終了時数発の射撃音と、一人の兵士の行方不明を理由に、主力部隊が出動して中国軍を攻撃した。

何がどうなった

停戦協定に調印したが陸軍は中国側を追いつめる

事件は七月十一日の停戦協定で決着したが、陸軍は、関東軍と内地三個師団の派遣を決めた。近衛文麿首相は声明を発表し、この事態を「北支事変」と命名。新聞、通信各社、政財界の代表者を順次官邸に招いて協力を要請し、「挙国一致体制」を樹立した。

中国では、蔣介石が戦争の不拡大を基本方針にしていた。しかし、日本は停戦協定の内容をいっそう過酷にし、中国側にのませるよう現地軍に指示。中国側を追いつめていった。

なぜ起こったか

華北を支配下に置こうと陸軍中央部は拡大路線を推進

以前の柳条湖《りゅうじょうこ》事件は、戦争を仕掛けるための謀略だったため、現地軍は戦争拡大に躊躇《ちゅうちょ》しなかった。

しかし、この盧溝橋《ろこうきょう》事件はまったく偶発的なものだったため、現地軍はすぐに停戦協定を結んだ。

にもかかわらず、政府と陸軍の中央部は戦争拡大をねらった。彼らはこの事件を好機ととらえていたからだ。

中国を屈伏させて共産化を防ぎ、資源や市場を確保するなど、華北を日本の支配下に取りこもうとした。

また、近衛首相はもともと「持たざる国」の立場から、米・英優位のワシントン体制の打破を主張していた。

それでどうなった

戦火は中国全土に広がり日中全面戦争へ

中国の国民政府は日中双方の同時撤退と外交交渉による解決を申し入れていた。日本はそれを拒否し、武力行使に踏みきった。七月二十六日に北平城の広安門で軍事衝突が起きると、日本は内地三個師団の動員を決定した。

これは、中国国民の抗日意識を刺激した。国民政府も華北出兵を決定し、十五年戦争の第二段階、日中全面戦争に突入した。

歴史ミニ知識

西安事件　一九三六（昭和一一）年十二月十二日、張学良は西安で共産軍討伐の徹底を命じに来た蔣介石を監禁。内戦停止、一致抗日を要求した。蔣介石は屈服し、内線停止を認め、二十五日に釈放された。これによって国民党と共産党とで抗日民族統一戦線が結成されることになり、第二次国共合作への道が開かれた。

1937年

日中戦争

和平の道を閉ざし、中国と全面戦争へ

◎舞台
中国全域
◎主な登場人物
近衛文麿《このえふみまろ》（一八九一～一九四五）
蔣介石《しょうかいせき》（一八八七～一九七五）

戦火は、華北から華中に飛び火した。上海をはじめ長江流域で激しい抗日運動が展開された。一九三七年八月九日、大山勇夫中尉が射殺された事件を機に第二次上海事変が起こった。

何が どうなった

広がりゆく戦火 国家総動員法が公布される

第二次上海事変以後、戦火は内蒙古にも広がった。

中国国民政府は全国総動員令を発し、蔣介石は三軍総司令官に就任。共産党の紅《こう》軍は国民革命軍第八路《はちろ》軍に改編され、紅軍の朱徳《しゅとく》が総指揮を取った。

日本軍は十二月に南京を占領し、翌年一月には近衛文麿首相が「国民政府を対手《あいて》とせず」の声明を発表。その後日本は、広東などの工業地帯を支配下に置くが、作戦は

手づまり状態となる。日本国内では国家総動員法が公布され、経済統制が始まった。

なぜ起こったか

中国側は徹底した抗日戦で抵抗

日本は偶発的な盧溝橋事件を利用して、華北を分離、支配しようとした。中国は「抗日救国」の統一戦線を組んで日本の侵略に抵抗した。南京陥落後、国民政府は漢口から奥地の重慶に移って抗戦を続けた。国際的にもソ連・米・英が中国援助を強め、一九三九年以後は対日強硬策を取った。

日本は経済的・軍事的な困難に直面し、その打開のため三九年、海南島・南寧占領から「援蔣《えんしょう》ルート」を断つ重慶包囲作戦を展開することになった。

それでどうなった

近衛内閣の三つの声明も不発泥沼化へ突入

一九三七年六月以来、首相の座にいた近衛文磨は、三八年一月、「国民政府を対手とせず」の声明を出し、日中和平の道を断った。戦争が長期化した三八年十一月には、最初の声明を緩和する目的で、日本の戦争目的を「東亜新秩序の建設」とする第二次近衛声明を出した。

さらに十二月、汪兆銘《おうちょうめい》に傀儡《かいらい》政権・新国民政府をつくらせ、善隣友好など「近衛三原則」をうたった第三次声明を出し、局面の打開を図った。しかし、ことごとく失敗した。

歴史ミニ知識

南京事件　一九三七年十二月、日本軍は南京占領にあたり、南京城内外での蛮行は頂点に達した。中国軍は日本の占領前に撤退していたが、翌年二月までに略奪・暴行を行ない、おもに捕虜や婦女子を殺した。この方面に派遣された日本軍は、「捕虜にはせぬ」が方針だった。

1938年

国家総動員法の公布

「挙国一致」の戦争体制を確立

◎舞台
東京

◎主な登場人物
近衛文麿《このえふみまろ》（一八九一～一九四五）
佐藤賢了《さとうけんりょう》（一八九五～一九七五）

一九三八年一月十六日、近衛文麿首相の「国民政府を対手とせず」声明で、交渉を打ち切った政府は、物心両面での国家総動員体制の完成をめざし、国家総動員法を公布した。

何がどうなった

「挙国一致」体制を支える国民統制の法律が成立

企画院が軍の要求に従って、要綱を作成し、議会にかけた。この要綱では、さまざまな物資の統制と運用、国民の徴用、労働条件の規制、新聞の発行など、あらゆる部門で国家が統制を加えられ、徴用できることになっていた。

要綱が発表された段階で、政府へ権限が集中しすぎると批判が続出。議会でももめた。軍務局員・佐藤賢了中佐が、説明中の野次に、「黙れ」と怒鳴りつける事件もあり、満場一致で可決された。

なぜ起こったか

政府は軍備の新設、拡張の命令権を要求する

戦線が拡大するにつれ、軍事費は増大の一途をたどった。一九三九年度は、一般会計予算が三十五億千四百万円だったのに対し、臨時軍事費が四十八億五千万円にのぼり、この巨額の軍事費は長期化する日中戦争に投入された。陸軍では対ソ戦対策の費用にあてられ、海軍では戦艦の建造と航空兵力の充実のために使われた。

しかし、軍需品の製造能力には限界があり、官営工場だけでは賄《まかな》いきれなかった。民間業者も動員するために、政府は必要とする設備の拡張を企業に命令できる法律を作ったのだ。

それでどうなった

ファッショ化による新体制運動を推進

政府はすでに、一九三七年から国民精神総動員運動を開始していた。この国家総動

員法で得た、より広範な権限を利用し、ファッショ的な国内体制をつくることができるようになった。

また、ヨーロッパで第二次大戦が始まると、四〇年から近衛文麿首相自身が先頭に立って新体制運動を始め、既成政党を解散に追いこみ、十月には大政翼賛会《たいせいよくさんかい》が結成された。

歴史ミニ知識

大政翼賛会　一九四〇年七月に発足した第二次近衛内閣は、日中戦争の長期化、第二次世界大戦の開始に対応する新体制運動を展開した。この運動は強力な政治体制の確立を目指したが、既成政党もみずから党を解党し、十月には大政翼賛会を結成した。この会は内閣総理大臣が総裁となり、国民生活を統制する中心となった。

1939～45年

第二次世界大戦

独ソ不可侵条約を締結し、ポーランドへ侵攻

◎舞台
ヨーロッパ
◎主な登場人物
ヒトラー（一八八九～一九四五）
平沼騏一郎《ひらぬまきいちろう》（一八六七～一九五二）
野村吉三郎（一八七七～一九六四）

ドイツは一九三九年五月、イタリアと軍事同盟を結んだ。その後、ソ連と不可侵条約を調印して二正面作戦を避け、九月にポーランドに侵攻した。日中戦争と結合して、第二次世界大戦が始まった。

何がどうなった

どことどこが条約を結ぶか？ 複雑な新情勢が展開

ヒトラーは一九三九年四月の国会演説で、ポーランドとの不可侵条約と英独海軍協定の破棄を宣言した。五月に独伊軍事同盟が調印された段階で、イギリス・フランスは戦争が避けられないと判断、ソ連との同盟を結ぶ動きに出た。しかし、交渉が中断するとソ連は、独ソ不可侵条約に調印した。

このニュースを聞いた平沼騏一郎首相は「欧州の天地は複雑怪奇なる新情勢を生じ

た」との声明を出して辞任し、内閣総辞職となった。

なぜ起こったか

ヨーロッパの戦争に巻きこまれていく日本

ソ連は、一九三七年に結んだ中ソ不可侵条約により中国への軍事援助を始める。日本の陸軍はこれが香港ルートからの援助とともに、中国の抗戦を支えていると判断していた。そこでドイツ・イタリアと軍事同盟を結んでイギリス・ソ連に圧力をかけ、否応なくヨーロッパの戦争に巻き込まれていくこととなった。

それに対して天皇や海軍は、中国に戦略物資を供給するイギリス・アメリカとの関係悪化を避けたいと考え、陸軍と対立した。

それでどうなった

対ソ開戦論が後退し南進政策に目を向け始める

平沼内閣に代わって阿部信行《のぶゆき》内閣が成立したころ、第二次世界大戦を迎えた。内閣は戦争への不介入と日中戦争を早期に解決する声明を出し、第二次世界大戦には中立維持の態度を表明。また、ノモンハン事件の停戦を急ぎ、協定成立後は野村吉三郎外相にアメリカとの外交調整にあたらせた。

しかし、戦争の長期化による戦時経済の低迷などから、内閣は四カ月で退陣。同時に満州進出をねらった北進論が後退し、南進政策が浮かびあがった。

歴史ミニ知識

ノモンハン事件　一九三八年七月、張鼓峰で起きた国境紛争にからんだソ連軍との戦争で、出動した日本軍は惨敗した。これを見た関東軍参謀の辻政信《つじまさのぶ》は報復計画を策定、実施させたが、ノモンハン付近のソ連・モンゴル軍との衝突で再び大敗した。その後、再度攻撃を仕掛けたが、ソ連軍の反撃で壊滅状態に陥り、停戦した。

1940年

日独伊三国同盟

局面打開をめざしてひたすら南進

◎舞台
ヨーロッパ

◎主な登場人物
ヒトラー（一八八九～一九四五）
近衛文麿《このえふみまろ》（一八九一～一九四五）
ムッソリーニ（一八八三～一九四五）

一九四〇年四月、ドイツはデンマークとノルウェーを占領し、ベルギーなど中立三国を侵犯。マジノ線を突破して、六月にパリを占領した。ヒトラーはイギリス本土の爆撃を開始した。

何がどうなった

〝八紘一宇〟の精神で「大東亜新秩序」を推進

日本は、ドイツ軍の電撃戦勝利に歓喜した。一九四〇年九月、ベルリンで日独伊三国同盟に調印した日本は、中国国境から仏印に侵攻し、武力進駐を強行していた。

国内体制ではドイツを見習う新体制をつくろうと、第二次近衛文麿内閣が「八紘を一宇とする肇国《ちょうこく》の大精神」に基づく「大東亜の新秩序を建設すること」を国の基本方針とした。「八紘一宇《はっこういちう》」とは世界を統一して、一軒の家とするというスローガンである。

なぜ起こったか

行きづまる日中戦争局面打開をねらう

日中戦争に行きづまり、物資不足に悩む日本は、東南アジアをねらっていた。東南アジアを支配下におけば、蒋介石を支援する「援蒋《えんしょう》ルート」を遮断し、かつ資源を手に入れることができるためである。

それまで中国は、イギリス・アメリカから戦略物資の供給を受けていたのだ。日本は、両国との関係をこれ以上悪化させることを避けたかったため、ドイツ・イタリアとの軍事同盟にためらっていたが、ドイツの勝利で東南アジアへの南進を決断した。

それでどうなった

三国同盟の締結とアジア・太平洋戦争への道

一九四〇年九月、日独伊三国同盟が調印された。この軍事同盟では、三国中の一国が攻撃されたとき、相互に援助することが決められた。同時に、日本は独・伊のヨーロッパでの、独・伊は日本のアジアでの指導的地位をそれぞれ認めた。これにより、アジアとヨーロッパの戦争がひとつになる。

ワシントン体制とヴェルサイユ体制の打破をめざした日独伊三国の枢軸と、アメリカ・イギリスを中心とする連合国が対決する世界大戦へと拡大していった。

歴史ミニ知識

八紘一宇 初代天皇、神武が橿原宮で即位したときに発した「八紘をおおいて字となす」に由来する言葉（『日本書紀』）。世界中がひとつ屋根の下に、という意味で、国のはじめの宣言として使われた。これを時の外相・松岡洋右は「大東亜共栄圏の確立をはかる」という談話の中で使い、侵略戦争を合法化した。

1941～45年

アジア・太平洋戦争

南部仏印進駐から、徐々に破局の道へ

◎舞台　東南アジア
◎主な登場人物　東条英機《とうじょうひでき》（一八八四～一九四八）

一九四一年四月、ソ連と中立条約を結んで南方進出の態勢を固めた日本は、六月に独ソ戦が始まると、関東軍特種演習という名目でソ連攻撃を準備しながら、南部仏印進駐を開始した。

何がどうなった

ハワイ・マレーに奇襲 戦火の口火を切る

日本は一九四一年七月、南部仏印進駐を開始した。アメリカは対抗措置として、日本の在米資産の凍結と石油輸出の全面停止を断行。そのため日本は日米交渉を行なうが、アメリカは、中国を満州事変以前の状態に戻すようにと主張し交渉は決裂。日本は日米開戦の準備を進めた。

作戦は陸軍が英領マレー半島へ、海軍はハワイのアメリカ太平洋艦隊への奇襲であ

る。昭和天皇が対米英蘭開戦の聖断を下し、十二月八日、ハワイ・マレー奇襲が行なわれた。

なぜ起こったか

日本は八方ふさがり「打って出るのほかはなし」

アメリカの対日石油輸出の全面停止は、石油をアメリカに頼っていた日本には致命的な打撃だった。

日本は日中戦争の停止か、アメリカとの開戦かの選択を迫られたが、軍部はアメリカとの開戦を選択した。

戦争に自信がなかった近衛文麿《このえふみまろ》は辞職し、代わって陸軍大将の東条英機内閣が成立した。十二月一日の御前会議《ごぜんかいぎ》で開戦が決定された。

この戦争は、陸軍も海軍も緒戦については綿密に準備していたが、その後の計画はまったくないという無謀なものだった。

それでも、永野軍令部総長は「打って出るのほかはなし」と、天皇に上奏していたのだ。

それで
どうなった

緒戦に勝利したが無謀な計画で長期戦は不利に

アメリカはすでに日本の外交機密電報の暗号解読に成功し、日本の開戦決意を察知していた。アメリカは日本に最初の一発を撃たせるため、交渉を引き延ばした。日本による奇襲が実行されたが、アメリカの主要物資の生産量は日本の七十七倍もあり、長期戦での勝利は望めなかった。日本はミッドウェー海戦後、敗北の一途をたどる。

歴史
ミニ知識

御前会議　重大国事に関して、天皇の出席のもとに開かれる最高会議。御前会議には、元老と主要閣僚・軍部首脳が参加したが、法制上の規定はなかった。最初の会議は一八九四年、清との開戦を決定したものだった。昭和に入って一時中断したが、一九三八年に復活し、敗戦までに十数回開かれた。

ポツダム宣言の受諾

無条件降伏か、壊滅かを迫られる

◎舞台
ポツダム
◎主な登場人物
近衛文麿《このえふみまろ》（一八九一〜一九四五）
木戸幸一《きどこういち》（一八八九〜一九七七）

一九四二（昭和十七）年、ミッドウェー海戦の敗北は戦局の転換点となった。以後敗退が続き、四四年には太平洋戦線が崩壊。日本は四五年六月から戦争終結の方向を探り始めた。

何がどうなった

連合国が無条件降伏を要求する

一九四五年七月十七日から、ベルリン郊外のポツダムでトルーマン米大統領・チャーチル英首相（途中からアトリーに交代）・スターリンソ連書記長による連合国首脳会談が開催された。七月二十六日、中国の蒋介石主席の同意を得て、三国の首脳は米英中の対日共同宣言、いわゆる「ポツダム宣言」を発した。

宣言は、「日本国政府がただちに全日本国軍隊の無条件降伏を宣言」することを要求した。

なぜ起こったか

日本国土に連日の空襲 敗戦までの道のり

一九四五年三月二十七日、硫黄島《いおうじま》が陥落した。日本本土は米軍の戦闘機の行動半径内に入り、爆撃機による日本本土の空襲が可能になった。すでに近衛文麿は、天皇に「敗戦は必至なり」という上奏を提出していた。ところが、天皇は軍の意見を採用してしまった。

天皇が内大臣・木戸幸一の意見を入れ、戦争終結の方向を探るように指示を出したのは、六月二十二日になってからだった。その後も、沖縄戦、原爆投下、ソ連の参戦と続き、国内の惨禍は広がるばかりだった。

それでどうなった

降伏条件をめぐって 軍と政府が対立

日本はポツダム宣言の受諾を覚悟していたが、その条件をめぐって軍と政府が対立した。軍は国体護持、自主的撤兵、戦争責任者の自主的処理、非占領の条件を主張。政府側は国体護持のみを条件とし、互いに衝突した。

木戸内大臣は鈴木貫太郎首相と「聖断による決着」の筋書きをつくり、天皇の同意を得て、八月十五日、ポツダム宣言を受諾した。

歴史ミニ知識

沖縄戦　沖縄本島に配備された日本軍は、第三十二軍司令官・牛島満中将の率いる約八万六千四百人。装備は劣弱だった。四月一日から米軍の沖縄本島上陸が始まると、四月下旬には日本軍の戦線が崩壊し始めた。沖縄本島の人口は約五十万人だったが、約八万人しか疎開できず、米軍の猛烈な砲爆撃にさらされた。

侍のもっていた美意識が表わすもの

「日本」について論じる最も有力な論者は、今もって司馬遼太郎氏であるといえよう。その司馬氏が明治時代を「栄光の時代」として描いたものに、小説『坂の上の雲』（文藝春秋）や講演記録として残る『「明治」という国家』（日本放送出版協会）がある。

その講演記録に残る司馬氏の発言には日本人の美に対するこだわりが見られる。はじめに彼は「栄光の明治」を築きあげた大久保利通・伊藤博文など、明治政府の功労者の人柄について挙げる。総括的には、「勤勉と自律、あるいは倹約。これがプロテスタントの特徴だとしますと、明治時代の侍もそうでした」と述べている。つまり、プロテスタント的精神と「侍」の精神は共通するというわけである。

人間、どうふるまい、どう行動することがもっとも美しいか。人が心のありように重きを置くことは、いつの時代も変わらない。

しかし、日本においては、美的精神＝誇りは、社会的な枠組みのなか武士などの階級が、数百年の歳月をかけて磨き、初めて完成させたものである。日本では江戸時代がそれに相当する。

そのうえで、司馬氏は「日本人は江戸時代に美的精神像をつくりあげた」と結ぶ。そしていう。われわれが日本人であることを外国に誇れるものは、侍がもっていた美的精神であると。

第6章
戦後日本の発展

1946年

日本国憲法公布

国民主権の民主的な憲法の制定

◎舞台
東京

◎主な登場人物
幣原喜重郎《しではらきじゅうろう》（一八七二～一九五一）
松本烝治《まつもとじょうじ》（一八七七～一九五四）
マッカーサー（一八八〇～一九六四）

日本政府は、軍部の台頭を許してしまった大日本帝国憲法の改正をＧＨＱから指示された。そして一九四六年、主権在民・戦争放棄・基本的人権の尊重を軸とした日本国憲法が公布された。

何がどうなった

ＧＨＱが国民主権の憲法改正案を提示

日本政府が連合国最高司令官総司令部（ＧＨＱ）に提出した憲法の改正案に対し、マッカーサー司令官はＧＨＱに新たな改正案の作成を指示した。①天皇は統治権のない国家元首であること　②自衛権を含む戦争の放棄　③封建制度の廃止――の三項目を必須条件とした。ＧＨＱの民政局（ＧＳ）はこの指示に基づいて、憲法草案の起草にあたり、マッカーサーの承認を得て、「憲法改正草案要綱」として発表した。これ

■日本国憲法の趣旨

	日本国憲法
制　定	1946（昭和21）年11月3日公布
形　式	主権者（国民）が直接または代表者によって制定する民定憲法
主　権	国民
特　徴	・天皇は日本の象徴とし、形式的な国の行事を行なう ・戦争を放棄し、戦力を保持しない ・すべての国民は基本的人権を保障される ・三権分立制をとる ・国会は国権の最高機関であり、唯一の立法機関である ・内閣は行政機関であり、国会に責任を負う ・裁判所は違憲立法審査権をもつ ・憲法改正は国会の発議と国民投票により認める

GHQが草案をつくり、民主主義を基本とした新しい憲法が制定された。

が現行の日本国憲法の原案である。

なぜ起こったか

天皇主権の憲法改正案をマッカーサーが拒否

幣原喜重郎内閣が設けた憲法問題調査会は、松本烝治を委員長に、憲法改正案を検討した。

作成されたのが「憲法改正四原則」で、天皇主権を前提とした大日本帝国憲法を擁護するものだった。

この草案が、一九四六年二月の『毎日新聞』にスクープされた。それを見た民政局のホイットニー局長は、「極めて保守的なもので、天皇の地位に変更を加えていない」と批判する。

GHQは独自の改正案を急きょ作成、提示した。それに日本政府が手を加え、同年十一月三日、日本国憲法として公布した。

それでどうなった

世界で初めて戦争放棄を明記した日本国憲法

新しい憲法では、主権在民・平和主義・基本的人権の尊重の三原則が定められた。とくに、第九条にある戦争の放棄や武力を保持しないことは、他国に例がない。また、天皇は政治的な決定権を一切もたず、象徴的存在とすること、国会を国権の最高機関とすることが定められた。

憲法制定の翌年には、明治以来の「教育勅語」に代わり、九年間の義務教育、機会均等と男女共学が原則の教育基本法が制定された。

歴史ミニ知識

「戦争放棄」の発案者? 現憲法第九条にある「戦争放棄」の構想をだれが最初に出したのか、それはいまだに謎とされている。幣原の伝記には肺炎にかかった幣原が、マッカーサーから贈られたペニシリンで快癒。感謝した幣原がマッカーサーを訪問した際、「霊感した所感」と答えたそうだが、確証はない。

1950～53年

朝鮮戦争と特需

日本経済に急激な復興をもたらす

◎舞台
朝鮮半島
◎主な登場人物
金日成《キムイルソン》（一九一二～九四）
李承晩《イスンマン》（一八七五～一九六五）
マッカーサー（一八八〇～一九六四）

日本の敗戦後、カイロ宣言で独立が約束されていた朝鮮は、三十八度線を境に北はソ連、南はアメリカの管轄下にあった。そして、一九五〇年六月二十五日、北朝鮮軍の南下で朝鮮戦争が勃発した。

何がどうなった

朝鮮半島の戦争が日本経済に多大な恵み

第二次世界大戦後、朝鮮半島は北緯三十八度線を境に、北に朝鮮民主主義人民共和国（北朝鮮、首相・金日成）、南に大韓民国（韓国、大統領・李承晩）が建国された。一九五〇年、北朝鮮は朝鮮半島の統一をめざし、韓国に侵攻した（朝鮮戦争）。

不況下の日本には、朝鮮戦争は多大な利益をもたらした。アメリカ軍の補給基地となる日本は、武器・車輛の修理や弾薬を製造し、五〇年から五一年六月までの一年で総額約三億三千万ドルも売り上げた。

なぜ起こったか

日本経済をうるおした軍需品の買いつけ

北朝鮮は一九五〇年六月二十五日に韓国へ攻撃を開始し、二十八日には首都ソウルを占領した。これに対してアメリカは、国連安保理事会の開催を要請。理事会は北朝鮮の攻撃を侵略と認め、七月七日には国連軍の創設を決定し、マッカーサーを国連軍の最高司令官に任命した。

アメリカ軍のこの戦争に必要な軍需品の買いつけは、日本でも行なわれた。これが日本経済をうるおしたのである。日本では、繊維・金属を中心に生産量が急上昇。五二年には、鉱工業生産指数は戦前の指数を超えるまでになった。

それでどうなった

警察予備隊の創設で事実上の再軍備へ

朝鮮戦争が始まると、在日アメリカ軍が朝鮮に派遣された。その穴埋めのため、日本再軍備が求められた。一九五〇年に、マッカーサーの指示を受けて「警察予備隊令」が公布され、在日米軍が朝鮮に移動する前に、七万五千人の隊員を集めることになった。これは、事実上の再軍備だった。

五二年、警察予備隊は保安隊と改称され、五四年に自衛隊に改められた。

歴史ミニ知識

特需　第二次世界大戦後、アメリカの軍事政策にともなって生じた特殊需要。朝鮮戦争に始まり、インドシナ戦争、アジア各地へのアメリカの援助による買いつけ、アメリカ駐屯軍兵士の消費などによって持続した。朝鮮戦争時は、最高で外貨収入の三十七%に達した。一九六五年以降はベトナム戦争による特需が増加した。

1951年

講和条約の締結

日米安全保障条約との抱き合わせの講和

◎舞台
東京
◎主な登場人物
吉田茂（一八七八〜一九六七）
トルーマン（一八八四〜一九七二）

朝鮮戦争の勃発後、日本がアメリカ軍の基地として重要な存在になるにつれ、ソ連、中国を除いてでも講和条約を早期に結ぶべしとする独立への動きが起こった。

何がどうなった

朝鮮戦争の勃発が日本の主権回復を早めた

朝鮮戦争が起こった直後の一九五〇年十一月、アメリカ大統領トルーマンは、日本との講和条約締結にあたっての七原則を打ち出した。彼は講和条約の成立後も、アメリカ軍が日本に駐留する意思を明らかにした。

翌年一月、予備交渉のため国務省顧問のダレスが来日。これに対し、吉田茂首相は日米軍事同盟を前提とした講和条約を歓迎する意思を表明した。一方、全面講話を要求する運動が展開されたが、五一年九月、ソ連、中国などを除いて調印された。

なぜ起こったか

講和条約の締結を急がせた日本とアメリカの思惑

一九四九年、中華人民共和国が成立すると、アメリカは沖縄基地を永久的に保持し、軍事拠点にする構想を立てた。当然、ソ連はこの構想に反対するのは明白だった。それを恐れたアメリカは、ソ連を除外したうえで、日本との単独講和を結ぶ必要に迫られていた。

いっぽう、日本では、朝鮮戦争の特需で経済の復興を果たし、さらなる発展のカギは、アメリカとの協力にあると考えていた。この両者の思惑が西側陣営にくみする講和条約と、日米安全保障条約を締結させるに至った。

それでどうなった

四十八カ国と結んだサンフランシスコ平和条約

一九五一年九月、サンフランシスコで講和会議が開かれた。インド・ビルマ（現在のミャンマー）は出席を拒否。ソ連・ポーランドなどは参加したが、調印しなかった。また、北京政府と台湾政府のどちらを招くか決まらず、中国は招請されなかった。

講和条約は日本を含む四十九カ国が調印し、発効した五二年以降、日本は独立国家としての主権を取り戻した。

歴史ミニ知識

全面講和運動　朝鮮戦争が拡大すると、トルーマン大統領が「原爆使用もありうる」との声明を出したり、マッカーサーが「中国本土の攻撃も辞さず」と発言して罷免された。日本では平和運動が高まり、それに伴って東側陣営を無視し、西側とだけの講和は平和にとって脅威だとして、全面講和を要求する運動が起きた。

1956年

日ソ共同宣言の調印

法的な戦争状態に終結が訪れる

サンフランシスコ平和条約に調印していないソ連とは、終戦から十一年が経っても、法的には戦争状態が続いていた。鳩山一郎首相はみずからモスクワに赴き、戦争状態を終結させる。

◎舞台
ロンドン・モスクワ

◎主な登場人物
鳩山一郎（一八八三～一九五九）
モロトフ（一八九〇～一九八六）

何がどうなった

自主外交をうたう鳩山内閣の成立

一九五四年十二月に成立した鳩山一郎内閣はソ連との関係の改善を図ろうとしていた。ソ連のモロトフ外相は「日ソ関係正常化の用意がある」という談話を発表し、交渉は五五年六月からロンドンで始まった。

だが、北方領土の問題で交渉は難航。翌五六年五月、交渉が再開されたが進展しなかったため、十月に鳩山首相がモスクワを訪問し、戦争状態の終結、シベリア抑留者の送還などの合意を求めた。ここでようやく、領土問題を未解決としたままだが、日ソ共同宣言が調印され、国交は正常化した。

なぜ起こったか

平和運動の高まり 国交回復による貿易の拡大を期待

一九五四年、ビキニ環礁でのアメリカの水爆実験で、第五福竜丸の乗組員全員が被災した。これを機に、日本各地で平和運動がわき上がった。とくに、吉田内閣に対して、アメリカに従属した外交だとの批判の声が上がり、内閣は退陣へ追いこまれた。五四年に成立した民主党の鳩山内閣は、日ソ国交回復と日中関係の改善を公約していた。国交回復は、貿易の拡大を望む資本家の要求でもあった。鳩山の意向をくんだソ連が、内閣成立直後に外交官を訪問させ、国交正常化交渉の開始を提案した。

それでどうなった

国連加盟が実現したが 領土問題は残された

日ソ共同宣言の成立で戦争状態が終結して、シベリアに抑留されていた人々の送還が始まり、さらに日本の国連加盟が実現した。以前にも加盟を望んだが、ソ連が日本の加盟を拒否したために実現しなかった。一九五六年十二月の国連総会でようやく加盟に至ったのである。

しかし、棚上げされた北方領土問題は、今日に至るまで解決されていない。

歴史ミニ知識

保守合同　左右に分かれていた社会党が統一をめざし、国民運動に対する指導力を強めたことに対する危機感から、経団連、日経連などの財界が保守合同を求めた。これに、一九五五年三月に成立した鳩山一郎の民主党内閣が呼応。自由党との協議を行ない、両党はそれぞれ解党して新たに自由民主党を結成した。

1960年

激化する安保闘争

安保条約改定阻止をめぐる最大の国民運動

◎舞台
東京

◎主な登場人物
岸信介《きしのぶすけ》（一八九六～一九八七）
浅沼稲次郎《あさぬまいねじろう》（一八九八～一九六〇）

旧日米安保条約には、米駐留軍の日本に対する防衛義務の規定がなかった。その改定交渉が五八年から始まると、反対勢力は安保条約改定阻止の国民会議を発足、反対運動をくり広げた。

何がどうなった

双務的な条約にするか廃棄するかで対立先鋭化

一九五一年に調印された安保条約は、「米軍の駐留を承認」、米軍は日本の防衛に「寄与する」とする、日本防衛義務は明文化されていない片務的な規定だった。五七年に成立した自民党の岸信介内閣は、日米関係の対等化をめざし、改正交渉を始めた。

しかし、条約改正に反対する革新勢力は、安保条約の改定は対米従属の強化だとし、国際平和のためにも条約の破棄を要求、反対運動を展開した。六〇年一月、岸首相は訪米し、新安保条約に調印した。しかし、新安保条約批准の国会審議が始まると、空前のデモがまき起こった。

なぜ起こったか

日米関係の平等化を図る新日米安保条約の締結

新たに改定する新日米安保は、軍事同盟的な内容を含んでいた。そのため、人々は日本が戦争に巻き込まれる可能性を危惧した。とくに、国民文化会議や日本文化人会議に属する学者や知識人たちは、安保改定は米軍との積極的な軍事同盟関係に入ることだとして、反対声明を出していた。

しかし、岸内閣は日本の防衛力増強をアピールしつつ対米交渉を進め、その批准では、一九六〇年五月、衆議院に警官隊を導入して強行採決した。

それでどうなった

巨大なデモ隊が大統領の来日を中止させた

強行採決後、巨大なデモ隊は、連日国会を包囲し、予定されていたアメリカ大統領アイゼンハワーの来日もついに中止された。

新条約は、参議院での審議もまったくないまま六月に自然成立した。

新条約では、在日米軍の「極東」での軍事行動の事前協議が定められ、日本防衛義務も明文化された。

条約の批准成立直後に岸内閣は総辞職した。

歴史ミニ知識

浅沼稲次郎の刺殺　岸内閣の非民主的な議会運営は、右翼団体の台頭をもたらした。強行採決が行なわれた五月十九日の国会内にも右翼団体員が多数入りこんだ。岸内閣退陣後の総選挙のため、日比谷公会堂で開催された党首立会演説会で、社会党委員長の浅《あさ》沼《ぬま》稲《いね》次郎《じろう》は演説中、大日本愛国党の影響を受けた少年に刺殺された。

高度経済成長

進軍ラッパに押された所得倍増計画

◎舞台
日本全国
◎主な登場人物
池田勇人《いけだはやと》（一八九九～一九六五）

岸内閣退陣のあとを受けて成立した池田内閣は、「国民所得倍増」の経済政策を掲げた。その政策どおり、日本経済は六一年から三年の間に、年率で九％増の急速な経済成長を果たした。

何がどうなった

「神武景気」から「岩戸景気」へ

日本の経済成長は、一九五五年からの「神武景気」で加速し始めた。五七年後半から五八年半ばにかけての「なべ底不況」で一時停滞したが、家庭電気製品の普及によって「岩戸景気」が起こり、再び成長軌道に乗った。

そのただなか、かねて「月給二倍論」を打ち出していた池田勇人首相が、「所得倍増計画」を提唱。それが閣議決定されて政策に生かされ、経済の高度成長を促した。

なぜ起こったか

技術革新とエネルギー革命が成長路線に点火

日本経済に急激な成長をもたらした最大の要因は、重化学工業への転換だった。外国から技術を導入して技術の革新を図り設備を一新、一九五五年から六〇年にかけて、製造業に占める重化学工業の比率が五五％を超えた。

また、重化学工業化にともなう原料エネルギー資源は石炭から石油に転換され、アメリカとその勢力圏から豊富に供給された。これにより、日本経済とアメリカとの結びつきがいっそう強まっていった。

それでどうなった

空前の高度成長の反動でひずみが表面化した

一九五五年から約二十年間、日本の経済は年平均一〇％を超える高度成長で発展してきた。七〇年度と比較すると、国民総生産（GNP）は約八・三倍にのぼる。

ちなみに、乗用車の普及率は一九六一年の二・九％から一九六九年には一七・三％

に、電気冷蔵庫は一九五八年の三・三%から一九六五年には四〇%へと大きく伸びた。

しかし、勢いよく成長した反動も大きかった。

農業の衰退や国土の破壊、公害など、後々に至るまで尾を引く問題が生まれたのである。

歴史ミニ知識

三池争議　経済の高度成長のなかで、石油によるエネルギー革命に巻きこまれた石炭産業は深刻な事態となった。三井鉱山の三池炭坑では、赤字を理由に六千人の希望退職を募集。希望者が定数に満たないと、組合の活動家を中心に指名解雇に踏みきった。これに反対する闘争が二百八十二日間にわたって行なわれた。

1967年

公害対策基本法

高度経済成長がもたらした弊害

◎舞台 全国各地

産業の重工業化は、新たに公害問題を発生させた。企業によって長期間垂れ流された汚染物質は、環境を破壊し、人々をも苦しめる。公害反対の世論と住民運動がまき起こった。

何がどうなった

生活環境の破壊と四大公害病の発生

高度経済成長が達成されるとともに、深刻な社会問題も生じ始めた。農山漁村では過疎化が進み、社会生活が崩壊した。また、企業が水銀やカドミウムなどの汚染物質をたれ流し続け、自然環境の破壊が進んだ。

それによる健康障害や、ほかにも地盤沈下、騒音・振動などによる生活環境の破壊など、数々の公害が発生した。

一九六〇年代には、日本は世界一の公害先進国となった。

公害に苦しむ被害者たちは、放置されたままになっていた。

しかし、住民運動が起こったことで、「四大公害事件」といわれる新潟水俣病（有機水銀中毒）・富山県でイタイイタイ病（カドミウム中毒）・熊本県で水俣病（有機水銀中毒）・三重県で四日市ぜんそく（複合汚染）が表面化した。

なぜ起こったか

産業の発展が生みだした環境汚染と公害病

公害発生の原因はおもに四つ考えられる。

第一に、企業による公害を防ぐ対策が取られなかったこと。

第二に、主力産業である鉄鋼、化学、製紙工業や火力発電所などが大気汚染や水質汚濁を進めたこと。

第三に、工業地帯ができた大都市と瀬戸内に人口と企業が集中したこと。

そして、第四に、交通革命が起こり、鉄道や高速自動車道が急速に整備され、それによって、大気汚染が進んだことである。

それで
どうなった

住民運動の高まりで公害対策基本法が定まる

政府は企業のほうばかりを向いていて、被害者の国民には目を向けていなかった。一九六〇年代の後半、各地で公害反対運動が起こり、被害者の声が組織化されるようになった。七三年には、四大公害裁判はいずれも被害者側の勝訴に終わった。

政府は住民運動に押されて六七年、公害対策基本法を制定した。また、七一年には環境庁（現環境省）を設置した。

歴史
ミニ知識

住民運動　一九六〇年代後半から七〇年代にかけて、住民運動が各地に広がった。これは、人間そのものを再生産する地域が破壊され、生命や生活が維持できないと感じるようになった住民が、地域の主人公として政策の決定に参加して、自治体の運営権を求めるものだった。多くの大都市の首長が革新系で占められた。

1972年

日中国交回復

日中共同声明で十五年戦争が終結

戦後、中国は国際社会で国家として認められていなかった。しかし、一九七二年、アメリカのニクソン大統領の訪中をきっかけに国際的地位が回復し、日本も中国との国交回復に乗り出した。

◎舞台
北京

◎主な登場人物
田中角栄（一九一八～九三）
周恩来《しゅうおんらい》（一八九八～一九七六）
ニクソン（一九一三～九四）

何がどうなった

戦争状態の終結など共同声明に調印

一九七二年二月、国際社会で国家として承認されていなかった中国に、ニクソン大統領が訪問した。そして、事実上、中国は国としての国際的承認を獲得した（正式承認は七九年）。

日本と中国の国交回復は、田中角栄首相が実現させた。同年九月に訪中した田中首相が周恩来首相と会談し、共同声明に調印した。声明は、前文で日中間の戦争状態の終結、本文で対日戦争の賠償請求権を中国が放棄することなどが宣言された。

なぜ起こったか

アメリカと中国の思惑が一致 中国の国際的承認への動き

このころ、中国はソ連との対立に頭を痛め、アメリカはベトナム戦争の苦戦で国際的に孤立状態にあった。アメリカは米ソ二極主義から、中国を含めた三極主義の道を選択せざるをえなかった。そのため、中国を承認したのである。中国は「第三世界」の中心としての立場を守ったことになり、両国の思惑が一致した。

日本は一九七一年の中国の国連加盟で、日中国交回復は時間の問題と認識していた。七二年に成立した田中内閣は、すぐに日中国交回復の方針を決定した。

それでどうなった

中華民国と外交関係を断絶 日中平和友好条約を結ぶ

日中共同声明が発表された後、日本から中華民国（台湾）に対し、外交関係断絶の宣言がなされた。

しかし、中華民国との貿易・文化的交流は促進され、一九七三年には中華人民共和国と海底ケーブルの敷設協定が、また七四年には航空協定などが結ばれた。

平和友好条約に関する中国との交渉は七四年から開始されたが、「覇権条項」をめぐって日本は中国に調印を引き延ばされ、七八年にようやく締結された。

歴史ミニ知識

覇権条項　日中共同声明は、本文で「両国はアジア・太平洋地域で覇権を求めない」としている。ここでの反覇権は中国にとっては反ソ連である。軍事的・政治的にも、アジアにおけるソ連の反対勢力を拡大したかったのである。対して日本は、中国に戦後処理と善隣友好という目的以外はもっていなかった。

1972年

沖縄返還

「核ぬき・本土なみ」で本土復帰

一九五二年に日本が独立したあとも、沖縄はアメリカの軍事基地として占領され続けていた。六〇年代に入ると、本土復帰をめざす祖国復帰協議会が発足し、復帰運動が本格化した。

◎舞台
沖縄

◎主な登場人物
ニクソン（一九一三～九四）
佐藤栄作（一九〇一～七五）

何がどうなった

復帰運動が基地撤廃運動と連携して高まる

戦後、沖縄はアメリカの支配下に置かれていた。一九六〇年四月に結成された沖縄県祖国復帰協議会は反戦平和・基本的人権の確立をめざして復帰運動を始めた。しかし、六二年返還要請に対して、アメリカは「直接統治」と回答したため、県民は主席公選要求の県民大会を開催し抗議した。

アメリカがベトナム戦争の軍事基地として沖縄を使用すると、復帰運動は国際的なベトナム反戦運動と連携して基地撤廃を要求し、運動は高揚した。

なぜ起こったか

軍事基地としての沖縄がベトナム戦争の拠点に

サンフランシスコ平和条約で本土から切り離された沖縄は、アメリカ政府のもとに琉球中央政府が設立され、軍事基地としての機能最優先の政策が実施されていた。一九五二年当時、アメリカが強制的に取り上げた土地は沖縄本島の面積の約一三%にあたる。

また、ベトナム戦争の進展とともに、アメリカ軍による事故や犯罪は激増した。基地の撤廃と本土復帰による基本的人権の保障は、沖縄の人々にとっては死活問題となっていた。

それでどうなった

佐藤・ニクソン会談で決まった「核ぬき・本土なみ」返還

一九六四年に成立した佐藤栄作内閣は、復帰運動の高まりを受けて沖縄返還に取り組んだ。首相みずから沖縄を訪問し、「沖縄が復帰しないかぎり、日本の戦後は終わらない」という声明を出した。

ドル危機に直面していたアメリカは、軍事費を日本に肩代わりさせようとの意図もあり、復帰交渉に応じた。

六九年、アメリカを訪れた佐藤首相はニクソン大統領との会談で、安保堅持を約束したうえで、「核ぬき・本土なみ」の返還が取り決められた。

歴史ミニ知識

屋良朝苗 屋良朝苗《やらちょうびょう》は、一九六八年十一月の立法院主席選挙に社会大衆党・人民党・社会党の推薦で立候補した。支援団体の革新共闘会議とともに「即時無条件復帰」をスローガンに闘った。有権者の八九・一%が投票した選挙に、約三万票の差をつけて自民党候補に勝利。彼の当選は沖縄の人々の決意を表明していた。

1972～76年

ロッキード事件

国民を震撼させた首相の金脈問題と逮捕

◎舞台
東京

◎主な登場人物
田中角栄（一九一八～九三）
ニクソン（一九一三～九四）
三木武夫（一九〇七～八八）

一九七六年七月、くすぶっていた米・ロッキード社の対日航空機売り込みにともなう贈収賄疑惑がついに〝首相の犯罪〟となった。田中角栄元首相をはじめ、政府高官もつぎつぎと逮捕された。

何がどうなった

ロッキード社の対日売りこみで多額の工作資金が動いた

田中角栄首相は一九七二年八月末のハワイでのニクソン大統領との会談の際に、ロッキード社製の大型爆撃機を改造したエアバス・トライスターの大量購入、次期主力戦闘機にＦ15、対潜哨戒機にＰ３Ｃの採用を約束した。

その過程で、ロッキード社が丸紅、全日空、右翼の児玉誉士夫《こだまよしお》の三ルートを通じて、膨大な工作資金を田中首相らに贈賄。その後、田中首相の資金調達疑惑（金脈問題）

が明るみに出て、田中内閣は七四年末に総辞職した。

なぜ起こったか

多額の選挙費用を献金に頼る代議士につけこむ

ロッキード社は、ベトナム戦争で大量の兵器を生産・納入していた。戦後の需要が減り、ニクソン政権を通じての売りこみをねらっていた。

日本では、国会や地方選挙、自民党の総裁選挙など、多額の費用がかかるようになっていた。自民党はそれを財界や個別企業からの献金に頼り、その反対給付として、政府の補助金、財政投融資、公共事業などを企業に還元していた。そこに着目して賄賂で利権を得ようとしたのが、ロッキード社である。

それでどうなった

極秘資料の到着で三木首相が真相究明を決断

一九七六年四月、アメリカ証券取引委員会の極秘資料が日本に到着した。それに記載されていた名前をもとに、検察当局はロッキード社のコーチャン会長に嘱託尋問を行ない、関係者の逮捕に踏みきった。

七月には田中元首相をはじめ、元運輸相・橋本登美三郎《とみさぶろう》、元運輸政務次官・佐藤孝行などの政治家、丸紅、全日空の幹部が逮捕された。

しかし、自民党はロッキード問題に熱意を示す三木武夫首相を政権から引きずりおろし、事件の真相究明を打ち切った。

歴史ミニ知識

田中首相の金脈問題　一九七二年の自民党総裁選挙に勝ち、首相となった田中角栄は、戦後の金権政治の象徴といわれる。田中は「日本列島改造論」に基づき、公共投資の黒幕的存在として動いた。また、トンネル会社を使って利益を隠し、政治資金を調達した。この仕組みが立花隆の『田中角栄研究』で暴露され、首相を辞任した。

1973年

第一次石油危機

アラブ産油国の石油戦略による経済危機

◎舞台　アラブ産油国
◎主な登場人物　田中角栄（一九一八～九三）

一九七三年十月六日、第四次中東戦争の開始にともない、アラブ産油国はイスラエル支援国家に対する制裁措置として、輸出制限と原油公示価格の引き上げを断行した。

何がどうなった

原油価格四倍が招いたインフレと物不足

一九七三年、第四次中東戦争が起こると、ＯＡＰＥＣ（アラブ石油輸出国機構）は欧米・日本に対する輸出制限をし、さらにＯＰＥＣ（石油輸出国機構）が石油の価格を四倍に引き上げた。石油を多く必要とする日本ではパニックが引き起こされた。

田中角栄内閣は、一般企業に石油・電力の二〇％の削減、エネルギー・資源の節約を要請した。この結果、企業は原材料の買い占めや備蓄、製品のストックを大々的に実施した。それが狂乱物価をまねいた。

なぜ起こったか

自前のエネルギー開発を中止輸入石油に依存する弱み

日本は、一九六〇年代から、価格の安い石油で高度成長を推進してきた。このため、産油国による石油の輸出制限は、全産業と国民生活に深刻な打撃を与えた。石油不足は、国内生産量の停滞をもたらし、物不足騒ぎの原因にもなった。しかも、進行しつつあった不況を加速させ、一九七四年は、前年比マイナス〇・五％の、戦後初のマイナス成長を記録した。

また、この石油危機を利用して、電力料金などは、七四年に約六〇％も引き上げられ、物価高騰にさらに追い打ちをかけた。

それでどうなった

外交政策の転換経済は低成長局面に

田中首相は三木副総理を中東に派遣し、アラブ諸国に経済協力を約束することで原油の供給削減を免れた。それまで日本は、イスラエル支持政策を進めていたが、ＰＬＯ（パレスチナ解放機構）の東京事務所の設置なども認めるようになった。

世界的には、ニクソン声明などでアメリカ中心の戦後資本主義体制の変容が認識され、新しい国際秩序への動きが始まった。

歴史ミニ知識

OPECとOAPEC　石油輸出国機構（ＯＰＥＣ）は一九六〇年、イラクの招請で集まった五カ国で結成された。目的はメジャーによる石油の価格引き下げに対抗するためで、産油国の原油生産量・原油価格の協定を結んでいる。アラブ石油輸出国機構（ＯＡＰＥＣ）は一九六八年に結成され、石油戦略を発動した。

第一回サミット開催

世界経済の混乱立て直しをめざして

◎舞台 フランス
◎主な登場人物 ジスカール＝デスタン（一九二六〜）

一九七一年のニクソン声明によるドル＝ショック、七三年の第四次中東戦争にともなう石油危機などで、世界経済は大きな衝撃を受けた。その立て直しのため、首脳会議が開催された。

何がどうなった

新しい世界経済秩序の確立を目指す先進国首脳の協議

一九七五年十一月、ジスカール＝デスタン仏大統領の呼びかけで、パリ郊外のランブイエ城に米・英・仏・西独・伊・日本の首脳が集まり、先進各国間の経済協力が協議された。その後カナダ、ロシアを加え、この協議は毎年開催されることになった。

それに対して、翌年、非同盟諸国の首脳会議が八十六カ国の参加で開催され、「新国際経済秩序」の樹立を求める宣言を採択。この宣言は先進国からの援助に頼らず、自立的発展を求めるものだった。

なぜ起こったか

アメリカを中心とする資本主義体制の終焉

ドル＝ショック後、各国は変動為替相場制に移行した。その後、石油危機が起こり、先進工業諸国の貿易収支は悪化。ドルが不換紙幣となったため、世界中でインフレが進み、国際通貨危機がくり返し起きるようになっていた。これらは、アメリカが中心となった戦後の資本主義体制の変容を意味していた。そのため、それに対応する新しい国際秩序をつくろうとする動きが始まった。

日本は経済的に欧米に追いついたため、経済大国として自覚をもった行動を呼びかける動きが内外から起き始めていた。

それでどうなった

国際協調とグローバル化する世界経済

初期サミットでは、エネルギー問題・ソ連のアフガン侵攻問題などが討議されたが、ソ連解体後は旧ソ連や東欧への経済支援・貯蓄促進・環境対策問題が討議されるようになった。

現在、サミットは世界の政治、経済の方向を事実上指し示す役割を果たす。自由な貿易と投資の国際的な環境は整備されてきているが、経済摩擦など難問がまだ山積みされている。

歴史ミニ知識

世界貿易機構（WTO） 関税貿易一般協定（GATT）は、第二次世界大戦前のブロック経済政策による世界経済の停滞という反省に立って、世界貿易を拡大するための役割を果たしてきた。このGATTは九五年一月から世界貿易機関（WTO）体制に移行した。モノ・サービスなどの紛争はWTOで統一的に処理されることになった。

1990～91年

湾岸戦争

中東問題解決に多国籍軍が協力

○舞台
イラク・クウェート
○主な登場人物
サダム＝フセイン
（一九三七～二〇〇六）

イラクのクウェート占領に対し、多国籍軍が組織された。日本はこれに協力するために平和維持活動（ＰＫＯ）への参加を決めたが、憲法上問題があるとして反対運動が展開された。

何が
どうなった

クウェートに侵攻したイラクを多国籍軍が攻撃

一九九〇年八月二日、サダム＝フセイン率いるイラクが隣国クウェートに侵攻、全土を制圧した。これに対して、アメリカ軍中心の多国籍軍が、国連安保理の「対イラク武力行使容認決議」を背景に、九一年一月十七日、イラクへの攻撃に踏みきった。

クウェートは二月二十七日に解放、三月三日に停戦協定が成立された。戦費の負担能力の低かったアメリカは、この費用の負担を日本とドイツに求め、両国はこれを了承した。

なぜ起こったか

和平交渉を行なうが交渉は決裂

イラクが、クウェートを自国領だとして侵攻した背景には、クウェートの利権の確保とアラブの盟主としての地位確立があった。

アメリカを中心とした多国籍軍は、イラクに軍事的な圧力を加える一方で、フランスのミッテラン大統領からは和平提案、アメリカからはイラクとの直接対話などの和平努力が行なわれた。しかし、イラクがクウェート問題とパレスチナ問題の一括解決を主張したために、妥協には至らなかった。

それでどうなった

敗北したイラクは国連停戦決議を受諾

一九九一年一月十七日から開始された多国籍軍の「砂漠の嵐」作戦は、全世界にテレビ放映された。このハイテク兵器を使った作戦でイラクは敗北し、国連の停戦決議を全面的に受諾。三月三日に停戦協定が締結された。

その後、イラク領土内に十キロ、クウェートでは五キロの間隔に、国境監視団が置かれた。イラクは九四年に、クウェートの主権と、国連の設定した国境を承認した。

この戦争は、アメリカの経済力の低下をも示した。

二〇〇三年、アメリカを主体とし、イギリス、オーストラリア、ポーランドなどからなる有志連合が、大量破壊兵器の保有を理由に、イラクへ侵攻した。

歴史ミニ知識

PKO 平和維持活動（ＰＫＯ）は、国連憲章でうたわれた集団安全保障を実現し、紛争を平和的に解決するために考え出された。おもな活動は紛争の拡大防止・停戦の監視・選挙の監視などである。この活動のために、軽火器で武装した平和維持軍（ＰＫＦ）が組織される。この派遣には、紛争当事国の同意が必要。

1991年〜

平成不況

バブル崩壊で始まった長引く日本の不況

◎舞台
日本

戦後二番目の大型景気（いわゆるバブル景気）が終わった九一年五月から、土地や株などの資産価格が急落した。すなわちバブル不況が始まり、その後も長く景気の低迷が続いている。

何がどうなった

バブル地価が崩壊 株価も低迷しデフレが進行

一九九〇年秋をピークに地価が下落し始め、株価も長期的な低落が続いた。デフレも進行し、その傾向はその後も続いている。採算性を向上させるため企業で急速に進められているリストラも、失業者の急増をもたらし、社会保障体制の貧困とあいまって、消費の減退を招いている。

サミットで問題にされ、アメリカから猛烈な圧力を受けているものの、景気回復の

■日本経済の成長率の推移

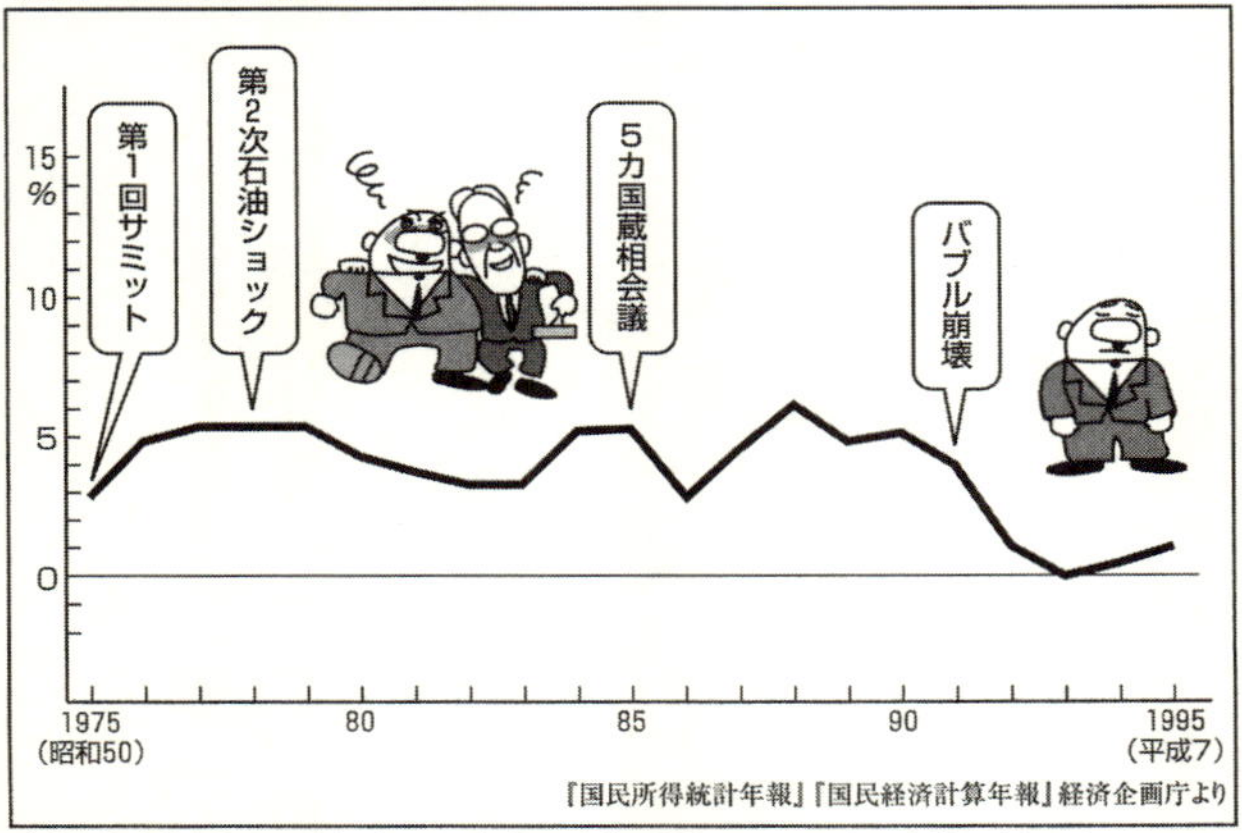

『国民所得統計年報』『国民経済計算年報』経済企画庁より

高度経済成長も終わりを告げ、1990年代のバブル崩壊によって不況へと移り変わった。

兆しは見えず、「失われた二十年」と言われる。

なぜ起こったか

バブル経済に依存 財政依存型の日本経済

バブル景気は、地道な生産活動で上がった利益ではなく、土地や株式、商品取引などの投機に寄生して得た利益に支えられたものだった。

また、田中内閣の「日本列島改造論」以後も、政府による典型的な公共投資は着実にボリュームを増やしていた。これによって、日本経済は財政依存型となり、財政の膨張を無計画的に進めることになった。

かつて、超健全財政を誇った日本財政は、一九七五年を転機にして、公債の残高が急増し、赤字財政へと転落した。この不況は、そうした要因が複合してからまって起こった。

それでどうなった

経済的な構造システムの欠陥を指摘する声が高まる

経済企画庁は一九九三年十月、バブル不況は底打ちしたと発表したが、容易に上向き傾向に転じることができない。そうしたなか、日本経済の構造システムに原因を求める議論が高まり、不況打開のためには規制緩和や、市場の競争化を求める動きが内外から強まってきている。

小泉内閣が打ち出した「構造改革」はこの動きによるものである。

歴史ミニ知識

市場原理　資本主義経済は、民間活動を主体とした市場経済に支えられてきた。市場原理とは、政府の介入を止めて、市場の競争原理にゆだねれば、経済活動はうまくいくという考え方。しかし、市場経済の組織を維持するためには、政府の介入も必要だとして、政府が市場機能の補強や補完を行なってきた。

1993年

五五年体制の終わり

三十八年間にわたる自民党の単独政権が崩壊

◎舞台　東京

◎主な登場人物　細川護熙《ほそかわもりひろ》（一九三八～）　羽田孜《はたつとむ》（一九三五～）　村山富市《むらやまとみいち》（一九二四～）

一九九三年七月の第四十回総選挙で、自民党が過半数割れとなり、細川連立内閣が成立し、五五年体制は崩壊した。以後、連立内閣が続き、日本の政治は再編成の時代に入った。

何がどうなった

非自民による連立内閣の成立　単独政権の崩壊

一九九三年七月に成立した細川護熙内閣は、細川氏の立ち上げた日本新党をはじめとした非自民八党派による連立政権内閣となった。これによって、自由民主党の一九五五年から三十八年間にわたる単独政権は崩壊した（五五年体制の終焉）。

細川首相の後に成立した羽田孜内閣も、連立の枠組みを維持。九四年六月に成立した村山富市内閣もやはり連立内閣となっている。ただ、村山内閣の連立の枠組みは自民党を中心にしたものであった。

なぜ 起こったか

自民党による長期政権に対する反発

この三つの連立内閣は、「保革大連合」的な性格をもつ政権だった。しかし、三十八年間続いた自民党の単独政権を終わらせることができたのは、自民党による長期政権の制度疲労や政治家の汚職事件が発覚した「佐川急便事件」、自民党副総裁・金丸《かねまる》信《しん》の脱税事件に見られる政治腐敗の深刻化などがあったためだった。

そうした背景から、三つの政権とも選挙制度と政治資金制度の改革を緊急課題とする「政治改革」の推進を掲げた。

それで どうなった

単独時代では無理だった政策がつぎつぎに実現

細川内閣は、小選挙区比例代表並立制や、政治資金の規制強化を目的とした政治改革の法案を成立させた。次の羽田内閣は、二カ月の短命内閣でとくに見るべき政策はない。村山内閣では消費税の税率が三％から五％に引き上げられ、米市場の部分開放などが実施された。

この時期、自民党の単独内閣時代では無理だった政策がつぎつぎに実現した。そして現在、自民党は連立第一党に帰り咲いているが、単独での政権を維持することはできないままである。

歴史ミニ知識

五五年体制　一九五五年十月、左右に分裂していた社会党が統一された。翌十一月に自由、日本民主党の両保守党が合同して自由民主党が結成された。この二大政党制を五五年体制と呼ぶ。しかし、社会党の勢力は弱く、自民党は一党支配体制を持続。この間に野党は多党化し、九三年の細川内閣の成立で五五年体制は崩壊した。

地下鉄サリン事件

麻原彰晃《あさはらしょうこう》の野望が招いた無差別殺人

◎舞台 東京
◎主な登場人物 松本智津夫（麻原彰晃）（一九五五～）

一九九五年三月二十日午前八時、営団地下鉄の三路線の車内で、発生した猛毒によって十三人が死亡、約六千人が負傷するという事件が起きた。毒物はサリンと判明した。

何がどうなった

サリンという猛毒とオウム真理教が結びつく

毒ガスは、前年六月に長野県松本市で起きた八人が死亡、二百七十人が病院で治療を受けた事件で使われた毒物と同じサリンであると判明。

また、警視庁は同年二月末、目黒公証役場の事務長が白昼に拉致《らち》さらた事件の被疑者が、オウム真理教の関係者であることを特定したため三月二十二日、山梨県上九一《かみくい》色《しき》村の教団施設を捜索した。

そして、地下鉄サリン事件は同教団による犯行の疑いが濃厚と見て捜索を続け、教団幹部と教祖の麻原彰晃（本名松本智津夫）の逮捕に踏みきった。

なぜ起こったか

殺人を正当化する教義で体制変革を目指した

合計十五回にわたって再逮捕された麻原彰晃の容疑は、多岐にわたる。地下鉄サリン事件、落田耕太郎さんリンチ殺害事件、チオペンタールの密造、松本サリン事件、目黒公証役場事務長拉致事件、坂本弁護士一家殺害事件、信者殺害事件などである。

麻原は一九九〇年の総選挙に、教団員二十五人を立候補させたが、全員が落選した。その後、救済のためには殺人も正当という教義をつくり上げた。

裁判はまだ継続中だが、彼は非合法的な手段で体制変革を目指したものと考えられている。

それで
どうなった

教団は名前を変えて存続 信者は増加傾向

事件後、宗教法人資格を剥奪され、破産宣告を受けたが、次第に活動を活発化してきた。これに対応して、政府は一連の「オウム新法」で対処している。二〇〇〇年二月には、新法の一つ「団体規制法」に基づいて、公安審査委員会はオウム真理教（名称を「アレフ」に変更）を三年間の観察処分にした。教団は消極的表現ながら、麻原の事件への関与を認め出した。

歴史
ミニ知識

オウム真理教　一九八四年、松本智津夫（麻原彰晃）被告を教祖に発足した宗教サークル「オウム神仙の会」が前身。八七年にオウム真理教と改称し、東京都から宗教法人の資格を取得した。九〇年の総選挙に二十五人を立候補させたが、全員が落選。九一年ごろから山梨県上九一色村を根拠地に、積極的な信者獲得に乗り出した。

監修者プロフィール

山田 勝（やまだ まさる）

1972年、東京都生まれ。早稲田大学第一文学部(心理学専修)卒業。お茶の水ゼミナール講師（2000年～）、Z会東大進学教室講師（2010年～）。「勉強＝つまらない」の固定概念をなくすことを信条としている。著書に『日本史"ズルい"辞典～ムダを省く技術～』『徹底攻略！藤原氏33人と天皇53人』（いずれもKindle版）がある。

カバーフォーマットデザイン　志村謙（Banana Grove Studio）

カバーイラスト　松本由貴（Banana Grove Studio）

本文デザイン　lush!

企画・編集　　株式会社　造事務所

文　　小野瀬祥子

図版　　原田弘和

本書は、『図説日本史なるほど事典』（2002年7月／小社刊）を加筆修正の上、文庫化したものです。

1テーマ5分《ふん》で原因《げんいん》と結末《けつまつ》がわかる　日本史《にほんし》

2016年3月12日　初版第1刷発行　　2016年11月11日　初版第2刷発行

監修者………………山田　勝
発行者………………岩野裕一
発行所………………実業之日本社
〒153-0044　東京都目黒区大橋1-5-1 クロスエアタワー8階
電話（編集）03-6809-0452　　（販売）03-6809-0495
http://www.j-n.co.jp/
印刷所………………大日本印刷株式会社
製本所………………大日本印刷株式会社

ISBN978-4-408-45665-2（学芸）